广州仲裁委员会
GUANGZHOU ARBITRATION COMMISSION

涉外商事仲裁

案例精编

广州仲裁委员会◎编著

中国法治出版社
CHINA LEGAL PUBLISHING HOUSE

涉外商事仲裁案例精编
编辑委员会

撰稿人（按姓氏笔画排列）

王佳琦　王　斌　王　微　方玉贤　方　配
龙伟斌　叶　亮　许诗琪　李中和美　李衍宣
李嘉妮　吴婧伊　汪　艳　沈雨思　沈　璐
张乃方　张世超　张晓键　张裕婷　陈燕妮
武振国　郑奇奇　钟妙恒　贺　晗　徐　冰
徐颖珺　唐浩深　黄保持　黄蔼桐　谢俊杰
詹灵星　鲍淑婷　戴　蕾

序

当今世界百年未有之大变局加速演进，经济全球化遭遇逆流，单边主义、保护主义和孤立主义重新抬头，变乱交织，冲突不断，世界进入新的动荡变革期。商事仲裁作为国际通行的争议解决机制，更加凸显其维护国际经贸秩序重要基石的作用。从2022年开始，中央全面依法治国委员会先后部署在北京、上海、广州、深圳、海南和重庆等地开展国际商事仲裁中心建设试点工作，明确要求北京、上海、广州、深圳和海南五地到2025年基本完成试点任务。值此试点工作收官之年，尤其是在《中华人民共和国仲裁法》实施三十周年与广州仲裁委员会成立三十周年之际，广州仲裁委员会编纂这部《涉外商事仲裁案例精编》，可谓恰逢其时，时至而行，值得点赞。这既是对中国仲裁事业发展成就的立体呈现，更是对市场化、法治化、国际化和便利化一流营商环境建设的务实贡献。作为长期关注国际商事仲裁和国际法治发展的研究者，我深感此举意义重大，愿借此序言分享几点思考。

仲裁制度的发展水平，是衡量国家社会治理能力与对外开放程度的重要标尺。从最高人民法院、司法部等部门发布的典型案例中，可以清晰勾勒出中国仲裁事业的发展轨迹：从早期个案裁决到类型化案例指导体系的建立，从被动接受司法审查到主动参与国际规则制定，中国仲裁正以更加开放自信的姿态融入全球治理体系与国际法治建设。作为粤港澳大湾区重要争议解决机构，广州仲裁委员会自强不息，追求卓越，先后推出互联网仲裁“广州标准”“四个共享”仲裁协作机制以及“金砖仲裁合作南沙共识”等多项创新举措，年处理案件量连续多年保持在全国仲裁机构前列，近三年受理国际仲裁案件近2000宗、涉及全球58个国家和地区。这些成绩生动诠释了国际商事主体对中国仲裁的高度信任。

仲裁案例的编纂具有双重价值：既是实践经验的系统沉淀，也是理论创新的重要源泉。广州仲裁委员会编纂的这部经过脱敏处理的国际仲裁经典案例集，呈现出三个特点：其一，案例横跨多个法域，涵盖跨境投资、知识产权等前沿领域，仲裁庭在法律适用中坚持当事人意思自治原则，灵活运用最密切联系原则，展现出处理国际民商事法律冲突的专业智慧；其二，聚焦跨境海事海商、数字经济等新兴业态，通过援引国际公约与行业惯例，为复杂商事争议解决提供可预期的裁决指引，为中国企业“走出去”提供更加坚实的法治服务保障和支持；其三，收录大量涉及与国际规则相衔接的典型案例，在尊重当事人意思自治的同时，兼顾国际惯例，追求公平正义，形成具有示范意义的裁判思路。

中国仲裁事业的发展，既需要立足本土的实践智慧，更需要面向世界的开放胸襟。展望未来，我期待广州仲裁委员会在顺利完成机构体制改革后，继续保持蓬勃发展的势头和活力，重整行装再出发，特别是以创建国际一流仲裁机构为目标，以创新优化工作机制、制度、规则为抓手，以提升办案质量和水平为核心，以提供更高水平的仲裁管理服务为保障，不断提高仲裁公信力，助力国际商事交往，打造更多具有广泛影响力的精品案例，在提升中国仲裁核心竞争力和全球影响力的征程中展现更大作为。

是为序。

黄　进

2025年6月28日

序　言

值此《中华人民共和国仲裁法》颁布三十周年暨即将迎来首次大修之际，广州仲裁委员会（以下简称广仲）亦迎来成立三十周年的重要里程碑。三十年来，广仲始终站在改革前沿，通过不懈探索，从广东省地区性仲裁机构跃升进入案件受理量全国前列的头部仲裁机构行列。由中国法治出版社出版发行的《涉外商事仲裁案例精编》，既是对广仲三十年发展的献礼，也是对过往国际商事仲裁实践经验的凝练总结，更是对广仲大力推进国际化发展、建设国际一流仲裁机构取得成果的全面展示。

近年来，广仲认真贯彻习近平法治思想，锚定国际一流仲裁机构目标定位，聚焦仲裁事业高质量发展，努力推进中国式现代化的仲裁实践，以体制、机制、规则“三个创新”为牵引，逐步从规则跟随者转变为规则引领者，秉持“立信铸就广仲，创新赢得未来”的理念，开辟了一条独具特色的仲裁国际化发展道路。

创新是仲裁的驱动力。广仲首创互联网仲裁“广州标准”，成为联合国国际贸易法委员会官网专版推介的国际规范；作为首批亚太经合组织跨境商事争议在线解决平台提供方之一，上线首个 APEC-ODR 平台，累计处理案件 1000 余宗、争议金额超 100 亿元；创设“3+N”仲裁庭审模式，在中国特色社会主义法律体系、普通法系和大陆法系基础上，叠加符合不同法域特点的庭审模式，当事人可以选择更加熟悉、习惯的模式，对维护利益更有信心；首倡《金砖仲裁合作南沙共识》，获70余家境内外机构签署认可，制定发布首个《“一带一路”仲裁示范规则》，全球影响力不断提升。

公信力是仲裁的生命线。广仲办理的涉外案件，无一宗在境外被不予执行，仲裁裁决获得了包括美国、马来西亚等越来越多境外法院的承认（认可）与执行。此次案例汇编，旨在通过系统分析、研判有代表性、有参考价值的涉外仲裁典型案例，实现三重目标：全景式展现广仲在跨境争议解决领域的专业水准与创新成果，为国内外企业提供可复制的争议解决范本；深度提炼“广州智慧”以增强中国仲裁全球话语权，助力涉外法治建设；以实践样本为纽带，吸引更多国际商事主体选择广州作为争议解决地，全面提升机构国际声誉。

本案例汇编是过往经验的结晶，更是未来征程的起点。在构建人类命运共同体的新时代背景下，我们期待这本《涉外商事仲裁案例精编》能够架设沟通东西方法治文明的桥梁，为全球仲裁事业发展注入中国智慧，为国际经贸往来铺设法治之路，共同书写国际仲裁事业的新篇章。

王天喜

2025年6月27日

致谢

以下是本书所选案例中所有的仲裁庭组成人员（按姓氏笔画排列），在此表示诚挚的谢意！

马新国、王小夏、王则左、王亦文、王栋、王瀚、龙著华、叶三方、史大佗、司徒博 BenoitSTOS（法）、刘春泉、刘涛、齐守明、安建须、许楚敬、孙巍、严永乐、李龙、李扬、李栋、杨帆、杨伟豪 WaiHoYeung（英）、何荣新、汪日清、汪超、沈云樵、沈四宝、宋连斌、张进锐、张杰、张迪、张敏、张荣、陈九波、陈红、陈剑、陈健斌、陈曼琪、陈赞、范湘凌、林锡群、欧修平、罗剑雯、郑雅、赵旭东、胡丹、钟志华、段文波、保延宁、俞伟全、洪钢城、夏海龙、徐柳、郭光银、郭颖玫、黄小玲、萧咏仪、梁蔚、寇丽、蒋悟真、曾英、赖国华、蔡丽君、严俊涛、燕华、魏丽娜

广州仲裁委员会2022年至2024年涉外仲裁案件情况

近年来，广州仲裁委员会（以下简称广仲）坚持走国际化发展路线，在广州国际商事仲裁中心建设中发挥着主力军作用，深化体制创新、机制创新和规则创新，努力推动中国仲裁“走出去”，受理涉外案件数量和标的连续三年实现“双增长”，案件覆盖地域范围不断扩大，案件类型呈现多样化趋势，涉外裁决多次获境外法院承认和执行，仲裁公信力和国际影响力持续提升，获评“一带一路”沿线国际仲裁机构公信力排行榜第三名。在第三届仲裁公信力论坛上，广仲获“全国十佳仲裁机构”和“涉外服务十佳仲裁机构”的“双十佳”荣誉。

一、涉外案件数量和标的连续增长

2022年至2024年，广仲共受理涉外案件1996件，合计争议标的金额达188亿元，连续三年实现涉外案件数量和标的“双增长”，在全国仲裁机构中位居前列；涉外案件案均标的额从724万元增至1327万元，实现增长近一倍；2024年受理亿元以上涉外案件15件，单案最高标的额达13亿元，均创历史新高。

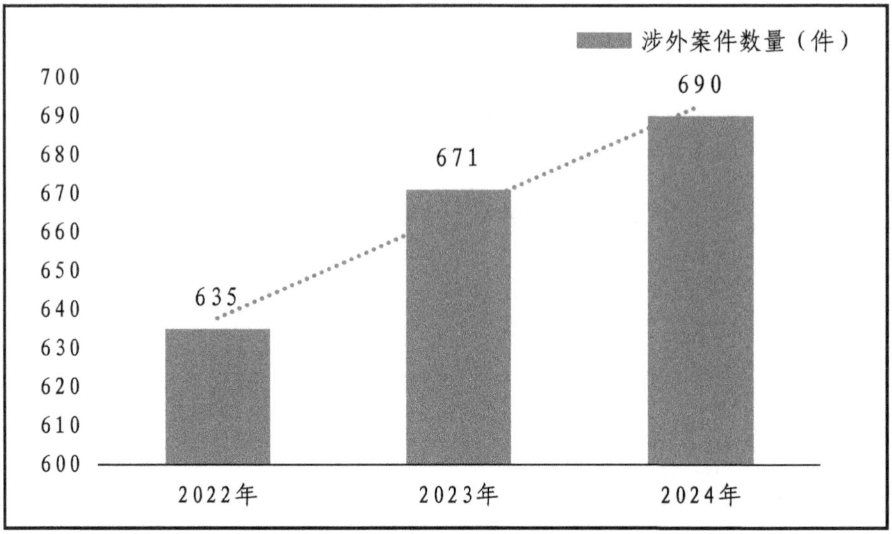

2022—2024 年广仲受理涉外案件数量

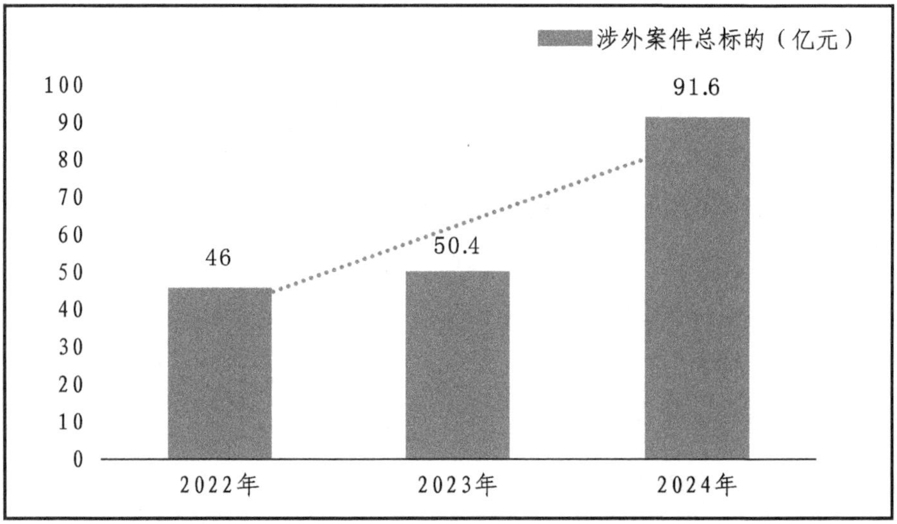

2022—2024 年广仲受理涉外案件总标的

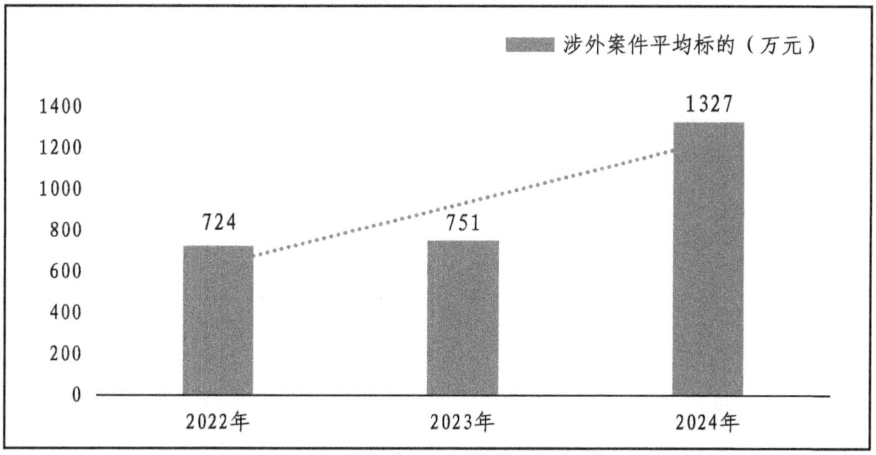

2022—2024 年广仲受理涉外案件平均标的

二、跨境案件全球化特征显著

广仲受理涉外案件辐射范围逐渐扩大，仲裁服务全球化水平不断提高。2022 年至 2024 年，广仲受理的跨境案件共涉及 58 个国家和地区，其中涉我国香港特别行政区案件占比最高。涉我国香港特别行政区案件 993 件，占总数的 50%；涉我国台湾地区案件 249 件，占总数的 12%；涉我国澳门特别行政区案件 248 件，占总数的 12%；涉其他国家和地区案件 506 件，占涉外案件总数的 26%。

在涉其他国家和地区案件中，数量排名前十的国家依次为日本、新加坡、英国、韩国、加拿大、美国、英属维京尔群岛、澳大利亚、柬埔寨、泰国。

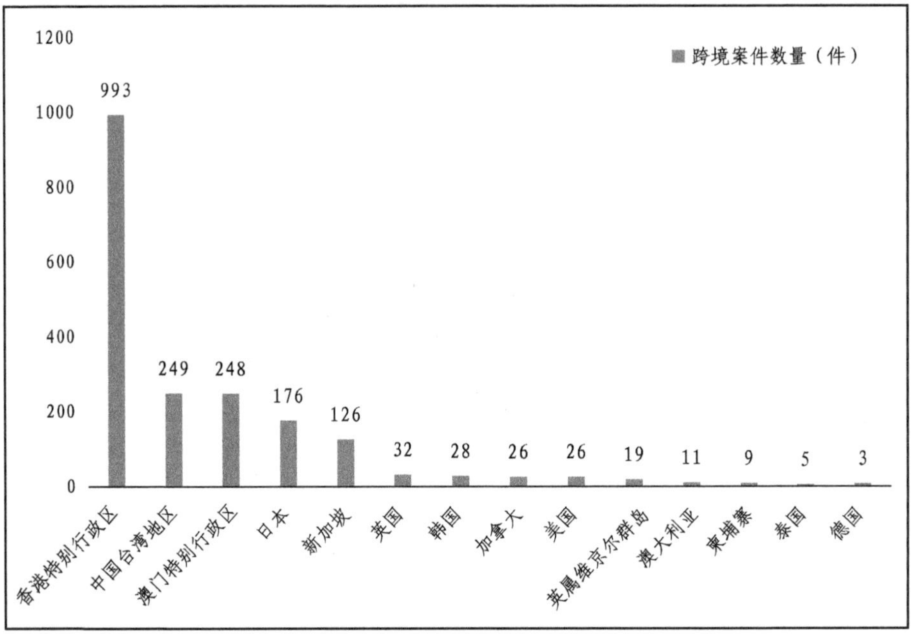

2022—2024 年广仲受理跨境案件所涉国家和地区

2022 年至 2024 年，广仲受理涉“一带一路”国家和地区案件共 126 件，总标的约 22 亿元，包括俄罗斯、韩国、新加坡、马来西亚、印度尼西亚、泰国、越南、柬埔寨、印度、尼泊尔、土耳其、沙特阿拉伯、埃及、伊朗、约旦、以色列、葡萄牙、捷克、喀麦隆、多哥、乌干达、也门、加蓬、塞内加尔、利比亚、尼日利亚、新西兰等在内的 28 个国家；涉及纠纷主要为货物买卖、建设工程、借款、股权转让、合作、融资租赁等合同纠纷。

三、受理案件涉外因素多元

广仲受理的涉外案件，涉外因素主要分为主体涉外和其他涉外两类。2022 年至 2024 年广仲受理的涉外案件中，申请人为境外主体的占 504 件，被申请人为境外主体的占 449 件，双方当事人均为境外主体的占 31 件。其中，双方当事人均为境外主体的案件主要为公司合作纠纷、借款纠纷、商品房买卖纠纷、海上/航空运输合同纠纷、建设工程合同纠纷等。

除涉及境外主体外，还有涉及其他涉外因素的案件共计 1043 件，占受理涉外案件总数的 52%，主要为标的物或合同履行地在境外，涉及我国香港特别行政区、澳门特别行政区、中国台湾地区以及日本、新加坡、美国、西班牙、德国、日本、约旦、俄罗斯、孟加拉国、塞内加尔共和国等国家和地区。

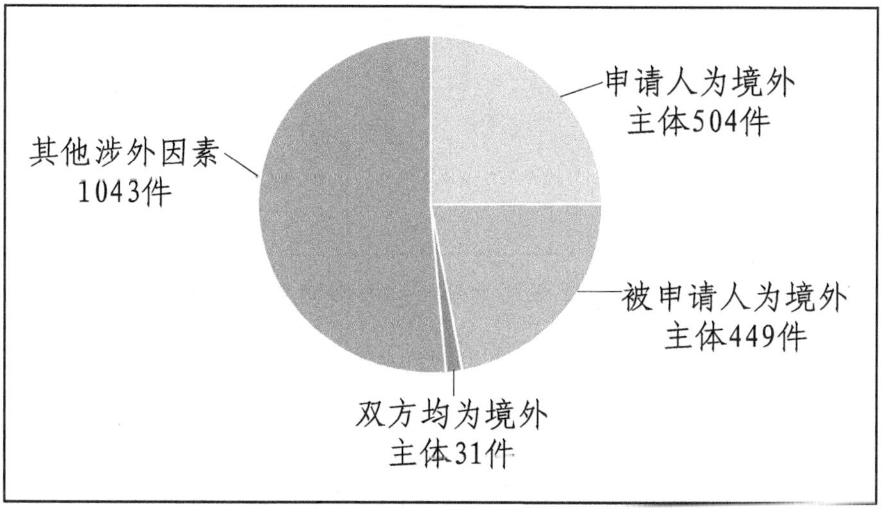

2022—2024 年广仲受理涉外案件涉外因素情况

四、涉外案件纠纷类型丰富

广仲受理的涉外案件涵盖纠纷类型超 30 种，主要为国际贸易、跨境投资、跨境金融等纠纷。随着国际商贸往来的不断深入，近年来，广仲涉外案件中数字经济、知识产权、海事海商等领域纠纷数量也逐步增加，呈现多样化趋势。

为持续提升涉外案件办理质效，广仲首倡“四个共享”服务仲裁协作机制（服务窗口、庭室、仲裁员名册、仲裁标准共享），实现与美、俄、韩等地多家境外仲裁机构仲裁员共享，在册仲裁员覆盖的国家和地区从此前的 23 个增长至 51 个，增长超 120%，实现“一带一路”

沿线主要国家全覆盖。2024年，广仲境外仲裁员参与仲裁案件办理共605件，同比增长58%。

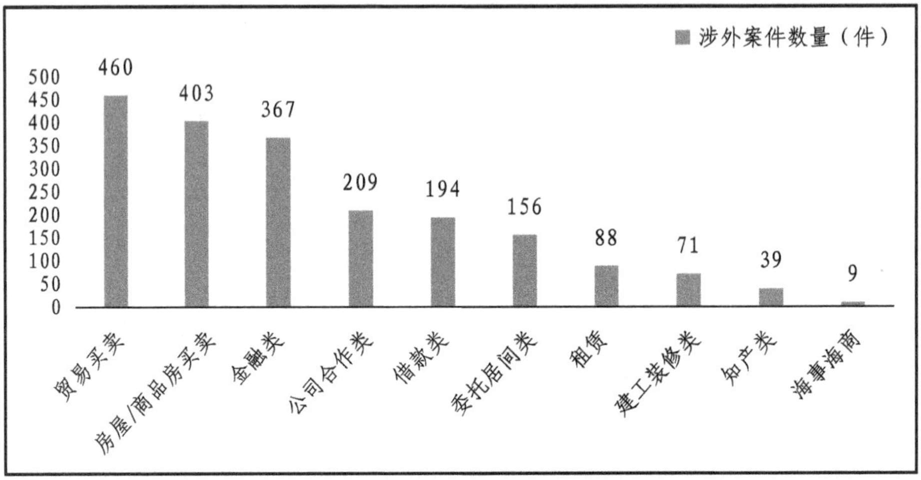

2022—2024年广仲受理涉外案件主要类型

五、涉境外裁决屡获境外认可执行

截至目前，广仲作出的涉境外案件裁决无一例被撤销或被不予承认或不予执行，裁决相继获美国、马来西亚以及我国香港特别行政区、澳门特别行政区、台湾地区等多地法院的认可和执行。2021年，美国马塞诸塞州联邦地区法院基于《纽约公约》及《美国联邦仲裁法》认可广仲作出的一项351.5万美元（2250万元人民币）的民间借贷纠纷裁决并予以执行，该案被申请人常住地和主要财产地均在美国，且法院最终支持了申请人的关于非现金履行请求，通过被申请人实际控制的公司股权、分红权等非现金资产实现裁决跨境履行，有效保障申请人的债权权益。2024年，马来西亚高等法院依据《纽约公约》及《马来西亚仲裁法》承认和执行广仲作出的一起股权转让合同纠纷案裁决，该案被申请人为马来西亚籍公民。广仲涉外案件裁决在域外被认可和执行，进一步体现出广仲涉外仲裁服务能力得到国际认可。

目　录

第一章　知识产权

第二章　航空海运

第三章　贸易投资

第四章　跨境金融

第五章　跨境电商

第六章　域外法和国际条约的适用

第七章　境外执行

第八章　创新探索

第一章

知识产权

游戏出版合同纠纷中
游戏成果交付标准的认定

一、关键词

涉外知识产权合同；游戏出版发行；游戏软件本地化；ISBN；批准验收；合同解释；缔约目的

二、仲裁要点

本案系涉外出版合同纠纷中关于游戏软件本地化标准认定的典型案例。我国某知名游戏集团旗下主要负责游戏业务的上海公司（申请人）与英国某知名游戏开发公司（被申请人）签署了《出版发行协议》，旨在取得被申请人开发的S游戏在中国大陆地区独家出版、营销、出售和发行本地化游戏的权利。本案的裁决要点在于对《出版发行协议》解除及违约的责任认定。鉴于本案合同文本为全英文，双方当事人对被申请人交付的ISBN游戏版本是否须获得申请人的批准或验收存在分歧。本案的仲裁要点有三：其一，仲裁庭综合运用文义、体系和目的解释方法，明确了应以履行目的为导向解释合同条款的裁判规则；其二，仲裁庭通过协议第15.9条准据法条款与附件C技术标准的联动解释，将游戏版号（ISBN）行政审核要求纳入合同解释体系，明确"涉外游戏许可合同中，被许可方对本地化版本的审批权实质构成合同履行的实质条件"；其三，仲裁庭采用"功能实现+行政合规"的双重审查基准，既否定被申请人主张的"形式交付说"，又突破单纯合同条款列举主义，通过协议第 2 条至第 10 条的体系解释，认定“交付符合 ISBN 版号申请标准的游戏版本系被申请人的主给付义务”。该裁决在涉外知识产权合同解释方法论、游戏行业合规标准与合同解除权行使边界等方面，为类案审理提供了具有示范意义的裁判思路。

三、基本案情

申请人为引进涉案游戏并在国内出版发行，与被申请人于 2021 年 9 月 23 日签订《出版发行协议》。协议约定被申请人（许可人）有意向申请人（被许可人）授予，且申请人希望从被申请人处获得依据协议条款和条件在中国大陆区域内出版、营销、出售和发行本地化涉案游戏的排他性权利。被申请人应当在约定期限内向申请人交付涉案游戏各个版本。协议签订后，申请人按照协议约定向被申请人支付许可费 7 万美元以及最低保证金 100 万美元。在履行过程中，双方因涉案游戏开发中的实际问题曾共同协商变更版本交付时间，但后双方因标的物交付标准、交付期限及验收等产生争议，申请人随后通过邮件形式宣布终止合作。双方围绕合同终止后的清算和责任承担问题分别提起请求和反请求。

申请人的仲裁请求如下：

1. 裁决确认申请人与被申请人订立的《出版发行协议》于 2023 年 1 月 13 日解除；

2. 裁决被申请人向申请人返还申请人支付的保证金 100 万美元；

3. 裁决被申请人向申请人返还申请人支付的许可费 7 万美元；

4. 裁决被申请人向申请人支付资金占用利息（资金占用利息以 107 万美元为本金，以全国银行间同业拆借中心发布的贷款市场报价利率 LPR 为计算标准，自 2023 年 1 月 14 日起计算至被申请人实际退还 107 万美元之日止，暂计至 2023 年 8 月 1 日为 21572.39 美元）；

5. 裁决被申请人承担本案的全部仲裁费、律师费、翻译费。

被申请人的仲裁反请求如下：

1. 裁决申请人赔偿因擅自解除《出版发行协议》给被申请人造成的损失 165 万美元［根据中国人民银行授权中国外汇交易中心公布的 2023 年 12 月 21 日银行间外汇市场人民币汇率中间价（1 美元 = 7.1012 元人民币），该请求对应的人民币金额为 1171.698 万元，最终金额以申请人实际支付款项实时汇率为准］；

2. 裁决本案仲裁相关费用由申请人承担。

四、争议焦点

（一）涉案协议约定的开发时间表项下，被申请人交付的 ISBN 游戏版本是否应当获得申请人的批准或验收

申请人认为：纵观协议全文条款理解，被申请人交付的 ISBN 游戏版本应当获得申请人的批准或验收，而被申请人交付的游戏版本并未满足这一要求。

被申请人认为：《出版发行协议》并未直接约定被申请人交付的游戏版本成果应当获得申请人的批准或验收，相反协议约定被申请人如果收到申请人包括具体错误和缺陷的通知后，仅需要尽最大努力并尽快解决相应错误，即本案协议项下被申请人的主要义务仅为为本地化游戏成果尽最大努力提供技术支持及合理协作，被申请人交付的 ISBN 游戏版本并不需要得到申请人的批准或验收。

（二）被申请人是否存在迟延交付行为，其交付的游戏成果是否满足合同约定标准及申请人批准要求

申请人认为：被申请人并未按照协议附件所约定的开发时间表以及双方合意的开发计划向申请人交付游戏成果，且被申请人交付的游戏成果并未满足合同约定标准及申请人批准要求。

被申请人认为：被申请人已按双方合意的开发计划交付各版本游戏

成果，不存在逾期交付行为，且被申请人交付的游戏成果即便存在部分错误或缺陷，亦不应当归责于被申请人。

五、裁决结果

1. 申请人与被申请人签订的《出版发行协议》于 2023 年 1 月 13 日解除；

2. 被申请人向申请人返还申请人已支付的保证金 100 万美元和许可费 7 万美元，并支付资金占用利息［利息以 107 万美元为基数，按照全国银行间同业拆借中心发布的一年期贷款市场报价利率（LPR）的标准，自 2023 年 1 月 14 日起计算至实际清偿之日止］；

3. 被申请人补偿申请人律师费 20 万元人民币、翻译费 3000 元人民币；

4. 对被申请人的仲裁反请求不予支持；

5. 本案请求仲裁费由被申请人承担；本案反请求仲裁费由被申请人自行承担。

六、裁决理由

（一）本案适用法律为中华人民共和国法律

根据《涉外民事关系法律适用法》第三条的规定，“当事人依照法律规定可以明示选择涉外民事关系适用的法律”。本案《出版发行协议》第 15.9 条已载明“本协议的效力、解除和履行应受中华人民共和国法律的管辖，且不考虑法律冲突原则”，该条款构成有效的法律适用条款。据此，应适用中华人民共和国法律作为本案准据法。

关于法律适用时间效力问题，依据《最高人民法院关于适用〈民法典〉时间效力的若干规定》第一条第一款规定，对于《民法典》施行后的法律事实引起的民事纠纷案件，应当适用《民法典》的规定。经查证，本案《出版发行协议》的签订和履行时间均发生在《民法典》

施行后，故本案实体法规范应适用《民法典》的相关规定。

(二) 被申请人交付的ISBN游戏版本应当获得申请人的批准或验收

仲裁庭对该问题进行分层论述：一是考虑涉案协议的订立目的，本地化涉案游戏在协议中的英文定义为“Localized Title”，即指已经本地化的完成形态，而非正在进行形态。协议明确约定“本地化涉案游戏是指涉案游戏的本地化版本，由许可人进行本地化并经被许可人按本协议要求批准”，即说明本地化涉案游戏应当获得申请人批准确认，只有被申请人交付的游戏版本符合申请人的批准验收要求，符合向中国政府有关部门申请游戏版号（ISBN版号）的审核标准，才能够实现申请人取得本地化涉案游戏相应权利的协议订立目的。二是考虑协议关于交付物的约定，协议中含有申请人对于被申请人交付物（包括本地化涉案游戏、文档、宣传材料）的批准，以及相应的“批准期”的表述，且被申请人在收到申请人的拒收通知后，应当尽力解决所有相应错误或缺陷，也说明并非被申请人交付任何版本均属于合同约定的交付物，另应当获得申请人的批准确认。三是考虑到协议所涉及ISBN版交付标准的约定，协议明确约定“ISBN版”是指被申请人为获得中国大陆区域内有关政府部门的批准和游戏版号，而向申请人交付的版本，参见附件C，而附件C“ISBN版的功能和定义”列举了ISBN版本应当具备的功能和内容，即被申请人交付的游戏版本应当满足附件C的功能和内容，同时能够符合中国政府有关部门申请批准游戏版号的要求，而关于这一目的的实现，协议多条条款均约定被申请人应当根据申请人的要求进行修改调整，以满足申请游戏版号的要求，即被申请人有义务满足申请人提出的批准要求。

(三) 被申请人未能在协议期限内交付符合协议约定及申请人要求的游戏版本

仲裁庭认为，首先，涉案协议约定，“获准”或“批准”均需以书面形式表示同意，对于迟延交付 SDK 导致的延期，因已获得申请人书面确认，仲裁庭予以认可。而对于被申请人主张的乌克兰战争影响研发团队导致的延期，被申请人既未能举证战争对开发进度的实质影响，又未能举证申请人曾书面同意被申请人该项延期事由，故对该抗辩不予采纳。基于被申请人在协议时限内交付的版本应当是符合申请人批准要求的版本，而被申请人实际前后共计交付了七版 PC ISBN 版本（最后一版交付时间为 2022 年 12 月 8 日）和两版移动 ISBN 版本（最后一版交付时间为 2022 年 10 月 24 日），最后均未通过申请人测试评估，即被申请人未在交付时间内完成交付，构成逾期。其次，申请人针对涉案游戏提出的修改要求属于合理范畴。其中，双方争议的 AI 玩家功能并不属于申请人不合理新增功能项目，但被申请人最终提交的 PC ISBN 版本仍然未能满足该项功能实现。同时被申请人交付的最后一版移动 ISBN 版本仍出现安装登录及匹配功能失败，即基本功能都不满足，申请人多次要求修改并非恶意阻碍交付条件成就。最后，对于双方争议的“违约”是否仅包括协议第 2 条（许可授权）、第 4 条（付款）、第 6 条（知识产权）、第 7 条（陈述与保证）、第 8 条（赔偿）和第 10 条（保密材料），虽然该条款运用“仅指（solely mean）+列举”的方式说明违约情形，但后续为避免疑义，提及两种情形下的迟延交付不构成违约，即将这两种延迟交付排除在违约之外，而可反推出其他情形下的延迟交付应当属于违约，且纵观协议中关于被申请人义务的约定内容可得出交付符合要求标准的游戏版本应为本案被申请人的主要义务，被申请人对于协议主要义务的违反，当然应属违约。故，仲裁庭认定被申请人未能在协议期限内完成符合合同标准及申请人批准要求的涉案游戏版本的交付，构成违约，应当向申请人返还具有预付款性质的保证金及许可费，并且支付相应的资金占用损失。

案件评析

（一）涉外游戏“本地化”版本交付之裁判标准的创新构建

随着中国游戏市场的蓬勃发展，大量国内外游戏产品需经过“本地化”改造才能进入中国市场并获得商业成功。游戏本地化并不简单指向游戏内容的语言翻译，而是牵涉技术适配本地化、文化调适、市场推广、行政审批等一系列复杂的流程。其中，监管合规本地化——确保游戏内容符合中国法律法规及监管政策并完成线上运营所需的行政审批手续，取得国家新闻出版署核发的游戏版号，是最为核心的本地化环节。这是商业化运营的强制性前置要件。在此过程中，游戏开发商、发行商、运营商等各方主体之间时常因合同约定不明确导致权责不清，从而引发法律纠纷。这其中通常牵涉几个关键性的法律问题：其一，在合同约定不明时，用于向国家主管部门申请 ISBN 版号的本地化游戏版本是否必须得到合同申请人（如发行商、代理商）的批准或验收；其二，批准和验收的标准和形式如何，也即“合格本地化版本”的认定问题；其三，未满足“合格本地化版本”要求情况下的违约责任认定问题。上述问题亦是本案的核心争议焦点。鉴于我国尚未就上述问题形成统一的司法裁判观点，仲裁庭对上述法律问题的创新性建构更加凸显出本案在理论与实务中的代表性与创新性意义。

在法律适用层面，仲裁庭综合运用文义解释、目的解释与体系解释方法，将《民法典》第一百四十二条、第四百六十六条关于合同解释规则与《涉外民事关系法律适用法》第三条相结合，确立“涉外知识产权许可合同应以合同履行目的为导向解释合同条款”的裁判规则。在条款解释维度，仲裁庭突破传统“明示条款说”的局限，通过协议第 15.9 条准据法条款与附件 C 技术标准的联动解释，将游戏版号（ISBN）行政审核要求纳入合同解释体系，明确了交付用于申请版号的版本应将“符合国家主管部门”的合规审查要求融入验收标准。该裁判思路有机补充了我国最高人民法院在相关案例中确立的“商业化运营标准”之交付验收条件。① 在违约认定标准上，仲裁庭采用“功能实现+行政合规”的双重审查基准，既否定被申请人主张的“形式交付说”，又突破单纯合同条款列举主义，通过协议第 2 条至第 10 条的体系解释，认定“交付符合 ISBN 版号申请标准的游戏版本系被申请人的主给付义务”。该裁决在涉外知识产权合同解释方法论、游戏行业合规标准与合同解除权行使边界等方面，为类案审理提供了具有示范意义的裁判范式。

（二）国际商事合同解释方法论的示范创新

在跨境商事交易实践中，分处不同法域且使用不同语言文本的合同当事人，因法律文化差异、语言转换误差及缔约谈判中的信息不对称等因素，易引发合同条款语义模糊、逻辑冲突等问题。此时，对合同条款的精准解释就成为定分止争的关键。本案仲裁庭在解释争议条款时立足于案件事实，综合运用文义解释、体系解释及目的解释等方法，得出符合缔约真意、双方利益且具合理性与目的性的结论，具有较强的示范作用。其具体解释方法如下：

一是以文义解释为基础，从合同文本词句的日常含义出发，以目标物的英文定义理解（如对 Localized Title 的文义解释），确保解释结论不超出语意的“射程范围”。二是以体系解释为支撑，将争议条款置于整个合同框架之下，审查上下文之间的关系，进而确定争议条款的准确含义。例如，本案中协议第 9.2.1 条虽以“仅指（solely mean）”列举特定条款项下“违约”，但结合其上下文提及“后续为避免疑义，提及两种情形下的迟延交付不构成违约”，可反推其他情形下的迟延交付属违约。纵观协议，被申请人交付符合标准游戏版本为其主要义务，违反该义务当然构成违约。三是以目的解释为印证，当文本有歧义时，采用最符合合同目的的解释。申请人缔约目的在于取得本地化游戏权利并获批

① 最高人民法院（2021）最高法知民终 1980 号。

版号（ISBN），此目的的实现依赖于被申请人及时交付符合验收及版号审核标准的版本。协议多条条款均约定被申请人应当根据申请人的要求进行修改调整，以满足申请游戏版号的要求，即被申请人有义务满足申请人提出的批准要求。

（三）涉外知识产权纠纷仲裁机制的有益探索

本案充分彰显了商事仲裁在涉外知识产权争议解决中的独特制度优势。一方面，本案系专业化、复杂化的跨境版权争议，当事人分别为中英两国商业实体，合同文本采用全英文形式，核心证据涵盖双方通过英文形成的邮件和微信通信记录。基于上述特征，首席仲裁员需同时具备精深的专业法律素养、行业知识储备及卓越的英语语言能力。广州仲裁委充分发挥其专业化及国际化优势，从 2000 多位入册仲裁员中指定中国香港籍专家担任首席仲裁员——该专家不仅精通英语，而且在跨境知识产权纠纷领域享有盛誉，从而确保裁决者兼具国内外法律体系认知、行业惯例把握及国际经贸政治视野，并能够以英语开展庭审程序。此举既忠实还原了合同文本原意与当事人的真实意思表示，亦精准查明复杂技术事实，保障了案件处理的专业性和公正性。另一方面，本案也凸显出商事仲裁灵活、高效的优势。针对大量域外形成的证据文书材料，仲裁庭综合评估证明手续的必要性，结合案情灵活认定域外证据效力，引导双方当事人就互免公证认证等程序达成合意。该机制有效减轻了程序负担和费用成本，提高了仲裁效率，最终实现跨境争议的高效、低成本化解。

（四）全球知识产权治理的中国方案与仲裁智慧

本案通过仲裁程序高效、专业地化解了跨境知识产权履约争议，在知识产权跨境保护领域形成三重示范价值：其一，仲裁机制的专业性优势在本案中得到充分印证；其二，裁决创造性地融合中国本土化合规要求（如 ISBN 版号审核制度）与国际商事合同规则，为跨境版权交易规则的完善提供实践范本；其三，仲裁庭将反复逾期交付存在瑕疵的游戏版本认定为根本违约，既维护了勤勉尽责、诚信履约的契约精神，切实保障我国当事人的合法权益，更向国际社会传递出“严格保护知识产权、维护市场公平竞争”的司法导向，为构建更加公正、高效、可预期的全球知识产权保护环境贡献了“中国方案”和“仲裁智慧”。

（撰稿人：广州仲裁委员会知识产权仲裁院詹灵星、
清华大学法学院博士研究生张世超）

品牌授权终止后库存商品回购责任的划分

一、关键词

商标授权；跨境品牌管理；FOB 单价；关税计算

二、仲裁要点

被申请人作为世界知名厨具品牌的品牌管理公司，需收回在中国大陆地区代理商的品牌授权，全部转为自行销售与管理。在原代理商即申请人商标授权到期之际，被申请人本应按《业务交接协议》约定对申请人存库剩余品牌商品进行回购，但被申请人认为申请人存储不当导致商品瑕疵率过高，以及存在申请人从第三方渠道购买的该品牌商品，不同意继续回购库存的瑕疵商品和第三方渠道商品，继而未按照《业务交接协议》约定进行回购。仲裁庭认为，首先《业务交接协议》约定履行该协议过程中发生争议，双方均同意将争议提交广州仲裁委员会处理，并同意使用代理商所在地相关法律解决。该管辖条款包括了明确争议方式、明确管辖机构，而对于准据法的适用，因代理商是在中国浙江杭州注册成立的贸易公司，根据该条款的约定应适用《民法典》等相关法律。其次，双方签订《业务交接协议》约定被申请人回购剩余库存商品，但同时也约定自 2022 年 1 月 1 日起，申请人将停止在所有渠道销售该品牌的商品。因此，剩余库存商品的回购行为并非单纯的商品买卖关系，如果被申请人拒绝回购瑕疵商品，申请人又无法继续销售该部分产品，则对申请人不公平。与此同时，在申请人不能证明商品的瑕疵是被申请人拖延回购造成的，要求被申请人按约定价格回购瑕疵商品，对被申请人同样也是不公平的。为平衡双方利益，根据瑕疵商品的受损程度，仲裁庭酌情裁量被申请人按该瑕疵部分商品总价的80%回购该部分商品。对于申请人从第三方渠道购得的品牌商品，被申请人最初对列入《库存产品汇总清单》的第三方渠道商品并未提出异议，且回购该部分商品不让其随意在市场上流通，也是被申请人对其品牌商誉的保护，故被申请人应当继续回购该部分商品。

庭审时被申请人同意继续履行该《业务交接协议》，仲裁庭组织双方前往申请人仓库再次对库存品牌商品进行清点，列明正常商品、瑕疵商品、第三方渠道商品数量。依据双方提交的电子文档中载明对应的FOB单价（美元）计算出正常商品基础值、瑕疵商品基础值、第三方商品基础值。再结合双方证据确定涉案商品进口关税、进口增值税、运费、海关收费的相应计算比例。最终根据《业务交接协议》约定的回购价计算方式计算得出正常商品、瑕疵商品、第三方渠道商品的回购金额（美元），再根据双方庭审中确定的人民币对美元的汇率换算被申请人应付申请人的回购总金额（人民币）。

三、基本案情

被申请人作为世界知名厨具品牌的管理公司，先是以在中国大陆地区给代理商商标授权的方式在中国大陆地区进行销售。2019年，被申请人将品牌商标权授权给申请人，授权期限为2020年1月1日至2021年12月31日。申请人从该公司及该公司在海外的其他公司进口该品牌商品在中国大陆地区进行线上店铺、线下店铺的销售。但因中国市场的逐步扩大以及品牌需统一管理的需要，现被申请人需收回在中国大陆地区代理商的品牌授权，全部转为自行销售与管理。2021年7月12日，被申请人与申请人签署《业务交接协议》，被申请人承诺将向申请人回购剩余库存的全部品牌商品，回购价格按照“FOB价格+运费+税费”

计算。自2022年1月1日起，申请人将停止在所有渠道销售该品牌的商品，关闭天猫、京东等线上店铺，并且移交其在中国大陆地区的其他合作商名单给被申请人。约定履行该协议过程中发生争议，双方均同意将争议提交广州仲裁委员会处理，并同意使用代理商所在地相关法律解决。在履行《业务交接协议》的过程中，被申请人发现申请人仓库剩余品牌商品瑕疵率过高，也存在从其他第三方渠道进口的该品牌商品，认为按照原价回购不现实，双方未对回购价格达成新的协议，回购未能继续进行下去，与此同时，自2021年12月31日最后回购日到期后，从2022年1月1日起，申请人需租赁场地对该品牌商品进行存储，并产生相应保管费。为此，申请人按照《业务交接协议》约定的管辖条款向本会对被申请人提起仲裁，要求：

1. 裁决被申请人继续履行《业务交接协议》，回购申请人库存的品牌商品（详见清单），支付回购款共计1935645.71元；

2. 裁决被申请人自2022年1月1日起按7500元/月的标准向申请人支付仓储保管费至全部回购、腾空完毕之日，暂计至2022年2月28日为15000元；

3. 裁决仲裁费由被申请人承担。

四、争议焦点

（一）《业务交接协议》的性质

申请人认为是《业务交接协议》符合商业特许经营的性质。被申请人认为双方是买卖合同的性质。

（二）是否回购瑕疵商品及第三方渠道商品

申请人认为，《业务交接协议》并没有对商品质量提出要求，双方的权利义务不在于商品买卖，而是对于一种销售权的终止和自己产品的回购，在被申请人没有证据证明产品质量或者产品瑕疵系申请人保管不当导致的，应当由被申请人按照协议约定的FOB价格加上运费、税费回购自己的产品。关于第三方渠道的商品，在经过双方盘点后，被申请人中国区域总监对此予以认可，认为也是从被申请人公司进行购买，只是渠道不一样。

被申请人认为，申请人向被申请人出售涉案库存产品的时候，应当履行质量保证义务，被申请人有权拒绝购买被申请人存在质量问题的产品。申请人将其从第三方渠道购得的产品纳入被申请人的购买范围内，违反了诚实信用原则，且明显违反了《业务交接协议》第三条之 3.2 约定。

（三）回购价格确定及回购金额确定

申请人认为，应当按照《库存产品汇总清单》所列明的库存的品牌商品数量及回购价格确定回购款。其中，FOB 价格系申请人提供，运费、关税、海关收费、增值税均按照商品总价的一定比例计算，关税比例原来为 10%，现在比例为 7%，增值税比例为 13%。在运费中，空运费比例为 20%，海运费比例为 10%。

被申请人认为，涉案商品的数量应当以双方盘点的结果为准，同意适用货物进口时相应的税率对进口涉案产品的增值税和关税进行计算。至于运输费用，申请人应当提供充分的依据。按照被申请人的了解，货物进口的增值税最开始是 13%，还需要关税区分不同商品，有 7%和 10%两种比例，这个具体以当时适用的《增值税条例》或《关税条例》为准。

（四）申请人的保管费用的承担

申请人认为被申请人在回购日到期后未能及时履行回购义务，构成违约，因此对货物进行的仓储保管费应由被申请人承担。

被申请人认为申请人仅从 2021 年才开始租用仓库储存货物，不排除涉案产品的发霉问题早在 2021 年之前就已经出现，而且申请人向仓库出租方支付的费用合计数与租赁合同约定的不一致，申请人认为这些仓储费用不应由被申请人承担。

五、裁决结果

1. 被申请人继续履行《业务交接协议》，在收到本裁决书之日起3日内向申请人指定收货地址，申请人应在收到被申请人指定收货地址之日起20个工作日内将《品牌库存商品盘点记录表（Ⅰ）》《品牌库存商品盘点记录表（Ⅱ）》（见被申请人提交证据2）记录的货物交付至被申请人指定收货地点；

2. 被申请人收到货物后7天内向申请人支付回购款人民币1421303.464元（若出现与《品牌库存商品盘点记录表（Ⅰ）》《品牌库存商品盘点记录表（Ⅱ）》数量不符的情形，在回购款内进行相应扣减）；

3. 对申请人的其他仲裁请求不予支持；

4. 本案仲裁费由申请人承担30%，被申请人承担70%。

六、裁决理由

1. 协议优先：本案适用当事人选择的法

《业务交接协议》中管辖条款约定使用代理商所在地法律。本案的代理商即申请人是注册于中国浙江省杭州市的贸易公司，故本案应适用中国现行法律进行裁决。

2. 权责对等：《业务交接协议》并非特许经营协议

根据《商业特许经营管理条例》第三条第一款的规定，特许经营是指特许人以合同形式将其拥有的经营资源许可被特许人使用，被特许人按照合同约定在统一的经营模式下开展经营，并向特许人支付特许经营费用的经营活动。经查明，涉案《业务交接协议》并未体现上述特许经营的基本要素。协议仅约定被申请人向申请人回购剩余库存的品牌商品，回购价格按“FOB价格+运费+税费”计算；同时约定终止申请人的商标授权，并就双方的线上销售店铺、线下客户资源及相关业务进行交接。仲裁庭认为，该协议不符合《商业特许经营管理条例》关于特许经营的定义与要件，故不构成特许经营合同。鉴于《业务交接协议》不仅涉及商品买卖，也涵盖业务移交等内容，其性质已超出了单纯买卖合同的范畴。因此，本案应将案由由“特许经营合同纠纷”变更为“合同纠纷”。

3. 公平导向：回购瑕疵商品和第三方渠道商品的利益平衡

仲裁庭认为，《业务交接协议》虽约定被申请人回购申请人剩余的库存商品，但同时明确，自 2022 年 1 月 1 日起，申请人应停止在所有渠道销售品牌商品。由此可见，该回购行为并非单纯的商品买卖关系，而是业务终止背景下的综合性安排。在此情形下，若被申请人拒绝回购存在瑕疵的库存商品，而申请人又已丧失继续销售的可能，将对申请人构成明显不公平。但与此同时，申请人未能就商品瑕疵的产生归责于被申请人拖延回购行为，若仍要求被申请人按原价无条件回购，也将损害被申请人的正当利益。为在双方之间实现利益的合理平衡，仲裁庭根据商品瑕疵的受损程度，酌情裁定由被申请人按该部分瑕疵商品总价的80%进行回购。

对于申请人从第三方渠道购得的品牌商品，仲裁庭注意到：被申请人最初对纳入《库存产品汇总清单》的该部分商品并未提出异议，且回购该部分商品有助于防止品牌商品在市场上的无序流通，亦体现出其对品牌声誉的维护。故，被申请人应继续回购该部分商品。鉴于《业务交接协议》中并未就该类商品的清点方式和质量标准作出明确约定，且申请人在庭审中明确表示接受按该类商品价格的 80%计价，仲裁庭据此酌情裁定：被申请人应按该部分第三方渠道商品总价的 80%进行回购。需要指出的是，该部分商品虽由第三方原先向被申请人购得，但最终由申请人自第三方采购，因此不应计入税费及运费，回购价格应仅基于商品的基础价值，即按“商品数量×FOB 价格”计算。

4. 协商一致：涉案商品的数量及价格的计算依据

仲裁庭认为，《库存产品汇总清单》所列品牌商品的库存数量，系在本案发生前经被申请人确认。然而，双方在庭后又就涉案库存商品进行了现场重新盘点，并分别形成《品牌库存商品盘点记录表（Ⅰ）》和《品牌库存商品盘点记录表（Ⅱ）》，双方对该两份盘点结果均未提出异议，故本案所涉商品的最终数量应以上述盘点记录所载为准。关于商品价格，仲裁庭确认，《库存产品汇总清单》中的FOB价格系被申请人提供。庭后双方共同完成的盘点过程中，被申请人另行提交了《盘点记录整理》，其中所列各类商品的FOB价格与《库存产品汇总清单》保持一致。鉴于此，包括正常商品、瑕疵商品及第三方渠道商品在内，其FOB价格均应以《库存产品汇总清单》的数据为准予以认定。

此外，结合申请人提交的《海关进口关税专用缴款书》《增值税专用缴款书》《业务回单》等相关证据材料，仲裁庭综合庭审查明的事实，酌情认定涉案商品应计附加费用标准如下：进口关税为商品总价的7%、进口增值税为13%、运费为10%、海关收费为6%。

综上，仲裁庭根据双方庭后编制的《品牌库存商品盘点记录表（Ⅰ）》《品牌库存商品盘点记录表（Ⅱ）》确定的数量为准计算出被申请人应付申请人回购款（美元），并按申请人与被申请人庭审中协商一致的人民币兑换美元汇率6.92计算，被申请人应付申请人回购款为人民币1421303.464（205390.674×6.92＝1421303.464）元。

5. 审慎归责：被申请人无须向申请人支付保管商品费用

仲裁庭认为，涉案商品未能完成回购，主要因双方对部分商品是否存在质量问题及是否来源于其他渠道存在争议。而庭后盘点结果亦显示，部分商品确实存在一定的质量瑕疵。《业务交接协议》中并未就商品质量标准或保证责任作出明确约定，现阶段相关质量问题的成因无法查明，故不能将该情形完全归责于被申请人。此外，根据《业务交接协议》的约定，申请人负有将库存商品交付给被申请人的义务。由于申请人至今尚未完成实际交付，因此仍需自行保管相关商品。基于此，仲裁庭认为，申请人主张由被申请人承担保管费用，缺乏合同依据与事实基础，难以成立。

案件评析

（一）法律适用：突破合同形式的束缚

关于准据法的确定，根据《业务交接协议》中的相关条款，双方已明确选择适用中国法律，仲裁庭据此依法适用《民法典》作为本案的准据法。此外，针对《业务交接协议》的性质认定，仲裁庭并未拘泥于当事人之间在协议性质上的表述分歧，而是立足于协议的具体内容及其履行情况，结合《民法典》合同编确立的诚实信用原则与公平原则，综合判断后将该协议定性为混合型的无名合同。该协议既包含商品买卖要素，也涉及商标授权终止、客户资源交接等内容，其性质已超出单一类型合同的范畴。在涉外品牌授权终止所引发的商事纠纷中，仲裁庭认为，有必要突破合同的形式外观，回归实质交易关系的本质，以当事人之间“实际交易目的”作为权利义务划分的核心依据。此种实质性审查方法，既契合现代合同法的发展趋势，也有助于实现交易正义与利益平衡。

（二）实质正义：仲裁庭的裁量导向

仲裁庭在本案中坚持实质公平原则，围绕瑕疵商品的折价回购机制及第三方渠道商品的处理规则，精准识别争议核心，灵活运用裁量权。在厘清品牌方管理责任与经销商保管义务的基础上，仲裁庭打破传统“全有或全无”的裁判模式，创新性地引入浮动折价比例机制，根据瑕疵程度、销售路径及各方过错比例动态调整赔偿范围，兼顾公平与效率，体现出对实体正义的高度尊重和务实平衡。

（三）精细服务：明确配合内容推动双方顺畅履行裁决

本案中，申请人主张继续履行合同义务，被申请人亦无异议，同意继续履行。仲裁庭在支持该请求时，秉持精细化服务理念，不仅明确了被申请人应继续履行的具体内容，还详细列明了申请人在履行过程中应配合的义务事项，如提供协助、配合验收、确认交付等。同时，仲裁庭设定了明确的履行期限及配合时点，以确保履行过程具有可操作性和时间约束力，避免因配合不及时或义务不清导致新的履行障碍，切实推动裁决在实践中的高效、顺畅执行，充分体现了仲裁程序的专业性与执行力。

（四）行业合规：涉外品牌公司单方终止授权的收尾工作

本案凸显涉外品牌公司在单方终止授权关系中的合规义务。首先，品牌方应确保终止程序的正当性，通过协议明确库存回购安排，避免构成单方违约或引发商标侵权争议。建议“出海”品牌在授权协议中设置“过渡期条款”，细化库存处理、销售渠道清理的时间表与责任划分，以更好符合《TRIPS 协定》第二十条关于商标使用不得被不合理限制的要求，同时借鉴欧盟《垂直协议集体豁免条例》（VBER）中有关竞争限制的判断标准，防止回购条款被认定为变相限制经销商经营。其次，仲裁庭对瑕疵商品按80%折价处理，体现了对品牌价值的实质保护，防止不合格商品损害商誉。建议协议中纳入第三方联合验收机制，并明确防伪标识的销毁义务，以防灰色市场流通，契合《巴黎公约》和《WIPO 商标法条约》的制度逻辑。最后，跨境证据效力问题不容忽视，涉外品牌提交的电子文件应符合《海牙认证公约》或属地法的认证要求，建议仲裁机构推动建立跨境电子证据存证平台，提升域外证据的可采性与执行力，夯实行业合规基础。

（五）国际协作：广仲打造跨法域机构合作标杆

广仲通过制定并推广《广州标准》电子证据规则，实现了对涉外品牌方签署的 FOB 单据的直接采信，彰显了其在电子证据领域的创新实力。目前，该标准已被全球 42 家机构采纳，涉案品牌所在国的外贸调解中心亦与广仲签订合作备忘录。基于此备忘录，广仲主动联系该外贸调解中心，协助验证被申请人公司资质及公证委托书真实性，推动跨法域信息共享与协作。此外，裁决明确限定“3日内指定收货地+20日交付期”，有效保障裁决的高效执行，契合广仲“打造国际仲裁优选地”的战略定位，为金砖国家企业提供低摩擦、高效的纠纷解决路径。

本案深刻体现了“知识产权保护—仲裁规则创新—国际执行协作”三位一体的全链条解决方案。展望未来，中国仲裁机构可通过输出定制化的《广州标准》子模块，将个案裁判经验转化为涉外商事治理的公共产品，助力中国企业“走出去”与全球品牌“引进来”的双向合规发展。广仲与域外机构的协作机制，标志着中国仲裁机构在全球商事治理中的专业化升级，为RCEP及金砖国家品牌的跨境知识产权保护提供了标准化的中国方案。

（撰稿人：广州仲裁委员会案件受理部王佳琦、
北京科技大学文法学院讲师武振国）

少量披露作品是否构成合理使用

一、关键词

责任竞合；管辖权异议；信息网络传播权；商业秘密

二、仲裁要点

申请人与被申请人签订委托合同，由被申请人负责 UXX 品牌的系统设计。合同部分履行后，双方协商签订《终止协议》，明确约定：被申请人已完成的全部设计成果，其知识产权归申请人所有。《终止协议》签署后，申请人另行委托第三方完成后续设计。然而，被申请人未经申请人许可，擅自在互联网平台披露涉案设计成果。此时，UXX 品牌尚未正式完成整体设计，更未正式投放市场。该披露行为一方面违反了《终止协议》的合同约定，构成违约；另一方面，根据《著作权法》第十条第一款第一项和第十二项、第二十四条第一款的相关规定，亦侵犯了申请人依法享有的发表权与信息网络传播权，构成著作权侵权。本案所涉行为同时触及侵权责任与违约责任的竞合问题，仲裁庭需综合考量合同义务与法定权利的关系，明确责任归属，并探讨权利人在此类竞合情形下的救济路径选择。

三、基本案情

申请人为香港某注册公司，为创立全新彩妆品牌，在韩国注册全资子公司 UXX 公司，并注册“UXX”商标。被申请人是在设计行业内具有较大影响力、传播力的专业设计公司。双方于 2019 年 3 月签订《设计合同》，申请人委托被申请人进行 UXX 品牌系统设计，合同总金额为人民币 72 万元。申请人支付首期款人民币 504000 元后，因被申请人迟迟未向申请人交付满意且完整的设计成果，双方于 2019 年 8 月达成《终止协议》，确认《设计合同》终止履行，申请人再支付人民币 7 万元，被申请人将已完成的设计成果交付给申请人，申请人单独享有 UXX 品牌全部设计成果的完整知识产权（包括著作权）、使用权及处置权，并有权进行二次创意和设计。若被申请人另行处置或侵犯申请人知识产权的，应支付不少于人民币 50 万元的违约金。后，申请人发现被申请人及其首席设计师在被申请人官方网站、微博、微信公众号、个人朋友圈、抖音等互联网平台上发表图文，将申请人 UXX 品牌的品牌故事、视觉设计、空间设计等内容进行披露，并将相关设计成果制作成视频在各网络渠道进行传播。申请人认为被申请人的行为侵犯了其享有的 UXX 品牌设计成果著作权的发表权、信息网络传播权，故发出律师函要求被申请人停止侵权，被申请人已删除网络上的相关内容。之后申请人提起仲裁，认为被申请人的侵权行为导致申请人已取得的前期品牌设计成果失去价值，要求被申请人赔偿其实际损失及合理费用开支。具体请求如下：

1. 裁决被申请人赔偿申请人经济损失人民币 1014000 元，律师费人民币 2 万元，公证费人民币 9600 元，香港特别行政区认证费人民币 5692 元，韩国公证认证费人民币 1306 元，翻译费人民币 1500 元，合计人民币 1052098 元；

2. 裁决本案仲裁费用由被申请人承担。

四、争议焦点

（一）知识产权损害能否获得仲裁救济

被申请人对本案提出管辖权异议，主张本案性质属知识产权侵权纠纷，属于法定不能仲裁的事项范围，仲裁协议不应及于此类争议，广州仲裁委员会对此无管辖权。其理由在于，申请人所主张的系著作权中的发表权与信息网络传播权遭受侵害，在性质上独立于双方合同关系。申请人则明确主张，本案争议实质源于被申请人违反《终止协议》关于设计成果归属与保密义务的约定，故应认定为合同违约纠纷。申请人据此依据合同仲裁条款提起仲裁，请求仲裁庭确认管辖权。

由此可见，本案的核心争议在于，当同一行为同时涉及对合同义务的违反与对法定知识产权的侵犯时，权利人是否可以依合同关系提起仲裁程序，从而引发对知识产权纠纷可仲裁性边界的认定问题。

（二）少量披露作品是否构成合理使用

申请人主张，其曾委托被申请人进行 UXX 品牌的相关内容设计，双方在《终止协议》中明确约定，已完成设计成果的全部知识产权归申请人所有。被申请人在未经许可的情况下，于公开网络平台发布涉案设计成果，已构成对申请人就该成果依法享有的发表权与信息网络传播权的严重侵犯。申请人认为，被申请人上述行为违反了《终止协议》的合同约定，应承担相应的违约责任，并赔偿因此造成的经济损失。

被申请人则辩称，其仅在平台上展示了涉案项目中的十余张效果图，仅属整体设计中的极小部分，发布行为为出于展示个人设计能力的行业惯例，并未以营利为目的，亦未获取任何直接经济利益。此外，被申请人强调，其并未公开涉及核心技术信息或商业机密的内容，如产品尺寸、施工图、AI 源文件等，故其行为不具实质损害性，不应构成侵权或违约，更不应承担高额赔偿责任。

本争议实质涉及在委托设计关系终止后，设计方对已完成成果的使用边界问题。具体而言，涉案披露行为是否构成合理使用，抑或已超出合理范围侵犯著作权并违反合同约定，需要仲裁庭综合判断其披露目的、披露范围、披露内容的敏感性以及由此可能造成的商业影响。

五、裁决结果

1. 被申请人向申请人支付违约金人民币 10 万元；

2. 被申请人向申请人补偿律师费人民币 18000 元、公证费人民币 9600 元；

3. 对申请人的其他仲裁请求不予支持；

4. 本案仲裁费由被申请人承担。

六、裁决理由

（一）本案可依合同关系获得仲裁救济

被申请人主张，本案系知识产权侵权纠纷，不属于仲裁协议所涵盖的争议类型。但被申请人同时明确表示，若申请人以合同违约为基础提起仲裁，则对仲裁管辖权不持异议。申请人则始终坚持，本案系因被申请人违反《终止协议》中关于知识产权归属与使用义务的约定所引发，属于合同违约纠纷，故依据《设计合同》中约定的仲裁条款，向广州仲裁委员会提起仲裁。

仲裁庭经审理认为，根据《民法典》第一百八十六条的规定："因当事人一方的违约行为，损害对方人身权益、财产权益的，受损害方有权选择请求其承担违约责任或者侵权责任。"本案中，被申请人未经许可披露涉案设计成果的行为，可能同时构成对合同义务的违反与著作权的侵害，具有请求权竞合的特征。在此情形下，申请人明确选择以合同违约为依据提起仲裁，系对其实体请求权的合法处分，仲裁庭应予尊重。

进一步而言，《设计合同》已明确约定争议提交广州仲裁委员会仲裁。《终止协议》虽为合同履行中止的补充性安排，但其内容与《设计合同》的履行密切相关，构成该合同仲裁条款约定范围内的争议事项，应受原仲裁协议的约束。

此外，被申请人在庭审中已就实体问题进行充分答辩，并明确表示若基于违约关系提起仲裁，则不对仲裁管辖权提出异议。综合合同约定、当事人意思自治及庭审实际情况，仲裁庭认定广州仲裁委员会对本案依法具有仲裁管辖权。

（二）被申请人少量披露委托设计成果的行为构成违约

首先，根据《著作权法》第十九条关于“受委托创作的作品，著作权的归属由委托人和受托人通过合同约定”的规定，申请人与被申请人之间构成委托创作关系，创作成果的著作权归属应依合同确定。依据双方签署的《终止协议》，申请人在支付尾款人民币 7 万元后，被申请人确认已将《设计合同》项下全部设计成果的完整知识产权（包括人身权与财产权）转让予申请人，申请人对 UXX 品牌的全部设计成果享有独占性权利。

其次，在双方存在合作争议、品牌设计尚未完成且尚未正式投放市场的情形下，被申请人未经许可，擅自在官方网站及社交媒体平台上公开披露涉案设计方案，明显违背诚实信用原则与合同约定。尽管被申请人辩称所披露内容仅为部分效果图，意在行业案例分享，且未直接营利，但从其发布渠道、内容性质及用途来看，该行为与其主营的设计服务业务密切相关，具有商业性宣传的意图与效果。

再次，根据申请人提供的公证书、侵权比对表等证据，以及双方庭审中确认的事实，被申请人披露的内容确已包含涉案设计成果的核心部分。根据《著作权法》第二十四条关于合理使用的相关规定，合理使用应满足非营利目的、必要限度使用、不得影响作品正常使用及权利人合法权益等条件。被申请人所称“非营利性使用”并不成立，其行为既未获得申请人授权，也超出了合理使用的范围，不符合《著作权法》所允许的例外情形，已构成对申请人发表权和信息网络传播权的侵害。

最后，根据《终止协议》明确约定，“被申请人不得另行处置或在已交付设计成果基础上进行二次创作或修改”，其未经许可披露成果的行为不仅构成著作权侵权，同时亦违反了协议中的保密义务和禁止使用条款，构成违约。

（三）依据知识产权损害占原作的比例酌情调低约定的违约金

根据《终止协议》关于“被申请人不得另行处置或在已交付设计成果基础上进行二次创作或修改……否则，应认定为被申请人侵犯申请人的知识产权，被申请人应支付违约金不少于人民币 50 万元”的约定，被申请人披露涉案设计成果的行为构成违约，应向申请人支付不低于人民币 50 万元的违约金。本案中，申请人主张其因被申请人违约行为导致的损失数额为人民币 1014000 元，但申请人提交的证据显示，申请人的韩国子公司 UXX 公司委托案外人进行品牌设计的合同签订时间为 2019 年 10 月 16 日，早于被申请人披露涉案设计成果的时间（2019 年 11 月 9 日），无法认定该委托合同的订立与被申请人的披露行为之间存在必然因果关系。此外，申请人主张因被申请人迟延交付，给申请人造成人工损失人民币 10 万元，该损失是《设计合同》履行过程中产生的，已由双方通过《终止协议》进行处理。申请人未能提供充分证据证明其因被申请人的违约行为造成的实际损失的具体数额，同时考虑到申请人为本案设计共计支付合同款仅为人民币 574000 元，申请人主张的人民币 1014000 元损失数额明显过高。因此，根据《民法典》第五百八十五条第一款、第二款关于“当事人可以约定一方违约时应当根据违约情况向对方支付一定数额的违约金，也可以约定因违约产生的损失赔偿额的计算方法……约定的违约金过分高于造成的损失的，人民法院或者仲裁机构可以根据当事人的请求予以适当减少”的规定，仲裁庭综合考量被申请人披露内容占涉案合同内容的比例、申请人实际支付的合同款金额以及被申请人的过错程度、行为后果等因素，酌定被申请人应向申请人支付违约金人民币 10 万元。

案件评析

（一）责任竞合：案件核心争议的一体两面

本案所涉法律关系具有典型的违约与侵权责任竞合特征，体现为同一行为在不同法律层面所引发的复合型损害。一方面，在合同义务层面，被申请人违反了《终止协议》中的保密条款及知识产权归属约定，在申请人未授权、品牌尚未完成设计及未正式推向市场的情形下，擅自披露设计成果，构成对合同义务的实质性违反；另一方面，在法定权利层面，被申请人该行为亦侵害了申请人依法享有的著作权中的发表权与信息网络传播权，构成著作权侵权。

根据《民法典》第一百八十六条的规定："因当事人一方的违约行为，损害对方人身权益、财产权益的，受损害方有权选择请求其承担违约责任或者侵权责任。"本案中，涉案作品尚处于未公开状态，擅自披露不仅破坏了申请人的品牌发布节奏与战略部署，还可能导致核心创意被过早扩散，进而削弱市场竞争优势。这种损害兼具合同履行利益的丧失与知识产权价值的贬损，呈现出典型的复合型损害结构。

仲裁庭在裁判过程中对责任竞合的性质进行了精准分析，确认申请人基于违约责任主张权利的选择权，并予以尊重。在责任认定的基础上，仲裁庭进一步综合考量合同履行情况、双方过错程度以及被披露行为的具体后果，对违约金数额进行了酌情调整，体现了对知识产权保护与合同利益平衡的兼顾，亦展现出在请求权竞合情形下灵活、协调的救济路径。

（二）协议优先：案件管辖问题的合理界定

在知识产权侵权与违约责任竞合的案件中，管辖权确定存在特殊规则。根据《民事诉讼法》第三十五条规定，合同或其他财产权益纠纷当事人可书面协议选择被告住所地、合同履行地、合同签订地、原告住所地、标的物所在地等与争议有实际联系地点的法院管辖。但当同一行为同时构成违约和侵权时，管辖权应如何确定，更考验仲裁员功力。本案中，被申请人擅自通过互联网平台披露设计成果，属于典型的著作权侵权行为。若合同中没有明确仲裁条款，申请人可选择向被告住所地、侵权行为实施地（上传行为发生地）或侵权结果发生地（申请人所在地）法院提起诉讼。但鉴于本案中侵权行为直接源于合同履行过程，且涉及合同约定的知识产权归属问题，若存在有效管辖协议，则应当遵循协议管辖优先的原则。本案仲裁庭尊重双方当事人意思自治，从违约角度进行审理，并依据涉案合同中的仲裁条款合理确定本会的管辖权，一次性解决双方争议。

（三）优选仲裁：知识产权救济的全新路径

本案系涉及境内外主体之间的著作权纠纷，具有明显的跨境属性。若当事人未事先约定仲裁条款，将不得不通过不同法域的法院提起诉讼，不仅程序烦琐、周期漫长，且需面对语言壁垒、证据转译、司法协助等多重障碍，维权成本高昂，知识产权的商业价值也容易在拖延中流失，处于风险敞口状态。相比之下，仲裁机制凭借其高效、专业、保密、程序灵活与跨境裁决易执行等制度优势，已成为越来越多权利人应对跨境知识产权争议的优选路径。《著作权法》第六十条第一款亦明确支持以仲裁方式解决著作权纠纷，规定：“著作权纠纷可以调解，也可以根据当事人达成的书面仲裁协议或者著作权合同中的仲裁条款，向仲裁机构申请仲裁。”

本案中，双方当事人正是基于此共识，选择由广州仲裁委员会负责审理。仲裁机构根据案件专业性，从其超500人的知识产权仲裁员库中指定长期从事著作权工作的资深专家组成仲裁庭，确保审理的专业深度与行业理解力。为解决当事人跨境参与仲裁程序的实际困难，仲裁庭采用远程视频开庭方式进行审理，有效降低了香港特别行政区一方当事人的时间与费用成本。

此外，广州仲裁委员会积极推动“技术+仲裁”融合创新，建设了

APEC-ODR 跨境在线争议解决平台，并针对知识产权争议专门设立了知识产权 ODR 机制，支持多语言实时互译、全流程在线提交与审理，为涉外主体提供了兼具可及性与可预期性的争议解决工具。

（撰稿人：广州仲裁委员会知识产权院沈璐、
北京科技大学文法学院讲师武振国）

第二章

航空海运

航空服务合同的变更及其实际履行行为的认定

一、关键词

航空服务合同；包机模式；切位模式；事实变更合同；行业惯例

二、仲裁要点

一是合作模式变更的认定：虽原协议约定“包机”模式（固定舱位承包），但因第一被申请人未取得包机飞行许可且执飞机型变更（空客 A319→空客 A321），双方通过实际履行行为（结算数据、付款模式）默示变更为“切位”模式（非固定舱位优先分配）。

二是法律适用：依据《中华人民共和国涉外民事关系法律适用法》（以下简称《涉外民事关系法律适用法》）第四十一条，本案应适用中国法律。根据《中华人民共和国合同法》（以下简称《合同法》）第三十六条[①]（现沿革为《中华人民共和国民法典》第四百九十条[②]）规定，当事人未采用书面形式但一方履行主要义务且对方接受的，该合同成立。本案双方当事人虽未签署书面补充协议，但实际已按切位模式持

① 《中华人民共和国合同法》第三十六条规定：“法律、行政法规规定或者当事人约定采用书面形式订立合同，当事人未采用书面形式但一方已经履行主要义务，对方接受的，该合同成立。”

② 《中华人民共和国民法典》第四百九十条规定：“当事人采用合同书形式订立合同的，自当事人均签名、盖章或者按指印时合同成立。在签名、盖章或者按指印之前，当事人一方已经履行主要义务，对方接受时，该合同成立。法律、行政法规规定或者当事人约定合同应当采用书面形式订立，当事人未采用书面形式但是一方已经履行主要义务，对方接受时，该合同成立。”

续结算超售/单机票款，所以构成事实合同变更。

三是举证责任：第一被申请人举证证明航空业惯例（包机航班不开放 GDS 系统销售）、结算数据（超售/单机票款对冲）及政策限制（仅获定期航班许可），足以推翻申请人关于“包机”模式的主张。

四是职务行为效力：申请人指派的高某全权负责合作对接，其订立的补充协议对申请人具有约束力。案涉其他内部管理问题，也不能对抗善意的被申请人。

三、基本案情

申请人：中国某旅游公司

第一被申请人：柬埔寨某航空运营企业

第二被申请人：第一被申请人广州代表处

2018 年 3 月，申请人与第一被申请人针对从柬埔寨某城市至中国某城市的航线签署《航线客运合作协议》，约定由第一被申请人提供航空运输服务，双方以“包机”模式（固定舱位承包）开展合作，执飞机型为空客 A319，150 个固定座位，航班款 20160 美元/往返；申请人预付押金 60480 美元；若变更座位需签订补充协议；包机航班运作及飞行时刻须经中国民航局、柬埔寨民航局审批；履行过程中，实际执飞机型变更为空客 A321（214 个座位），申请人按 174 个座位支付航班款（价格在 23520—25020 美元区间），并预付 214 座税金。

申请人主张：双方仍属包机合作，第一被申请人应返还 40 个散客座位机票收入及押金，并支付 2019 年 7—9 月单机票款。

第一被申请人抗辩：双方已口头变更为“切位”模式（申请人锁定 174 座），超售部分需支付，散客收入归第一被申请人。

申请人的仲裁请求如下：

1. 裁决第一被申请人退还申请人柬埔寨包机押金共计 60480 美元

（人民币 383584.92 元）；

2. 裁决第一被申请人支付申请人 2019 年 7 月至 9 月应付单机票款及应退税金人民币 446376.18 元；

3. 裁决第一被申请人向申请人支付 2018 年 5 月 29 日至 2019 年 8 月 31 日，超出包机约定的人数的机票款共计人民币 5376600 元；

4. 裁决第一、第二被申请人对上述款项互负连带责任，共同偿还；

5. 裁决本案的仲裁申请费和费用全部由第一、第二被申请人承担。

第一被申请人的仲裁反请求如下：

1. 裁决申请人赔偿第一被申请人首期律师费损失人民币 15 万元及后续律师费损失（以裁决书确定的金额为准）；

2. 裁决本案全部仲裁费用由申请人承担；

3. 裁决申请人立即支付其欠付第一被申请人的机票款 112590 美元、2019 年 9 月 12 日暹粒至南宁的税金 4680 美元（按照 2021 年 6 月 29 日的汇率计算，对应为人民币 731835 元）；

4. 裁决申请人立即支付逾期付款滞纳金人民币 1279534.07 元。

四、争议焦点

（一）合作模式定性：应认定为“包机”还是“切位”

申请人认为：合同明确约定“包机”，且实际按整机 214 座预付税金，故散客收入应归属包机方（申请人）。

第一被申请人认为：案涉航线未获民航局包机飞行许可，仅获批定期航班，客观上无法履行包机协议；实际结算长期按“超售票款补款+单机票款返还”进行，符合切位模式特征。

（二）合同变更效力：双方未签署书面补充协议，是否已通过实际履行行为变更合同

申请人认为：其员工高某与第一被申请人私下变更合作模式系越权行为，未经公司追认。机型变更后未签署补充协议，应严格执行原包机

条款。

第一被申请人认为：高某作为申请人全权对接人，其行为属职务代理。申请人持续接受按切位模式进行结算，且超过1年未提出异议，构成默示同意。

（三）款项结算依据：第一被申请人是否需支付散客机票收入及单机票款

申请人认为：包机模式下整机收入归申请人，要求支付2018年5月至2019年8月散客收入537万元。

第一被申请人认为：切位外座位属第一被申请人资产权益，申请人超售174座部分需补缴机票款，双方当事人历史结算仅涉及“超售/单机款对冲”，从未返还散客收入。

五、裁决结果

1. 驳回申请人对第二被申请人的仲裁申请；

2. 第一被申请人向申请人支付2019年7月至9月单机票款及应退税金人民币446376.18元；

3. 第一被申请人向申请人退还押金人民币283584.92元；

4. 申请人补偿第一被申请人律师费人民币15000元；

5. 对申请人其他仲裁请求不予支持；

6. 对第一被申请人其他仲裁反请求不予支持；

7. 本案仲裁请求仲裁费由申请人承担80%，第一被申请人承担20%；反请求仲裁费由第一被申请人承担80%，申请人承担20%。

六、裁决理由

（一）关于双方合作模式的变更

首先，本案第一被申请人是柬埔寨企业，第二被申请人是第一被申请人的广州代表处，所以案件具有涉外因素，属于涉外航空服务合同纠纷。参照《涉外民事关系法律适用法》第四十一条规定，因案涉双方未协议选择适用的法律，又因申请人和第二被申请人的登记地和主营业地均在中国，且申请人与第一被申请人约定的合同履行地也在中国，所以本案适用与案涉航空服务合同有最密切联系的中国法律。

其次，基于以下理由，仲裁庭认定双方之间达成了按照切位方式合作的补充协议：

第一，政策限制。根据《民用航空预先飞行计划管理办法》以及《外国航空运输企业不定期飞行经营许可细则》的有关规定，第一被申请人作为外国航空营运人，其在中国境内机场起飞或者降落的包机飞行计划，必须取得经营许可并获中国民用航空总局批准后方可执行。然而，第一被申请人在合作期间就涉案航线取得的是定期航班飞行许可，没有证据表明其取得了包机飞行许可，所以客观上无法以包机方式合作。在此情况下，双方的合作仍持续到 2019 年 9 月才结束，被申请人主张系因双方变更了合作方式，符合常理。

第二，实际履行行为。按照航空业销售惯例，包机航班和定期航班之间的显著区别在于定期航班可以在全球分销系统（GDS 系统）中售卖，而包机航班通常不开放售卖，由包机方自行售卖。双方提交的结算数据，由此反映出在申请人预先一次性支付机票款的情况下，在双方实际交易过程中仍会出现申请人超售机票、第一被申请人开舱销售而产生单机票款等情形，并不符合包机航班的运作模式，与第一被申请人所主张的切位合作模式相符。

第三，根据《合同法》第三十六条的规定，虽然双方并未另行签订书面协议，但从第一被申请人开具的形式发票内容、申请人的付款情况以及双方结算情况来看，双方已实际按照切位开展合作，其间也均未提出异议，所以事实上成立了按照切位形式合作的补充协议。

第四，根据《民法总则》第一百七十条（沿革为《民法典》第一百七十条[①]）的规定，申请人自述签订合同后，其安排高某负责案涉航线，全权负责与第一被申请人对接合作业务，现没有证据证明高某与第一被申请人之间存在恶意串通损害申请人合法权益的情形，因此，在双方合作期间，高某代表申请人与第一被申请人就合作方式变更达成补充协议，并进行结算，均属于其职权范围内以申请人名义实施的民事法律行为，对申请人发生效力。至于高某等人是否因履行职务行为不当而给申请人造成了损失，以及是否另行成立与申请人存在竞争关系的公司，从而违反了竞业禁止义务等问题，均属于申请人的公司内部管理关系。对此，申请人可另循法律途径向其追责，但不能否定高某履行职务行为的对外效力。

（二）关于结算款项的认定

双方当事人以实际履行行为变更了合作协议部分约定的内容，故在履行过程中应当以变更后的合同为准。第一被申请人称双方完成了2018 年 5 月 29 日至 2019 年 6 月 30 日应退税金、超售票款、单机票款的结算，结合申请人在本案中仅要求第一被申请人支付扣除 2019 年 7 月至 9 月超售票款后的单机票款及应退税金，故仲裁庭采信第一被申请人的主张。第一被申请人提供的经双方确认过的结算数据反映出合作期内双方长期按“超售票款”（申请人超切位数销售补缴票款）、“单机票款”（第一被申请人销售切位内座位另行付款）、“非属于申请人运送旅客应退的税金”进行对冲结算（如在 2019 年 3—6 月对冲后的结算单显示申请人应支付 4881 元，与申请人自行提交的转账凭证吻合）。

实际上，双方之间的交易习惯符合旅游公司与航空公司之间关于

① 《中华人民共和国民法典》第一百七十条规定：“执行法人或者非法人组织工作任务的人员，就其职权范围内的事项，以法人或者非法人组织的名义实施的民事法律行为，对法人或者非法人组织发生效力。法人或者非法人组织对执行其工作任务的人员职权范围的限制，不得对抗善意相对人。”

“切位包销”合作模式的习惯做法。此类合作实质是旅游公司与航空公司对商业经营中的价值风险判断后产生的合意行为，即旅游公司预先向航空公司购买旅游航线上一定数量的飞机座位用于销售给旅客，由此可以享受较为优惠的机票价格，但同时也需要承担座位无法全部销售的商业风险。申请人自述是一家成立于2003年的旅游公司，除柬埔寨航线外，还和日本、韩国、俄罗斯等多国航空公司合作过，其知道或者应当知道关于切位合作的交易习惯。因此，切位外座位归属第一被申请人，申请人无权主张收入。但第一被申请人未举证已支付2019年7—9月单机票款，故需按约支付。

申请人提交的证据可以证实其已经足额支付了2019年7月至9月相应航班的机票款及税金，申请人申请仲裁时提交的《应收第一被申请人单机票款及多付税金》明细构成与第一被申请人提出的结算方式一致。故，仲裁庭采信申请人的主张，认定第一被申请人需向申请人支付2019年7月至9月单机票款及税金人民币492626.18元，扣除第一被申请人应收超售票款人民币46250元后，第一被申请人应向申请人支付人民币446376.18元。

案件评析

（一）专业仲裁：精准解读航空业特殊规则与行业惯例

仲裁庭针对“包机”“切位”“黑屏系统”等民航专业概念，结合我国民用航空运输法规及行业操作惯例，系统梳理了两种合作模式（固定舱位承包与动态舱位分配）的核心差异。通过综合分析机型变更对运力的实质性影响（A321较A319载客量提升约30%）、双方历史结算数据和行业合作惯例，仲裁庭认定执飞调整客观上需突破原“包机”模式限制，进而推导出双方存在合作模式变更。从根本意义上来说，本案通过指定航空领域的专业仲裁员，确保裁决者能够精准理解行业术语，并准确适用行业惯例，有效避免了专业壁垒导致的误判。

（二）说理逻辑：以商事思维平衡法律要件与商业实践

在双方当事人未签署书面补充协议，且本案应适用中国法律的情况下，仲裁庭结合我国《民法典》第四百九十条关于意思表示形式的规定，从“持续性履行行为”（如申请人接受非固定舱位分配、历史结算数据）及“行业交易习惯”两个维度，论证双方已形成事实上的合意变更。同时，仲裁庭依据行业交易惯例来填补合同漏洞，主要通过援引民航业“切位包销”惯例（旅游公司借锁定部分座位来享受折扣价并承担空座风险，而航空公司则保留剩余座位自主销售权），来认定38个散客座位收入归属航空公司。在尊重当事人意思自治的前提下，也完全符合商业逻辑。因此，本案聚焦特殊的民用航空行业，综合法律规定和商事实践进行事实认定和争议解决，既避免了机械适用法律，也维护了商事交易的稳定性和可预期性。

（三）社会价值：服务“一带一路”国际商事争议解决

案件涉及中国企业与东南亚国家企业。仲裁庭通过援引国际航空运输通用规则，弥合双方对法律适用的认知差异，推动了案涉争议的顺利解决，彰显了我国仲裁机构处理跨境商事纠纷的能力。同时，本案也为“一带一路”沿线国家的航空服务企业提供了裁判指引：(1) 合作模式变更需及时进行书面确认；(2) 切位模式下需明确结算条款及超售责任；(3) 跨境支付应约定货币种类及其汇率风险分担。

（四）程序创新：利用智慧技术远程高效解决跨境争议

本案采用“广州仲裁”互联网仲裁模式，确保远程庭审顺利进行，为各方当事人提供了极大的便利。通过运用智慧平台和数字技术，无论是柬埔寨的航空企业，还是我国上海的代理律师，都可以轻松地在线上参与庭审，无须再长途跋涉，客观上为当事人节省了大量的时间和金钱成本。同时，该互联网仲裁模式的应用，在丝毫不影响仲裁质量的前提下，也显著提升了仲裁效率，为跨境商事争议的解决提供了更加高效和便捷的渠道。

综上，本案通过专业仲裁员解读行业规则、商事思维矫正合同形式瑕疵、数字技术提升程序效能，成功实现了“一带一路”航空服务合同纠纷的精准、优质和高效化解。

（撰稿人：广州仲裁委员会仲裁秘书部戴蕾、中国政法大学国际法学院/涉外法治学院博士研究生沈雨思）

海上货运合同纠纷过错责任的认定

一、关键词

海上货物运输合同纠纷；管辖权异议；管货义务；合理积载义务；免责情形

二、仲裁要点

因被申请人承运船舶的集装箱在海上运输过程当中跌落，导致申请人委托被申请人运输的货物损毁。就货损的赔偿责任问题，被申请人未能举证证明涉案船只存在《海商法》第五十一条所列的免责情形，[①] 故应承担举证不能的后果。本案被申请人作为支线运输的实际承运人在管货期间负有审慎管货义务，对由此导致的集装箱落水的货物损失及货柜损失均应承担赔偿责任。

三、基本案情

2020 年 10 月，根据申请人与被申请人签订的《国际货物运输合作

① 《中华人民共和国海商法》第五十一条规定："在责任期间货物发生的灭失或者损坏是由于下列原因之一造成的，承运人不负赔偿责任：（一）船长、船员、引航员或者承运人的其他受雇人在驾驶船舶或者管理船舶中的过失；（二）火灾，但是由于承运人本人的过失所造成的除外；（三）天灾，海上或者其他可航水域的危险或者意外事故；（四）战争或者武装冲突；（五）政府或者主管部门的行为、检疫限制或者司法扣押；（六）罢工、停工或者劳动受到限制；（七）在海上救助或者企图救助人命或者财产；（八）托运人、货物所有人或者他们的代理人的行为；（九）货物的自然特性或者固有缺陷；（十）货物包装不良或者标志欠缺、不清；（十一）经谨慎处理仍未发现的船舶潜在缺陷；（十二）非由于承运人或者承运人的受雇人、代理人的过失造成的其他原因。承运人依照前款规定免除赔偿责任的，除第（二）项规定的原因外，应当负举证责任。"

协议》，约定申请人从日本经香港特别行政区中转至广州的四个集装箱货物运输中，香港特别行政区至广州区段的驳船运输交由被申请人承运，被申请人安排驳船进行运输。驳船于2020年10月22日装货后从中转港香港特别行政区开航，然而此后涉案集装箱及其中装载的货物落海，后于2020年10月28日被打捞上岸。涉案货物因落海遭受严重损失，后经涉案货主、全程承运人及申请人多方共同协商和解，申请人向货方支付涉案货物货损的赔偿和解款。因涉案货物的损失事故发生于开船后、停船前，即被申请人作为承运人管货的期间，故申请人向本案被申请人主张索赔，要求被申请人承担申请人向货方支付的赔偿和解款，并补偿申请人为本案实现债权而支出的费用，具体请求如下：

1. 裁决被申请人支付货损赔偿款6万美元及自2021年10月19日至本案生效裁决确定的给付之日按照全国银行间同业拆借中心公布的贷款市场报价利率计算的利息（本金按2021年10月19日银行间外汇市场人民币汇率中间价1美元对人民币6.4307元折算为人民币385842元，利息暂计至2022年1月10日为3382.34元）；

2. 裁决被申请人承担本案律师费5万元人民币及香港公证费7700港币（按照实际支付之日2022年1月19日1港币对人民币0.81649元的汇率折算为人民币6286.97元）；

3. 裁决被申请人承担本案的全部仲裁费用；

4. 裁决被申请人支付货损赔偿款102500美元（按2022年6月7日银行间外汇市场人民币汇率中间价1美元对人民币6.6649元折算为人民币683152.25元）及自2022年6月8日至本案生效裁决确定的给付之日按照全国银行间同业拆借中心公布的贷款市场报价利率计算的利息；

5. 裁决被申请人支付集装箱损坏赔偿和吊卸仓储费220147.70港币（按2021年1月6日银行间外汇市场人民币汇率中间价1港币对人民币0.83329元折算为人民币183446.88元）及自2021年1月7日至本

案生效裁决确定的给付之日按照全国银行间同业拆借中心公布的贷款市场报价利率计算的利息；

6. 裁决被申请人承担律师费5万元人民币及香港公证费5000港币（按照2022年3月8日1港币对人民币0.80811元的汇率折算为人民币4040.55元）。

四、争议焦点

（一）关于本案的仲裁管辖

被申请人提出管辖权异议，认为应当适用《互换舱位合作协议》的约定向法院诉讼解决争议，而非《国际货物运输合作协议》约定的仲裁管辖。仲裁庭从举证责任分配“谁主张，谁举证”原则，认为被申请人未能提供原件证明《互换舱位合作协议》的真实性，也未有证据显示《互换舱位合作协议》被当事人实际履行，且《国际货物运输合作协议》显示的签署时间在后，故认定案涉海运合同依据是《国际货物运输合作协议》，进而认定确立双方权利义务关系的合同依据是订立有仲裁条款的《国际货物运输合作协议》，该管辖权认定准确，为全案事实认定、法律适用奠定了基础。

（二）关于集装箱落水的事故责任认定

申请人认为：本次事故是因被申请人未能合理积载集装箱导致货物在海上运输过程当中跌落，被申请人存在过错，应由被申请人承担赔偿责任。

被申请人认为：根据被申请人提交香港海事处的《海上事故报告》可证明本次事故船舶系因搁浅而致货物跌落，属于船员驾驶船舶和管理船舶的过失，根据《海商法》第五十一条的规定，上述情况属于免责事项，被申请人可以免予赔偿。

仲裁庭认为：根据仲裁庭查明的事实，被申请人作为承运人在管货时没有尽到合理积载义务。被申请人未能举证证明涉案船只存在《海商法》第五十一条所列的免责情形，应当承担举证不能的后果。故，应由被申请人承担赔偿责任。

五、裁决结果

1. 被申请人向申请人支付货损赔偿款 6 万美元及利息（利息以 6 万美元为基数，按照全国银行间同业拆借中心公布的贷款市场报价利率，自 2021 年 10 月 20 日计算至实际清偿之日止；货损赔偿款及利息均按照 2021 年 10 月 19 日中国外汇交易中心公布的外汇标准折算成人民币）。

2. 被申请人向申请人支付货损赔偿款 102500 美元及利息（利息以 102500 美元为基数，按照全国银行间同业拆借中心公布的贷款市场报价利率，自 2022 年 6 月 8 日计算至实际清偿之日止；货损赔偿款及利息均按照 2022 年 6 月 7 日中国外汇交易中心公布的外汇标准折算成人民币）。

3. 被申请人向申请人支付集装箱损坏赔偿和吊卸仓储费 220147. 7 港币及利息（利息以 220147. 7 港币为基数，按照全国银行间同业拆借中心公布的贷款市场报价利率，自 2021 年 1 月 7 日计算至实际清偿之日止；集装箱损坏赔偿和吊卸仓储费及理利息均按照 2021 年 1 月 6 日中国外汇交易中心公布的外汇标准折算成人民币）。

4. 被申请人向申请人补偿律师费 10 万元人民币及公证费 12700 港币（其中，公证费 7700 港币按照 2022 年 1 月 19 日的中国外汇交易中心公布的汇率标准折算成人民币，公证费 5000 港币按照 2022 年 3 月 8 日中国外汇交易中心公布的汇率标准折算成人民币）。

5. 本案的仲裁费由被申请人承担。

六、裁决理由

（一）关于本案的仲裁管辖

被申请人提出管辖权异议，认为应当适用《互换舱位合作协议》

约定的争议解决方式，而非《国际货物运输合作协议》约定的仲裁管辖。对此，仲裁庭认为：首先，被申请人对其主张负有举证的责任，在申请人对《互换舱位合作协议》的真实性不予确认的情况下，其有义务向仲裁庭出示原件以证实《互换舱位合作协议》的真实性。现被申请人未能向仲裁庭出示《互换舱位合作协议》的原件，故仲裁庭无法认定《互换舱位合作协议》是否属实，被申请人应对此承担不利后果。其次，即便《互换舱位合作协议》是真实的，其签订时间为 2020 年 1 月 10 日，而《国际货物运输合作协议》的签订时间为 2020 年 6 月 10 日，故应当以签订时间在后的《国际货物运输合作协议》为准。最后，被申请人未能举证证明申请人与被申请人基于《互换舱位合作协议》进行舱位互换的合作，未有证据显示《互换舱位合作协议》被当事人真实履行。综上，申请人依据《国际货物运输合作协议》的仲裁条款向本会提起仲裁，符合双方约定，故仲裁庭驳回被申请人提出的管辖权异议。

（二）关于本案的法律适用

因双方均系香港特别行政区注册公司，仲裁庭重点阐述法律适用问题，参照《最高人民法院关于适用〈中华人民共和国涉外民事关系法律适用法〉若干问题的解释（一）》第十九条和《涉外民事关系法律适用法》第四十一条的规定，认为当事人订立案涉协议所依据的法律和双方在庭审过程中援引的法律均属中华人民共和国法律，故在尊重双方意思自治的基础上确定本案适用中国法。同时，参照《全国法院涉外商事海事审判工作座谈会会议纪要》［法（民四）明传（2021）60 号］第一百一十一条关于“涉及香港特别行政区、澳门特别行政区和台湾地区的商事海事纠纷案件，相关司法解释未作规定的，参照本纪要关于涉外商事海事纠纷案件的规定处理”的规定，确定本案适用《中华人民共和国海商法》第四章有关海上货物运输合同的规定。

（三）关于本案货损事故责任的认定

仲裁庭对本案的核心争议问题即货损事故责任重点进行了分析，围绕本案调查的事实展开了详细的论述。首先，被申请人未能提交《海上事故报告》的原件，申请人对该份报告的真实性不予确认，仲裁庭无法核实该份《海上事故报告》是否属实。其次，即便该份报告属实，该份报告系船长填写，写明“此等资料只作调查用途，吸取新教训，找出有效措施防止同类事故再次发生”，未有对涉案船舶事故原因作出的官方认定，无法证明是“船员驾驶船舶和管理船舶的过失”所致。最后，即便该份报告属实，根据船长在该报告中的描述，开航后船长发现船体右舷侧倾1—2度，从事故发生当日02：30时，二副发现船只向右舷倾侧加剧，大约三度至四度，当时二副当班，船长为了安全起见，通知所有船员离船。03：00时，船只三条缆绳全部断裂，缆绳断裂后，船只倾侧加剧，当时船上没有船员照管货物。随后，船上总共五个集装箱跌落海中。根据以上信息，仲裁庭有理由相信承运人在管货时没有尽到合理积载义务。被申请人未能举证证明涉案船只存在《海商法》第五十一条所列的免责情形，应当承担举证不能的后果，本案货损的过错在于被申请人，故应由其承担货损赔偿责任。

案件评析

（一）自裁管辖权：仲裁程序正当性与效率的维护

管辖权是仲裁程序正当性的基石。法谚云，“任何人不能成为自己案件的法官”。传统上，仲裁当事人对仲裁协议是否存在、有效等效力问题或者仲裁案件的管辖权的异议，应由法院裁决，而不是由仲裁庭自行判断。随着国际商事仲裁制度的进一步发展，仲裁庭“自裁管辖权”概念扩张，赋予仲裁庭裁判自己的管辖权、开始或者继续审理仲裁案件直至作出裁决的权力，不受法院相关诉讼程序的影响。《联合国国际贸易法委员会仲裁规则》（1976）、《联合国国际商事仲裁示范法》（1985）等均采纳规定了国际商事仲裁中的自裁管辖权。

本案中，被申请人提出依据《互换舱位合作协议》应由法院管辖的异议。但是，经仲裁庭审查发现，该协议签订时间早于涉案的《国际货物运输合作协议》，且申请人对《互换舱位合作协议》的真实性不予认可，被申请人也未出示原件。依据《仲裁法》及相关司法解释，仲裁庭优先适用签订在后的《国际货物运输合作协议》中的仲裁条款，驳回管辖权异议。

本案仲裁庭对于管辖权的认定是仲裁庭自裁管辖权的体现，我国现行《仲裁法》赋予法院和仲裁庭对仲裁协议效力认定的权力，在某种情形下，仲裁庭对于管辖权的认定要让位于法院。实践中，也出现了当事人滥用仲裁协议效力异议的现象，虽然法院在认定仲裁协议效力上优先于仲裁庭，但是如何防范和遏制当事人借仲裁协议效力和管辖权异议来拖延仲裁程序，既有赖于仲裁机构通过仲裁规则等一系列举措去防范，也有赖于仲裁机构和法院的相互理解与支持。

（二）公平与效率：法律适用的审慎抉择

从法律适用的理论探讨来看，对于涉港商事案件，认定内地法与香港法的适用边界较为复杂。本案结合协议明示约定与当事人实际行为，判定内地法为最密切联系地法律，体现了司法实践对维护交易双方明确预期的重视。这一处理方式既符合法律规定，又兼顾公平与效率，为类似涉港仲裁案件的法律适用提供了清晰范例，有助于统一司法裁判尺度，增强跨境商事主体对内地司法环境的信心。

（三）平衡保护：承运人责任的合理界定

依据《海商法》第四十六条规定，承运人责任期间为从装货港接收货物至卸货港交付货物，其间货物灭失损坏原则上承运人应赔偿。从海商法立法目的来看，其旨在平衡承运人与货方利益。要求承运人承担货物运输期间的管货责任，督促其谨慎履行义务，保障海上贸易安全稳定。该条款源于《统一提单的若干法律规则的国际公约》（以下简称

《海牙规则》），立法目的在于平衡船货双方利益。

《海牙规则》是国际海运框架的基石性文件，是许多国家海商领域立法的基础。然而，对于《海牙规则》中海上货物运输承运人责任的“管船义务”与“管货义务”，理论界长期存在争议，聚焦于两者在货损责任划分中的具体作用与界限。严格解释派认为：免责仅适用于纯粹航行技术过失（如舵机操作失误），若事故涉及货物积载不当（如本案缆绳断裂前倾角持续增大），则属管货过失，不得免责。[①] 学者们对此持有不同观点：蒋跃川教授主张首要义务应涵盖适航义务与管货义务，认为两者均为承运人不可推卸的根本责任，强调管货义务在货物安全运输中的核心地位[②]，若承运人未履行管货义务导致货损，应承担全部责任，不受其他原因影响；朱作贤教授与司玉琢先生则持不同看法，他们认为首要义务仅限于适航义务，[③]《海牙规则》中管货义务条款的特定表述（除了第四条的规定）与适航义务条款的无限定表述形成对比，表明管货义务在性质上不同于首要义务。并且，在举证责任上，承运人需先证明适航义务的履行或货损与适航无关，而货物索赔方则需证明管货义务的违反。上述观点反映了两者在责任归属与举证责任上的差异。此外，还有学者从司法实践的角度出发，强调在混合原因导致货损的情况下，法院会综合考虑承运人履行管船义务与管货义务的情况，以及这些义务的履行对货损结果的实际影响，体现了实践操作中对两者关系的

① 《统一提单的若干法律规则的国际公约》（海牙规则）第四条规定：“1. 不论承运人或船舶，对于因不适航所引起的灭失或损坏，都不负责，除非造成的原因是由于承运人未按第三条第 1 款的规定，克尽职责；使船舶适航；保证适当地配备船员、装备和供应该船，以及使货舱、冷藏舱和该船的其它装货处所能适宜并安全地收受、运送和保管货物。凡由于船舶不适航所引起的灭失和损害，对于已克尽职责的举证责任，应由根据本条规定要求免责的承运人或其他人承担。2. 不论承运人或船舶，对由于下列原因引起或造成的灭失或损坏，都不负责：（a）船长、船员、引水员或承运人的雇佣人员，在航行或管理船舶中的行为、疏忽或不履行义务。（b）火灾，但由于承运人的实际过失或私谋所引起的除外。（c）海上或其他能航水域的灾难、危险和意外事故。（d）天灾……”

② 蒋跃川：《论适航义务是否是承运人的首要义务》，载《中国海商法年刊》2008 年第 18 卷，第 270 页。

③ 朱作贤、司玉琢：《论〈海牙规则〉“首要义务原则”——兼评 UNCITRAL 运输法承运人责任基础条款》，载《中国海商法年刊》2002 年第 13 卷，第 60 页。

灵活处理与权衡。

《海牙规则》是国际海运领域最重要的公约之一，奠定了对承运人与托运人之间的权利义务平等保护的基础，对于解决历史上承运人滥用免责条款导致货方权益受损的问题具有重要意义。本案中，面对集装箱落水的货物损失及货柜损失的复杂情形、作为实际承运人的申请人在管货期间是否负有审慎管货义务的争议焦点，仲裁庭严格遵循法律规定，认定被申请人未尽合理积载义务，应承担赔偿责任，有力维护了货方合法权益，彰显了《海牙规则》限制承运人免责界限、保护货方权益的精神，更符合《海商法》促进海运业健康发展的初衷，也为承运人敲响了警钟，促使其提升货物运输管理水平。

（四）互联网仲裁：仲裁创新举措的有益探索

本案系涉外海事海商领域产生的纠纷案件，涉及作为海上货物运输的法律框架基石的《海牙规则》的承运人最低义务、免责事项及责任限制，案情复杂多维、对仲裁庭的专业知识具有较高要求。广州仲裁委指定审理本案的仲裁员是该领域的专家，为广州仲裁委在库的300余名海事海商专业仲裁员之一，具有丰富的专业经验。指定专业仲裁员，确保裁决者具备深厚的行业知识，又熟悉相关法律法规和行业惯例，能够准确理解技术术语、行业标准和操作流程，避免因专业壁垒导致误判。

此外，本案适用互联网仲裁“广州模式”，采用远程庭审、线上线下相结合的方式开庭，准许代理人通过远程庭审的方式参与开庭和线上签署庭审笔录，降低时间和经济成本。作为全球首个进行互联网跨国远程庭审、全国首个推出互联网仲裁的仲裁机构，广州仲裁委员会确立了互联网仲裁“广州标准”，该标准被联合国国际贸易法委员会采用，并得到联合国国际贸易法委员会官网推介。该案展现了互联网仲裁及“广州标准”面对复杂海事海商纠纷的优势：此种模式可突破地域限制，在涉外案件中降低当事人时间成本；共享机制利于整合资源，提升仲裁专业性，有助于把握互联网仲裁的发展趋势，树立国际民商事仲裁多元化庭审标杆。

综上，本案仲裁裁决在管辖权、法律适用、责任认定、时效审查、损失赔偿等关键法律问题上依法严谨裁判，兼顾效率与公平，妥善处理境外因素，为跨境货物运输纠纷仲裁解决树立典范，对完善商事仲裁制度、保障国际海运贸易事业健康发展具有积极意义。同时，也提醒商事主体在跨境交易中强化风险防范意识，在合同签订、履行、证据保全等环节做好合规管理，降低潜在法律风险。

（撰稿人：广州仲裁委院会仲裁秘书部李嘉妮、中国政法大学国际法学院/涉外法治学院博士研究生李中和美）

第三章

贸易投资

股票收益权转让与回购协议效力的认定

一、关键词

股权收益权转让与回购；合同效力；法律性质；回购对价计算

二、仲裁要点

近年来，以股票收益权转让与回购模式开展资金融通的案例呈显著增长趋势。该业务模式的典型应用场景为：融资方因股票处于限售期或其他客观因素，不适宜或无法直接转让所持股票，转而以标的股票对应的收益权作为交易标的，与资金提供方（多为信托公司、证券公司、资产管理公司等金融机构或类金融机构）签订《股票收益权转让与回购协议》。通过承诺在约定时间或触发约定条件时，按约定金额回购标的股票收益权的方式，实现资金融通的目标。

目前，股票收益转让与回购业务尚未形成明确的法律规制体系。对于相关协议的效力认定，司法实践中通常以《民法典》第一百五十三条、第一百五十四条为基准，在无上述条款情形时，一般认可协议效力。但在认定合同法律性质时，需结合合同条款体现的当事人真意、缔约目的及实际履行情况等因素综合判定。

三、基本案情

本案中，申请人为某国内合伙企业，第一被申请人为某国外地产有限公司。2019 年，申请人与第一被申请人签署《股权收益权转让协议书》（以下简称《转让协议》），约定申请人与案外人 A 受让第一被申请人持有的 B 公司 50%股权收益权，转让价款为 1.3 亿元。此外，申请人与第一被申请人及第二至第五被申请人（保证人）另行签署《股权收益权回购协议书》（以下简称《回购协议》），约定第一被申请人最迟应自转让之日起 12 个月届满之日向申请人回购标的股权之收益权且按约定足额支付回购对价。若第一被申请人未在回购到期日行使回购权或按本条约定足额向申请人支付回购对价的，申请人有权向第一被申请人追索，要求第一被申请人按照本协议约定承担违约责任。应支付的回购对价：总回购对价=总回购对价=$\Sigma_{i=1}^{n}$回购对价 i=回购对价$\Sigma_{i=1}^{n}$（回购对价 i+回购溢价 i）－已支付的回购溢价，总回购对价 i=回购价款 i+回购溢价 i，回购溢价 i=回购价款 i＊【15】%＊$\frac{\mathrm{Ni}}{365}$。第二被申请人至第五被申请人对第一被申请人履行回购义务提供不可撤销的连带责任保证担保。

协议签署后，申请人如期向第一被申请人指定账户全额支付转让价款。股权收益权回购时间期满后，申请人向第一被申请人发出《关于要求按期支付回购对价款的催告函》，要求第一被申请人履行回购义务，但第一被申请人仍有股权收益权回购对价款尚未支付。申请人经多次催收无果，遂向广州仲裁委提起仲裁，具体请求如下：1. 裁决第一被申请人向申请人支付股权收益权回购对价即回购价款 37492778.66 元及相应回购溢价款（以回购价款 37492778.66 元为基数，按照年利率 15%的标准，自 2019 年 9 月 26 日起计算至实际清偿之日止）；2. 裁决第二、第三、第四、第五被申请人对第一被申请人上述第 1 项确定的债务承担连带清偿责任；3. 裁决本案财产保全费 5000 元、财产保全保险费 27118.22 元、律师费 18 万元、仲裁费由第一、第二、第三、第四、第五被申请人承担。

四、争议焦点

（一）关于合同性质的认定

双方对本案合同性质产生争议，申请人认为本案系股权收益权转让纠纷，法律无明文规定，属无名合同；第一被申请人认为本案适用固定期限及固定利率回报，应认定为借款合同。仲裁庭经审理认为：合同15%/年回购溢价率并非固定利率，申请人还可以通过股权收益权转让获得对应的公司财产的权利及可能存在的清算后的财产收益，该利率仅为最低收益，与民间借贷中约定的固定利息有所不同；合同约定的交易转让标的、转让价款、标的权益回购条件、回购价格、回购溢价率、出让方可选择回购的情形及分批回购的回购溢价率、违约责任，与民间借贷纠纷在本质上存在诸多不同之处。

（二）关于回购溢价率的认定

第一被申请人认为本案应按照民间借贷利率上限来计算回购利息，所归还金额应按照“先息后本”方式计算尚欠的本金数额。仲裁庭认为，本案实际为股权财产收益权转让，系企业间的一种新型融资业务模式，与民间借贷纠纷并非同一性质法律纠纷，故相关回购对价的计算应遵守双方合同的约定，而不是适用民间借贷司法解释的利率上限。

五、裁决结果

1. 第一被申请人向申请人支付回购价款37139071.42元及回购溢价（以未付回购价款37139071.42元为基数，自2019年9月26日起至实际清偿之日，按照年利率15%的标准计算）；

2. 第二、第三、第四、第五被申请人对上述第1项确定的第一被申请人的债务承担连带清偿责任；

3. 第一、第二、第三、第四、第五被申请人补偿申请人财产保全费 5000 元、财产保全保险费 27118.22 元、律师费 18 万元；

4. 本案仲裁费由第一、第二、第三、第四、第五被申请人承担。

六、裁决理由

（一）关于本案的法律适用

本案第一被申请人系英属维尔京群岛设立的企业，申请人系中华人民共和国内地依法设立的企业，因此本案应首先明确法律适用问题。《转让协议》《回购协议》及备忘录均约定，协议受中国法律法规的管辖和保护并按其解释，争议提交本会根据届时适用的仲裁规则进行仲裁。故，根据《涉外民事关系法律适用法》第三条，结合《最高人民法院关于适用〈中华人民共和国涉外民事关系法律适用法〉若干问题的解释一》第十七条之规定，仲裁庭认为本案应适用中华人民共和国法律。

（二）关于本案合同效力认定

本案申请人即受让人在支付对价后，即享有标的股权的财产收益性权益，受让人可以要求出让人回购标的权益。在此项交易中，双方转让交易的标的为股权收益权，现行法律、行政法规对股权及其财产性权利的转让没有禁止性规定，故股权收益权可以独立转让。另，合同中约定的收益并非固定收益，也包括项目公司解散且清算后标的股权相对应的项目公司财产的权利，15%/年回购溢价率仅为最低收益，上述关于收益的约定与民间借贷中约定的固定利息有所不同。案涉《转让协议》《回购协议》无《民法典》第一百五十三条、第一百五十四条规定的情形，均系签约各方当事人的真实意思表示，且不违反法律法规的强制性规定，故上述合同均应认定为合法有效，各方当事人均应依约履行。

（三）关于本案转让款的认定

仲裁庭对本案核心争议问题即转让款支付重点进行了分析，围绕本案调查的事实展开了详细的论述。根据庭审调查情况分析，认为第一被申请人签订《转让协议》《回购协议》之真实意图为融资 1.3 亿元，用于支付其合作开发的“×××项目保证金”。从实际履行情况来看，2019 年 9 月 26 日，申请人向第三被申请人账户支付款项 47556078 元。同日，第三被申请人将收到的 47556078 元分 10 笔转入案外人账户。然后，案外人将收到的 47556078 元分 5 笔转入项目公司，项目公司再将款项转入合作公司，备注用途“×××项目保证金”。上述款项支付路径符合第一被申请人签订《转让协议》《回购协议》之支付“×××项目保证金”目的，申请人已实际完成向第一被申请人指定第三被申请人账户支付 47556078 元的义务，该 47556078 元亦最终用于支付“×××项目保证金”。上述支付路径涉及第三被申请人、案外人、项目公司三家公司，案外人、项目公司的账户并非由申请人或其关联公司管理，第一被申请人主张全部由申请人操作实现，不符合实际履行情况，仲裁庭不予采信。本案中，并无证据显示其他关联公司曾委托申请人代为向项目公司出资，且项目公司注册资本为 1000 万元，上述金额也并不能对应相关应缴注册资本，更无法印证与本案申请人的关联性，故仲裁庭对此不予采信。

（四）关于回购对价的认定

对于资金分配（回款）情况，申请人主张其于 2020 年 7 月 1 日仅收款 29605737.56 元，另分配至 A 公司的 267029.56 元、B 公司的 127232.88 元，不视为申请人收取的回购对价。仲裁庭认为，上述分配至 A 公司的 267029.56 元、B 公司的 127232.88 元系在申请人发出《通知函》后，项目公司依通知支付，该通知函发出主体明确为申请人，且内容对应申请人受让第一被申请人持有的项目公司 50%股权在其项目的分配款项，故理应视为第一被申请人向申请人支付的回购对价。

按照合同约定计算应支付的回购对价：总回购对价 = $\Sigma_{i=1}^{n}$ 回购对价 i = 回购对价 $\Sigma_{i=1}^{n}$（回购对价 i+回购溢价 i）−已支付的回购溢价，总回购对价 i=回购价款 i+回购溢价 i，回购溢价 i=回购价款 i＊【15】%＊$\frac{Ni}{365}$。若第一被申请人于回购到期日一次性支付回购对价的，则上述回购价款是指转让协议第二条约定的总转让价款金额；若第一被申请人分批支付回购对价的，则上述回购价款 i 为第一被申请人每次拟支付的回购价款金额，总转让价款=回购价款 1+回购价款 2+……回购价款 n，且按照每笔回购溢价随每笔回购价款结清的原则进行核算；Ni 是指自转让日（含）起至第 i 次回购日（不含）止的期间。根据上述计算公式可知，第一被申请人归还款项应按照归还时间一并计算回购溢价，经计算，第一被申请人已支付对价款共计 111988125.1 元，回购对价 92860928.58 元、回购溢价 19121796.51 元。故，第一被申请人尚欠回购对价 37139071.42 元（130000000 元-92860928.58 元）未支付，并应自 2019 年 9 月 26 日起至实际清偿之日止，按照年利率 15%的标准计算回购溢价。

（五）关于第二至第五被申请人连带清偿责任的认定

案涉《回购协议》明确约定，就第一被申请人应向受让方履行本协议项下的义务、责任，第二被申请人至第五被申请人提供不可撤销的连带责任保证担保。担保的范围包括但不限于足额偿付回购对价、违约金以及受让方为实现该等权利所发生的费用和所有其他应付费用等。申请人与第二被申请人至第五被申请人并未约定保证期间，根据《民法典》第六百九十二条的规定，债权人与保证人可以约定保证期间，没有约定或者约定不明确的，保证期间为主债务履行期限届满之日起六个月。本案主债务履行期限届满之日为 2022 年 9 月 26 日，申请人于 2022 年 10 月 13 日提起本案仲裁，未超过六个月的保证期间，申请人有权要求第二被申请人至第五被申请人承担担保责任。现，第一被申请人未履行支付款项的义务，申请人在保证期间内要求第二被申请人至第五被申请人承担连带清偿责任，有合同依据和事实依据，仲裁庭予以支持。

案件评析

（一）法律适用的正确选择

法律适用是任何案件审理过程中、在查明事实之后必须触及的法律层面问题，选择正确的法律以及正确地适用法律，是查明、认定事实之后定分止争的关键环节，也是裁决获得权威性的基本保证。涉外商事仲裁纠纷因涉及冲突法规范的审查，故较之于一般国内商事仲裁纠纷而言，涉外商事仲裁纠纷的法律适用更加复杂。本案中，双方已经明示选择合同适用的法律，仲裁庭依法予以确认，正确适用法律以确定当事人之间的实体权利义务关系，促进涉外商事纠纷的公正解决，保障当事人权利义务的实现。

（二）股权收益权转让的有效认定

股权收益权是指股东通过投资公司而获得的收益的权利，包括但不限于公司利润分配、股份转让的溢价收益等。股权收益权转让的实质是股东将其所持有的股权中的利润分配权转让给他人，而保留其他股权权能，如决策权、选择管理者权等。这种转让方式可以使股东在保留对公司控制权的同时，实现部分资产的变现，从而提高资产的流动性。股权收益权的交易模式主要有“转让+回购”模式与非回购模式，本案采取的是“转让+回购”模式，与股权“转让+回购”模式相比，股权收益权“转让+回购”能够规避股票流通限制与商业风险、简化融资程序、避免股权转让中出现的法律问题等，使得在股权权属不变的前提下，受让人可以获得替代性价值，从而节约交易成本。近年来，采用股票收益权“转让+回购”模式作为资金融通模式的案例呈现日渐增多的态势，目前对于股票收益权转让与回购业务尚无明确法律规定，对于股票收益权转让与回购协议的效力，如无《民法典》第一百五十三条、第一百五十四条规定的情形，通常持肯定态度，但对于合同的法律性质，应通过比较标的股票收益权转让对价、回购价格、溢价率、真实交易意图和商业逻辑等情况来综合判断。

（三）互联网仲裁“广州模式”的有益探索

本案采用远程庭审，线上线下相结合的方式开庭，三位仲裁员分别身处香港特别行政区、北京和广东，本案涉及“一案三地”，但通过适用互联网仲裁“广州模式”打破了传统庭审的时空限制。仲裁庭通过远程庭审的方式参与开庭和线上签署庭审笔录，减少了时间和经济成本，共享机制利于整合资源，提升仲裁专业性。

（四）裁判要旨总结

本案仲裁涉及股票收益权转让与回购作为资金融通的新兴业务模式，随着近年来收益权交易在金融市场中的活跃，相关金融监管文件已广泛承认和使用收益权这一概念。股权收益权转让合同项下，受让人获得的股权收益权是一种合同债权。对股权收益权转让合同法律性质的判断，应从受让人在该合同项下对价、收益风险承担、合同订立的真实目的来判定股权收益权是否真正转让，进而确定股权收益权转让合同性质、股息红利的归属及功能。本案裁决充分尊重交易当事人意思自治及真实意思，兼顾效率与公平，以达至维护市场稳定预期，实现纠纷各方利益平衡之目标。

（撰稿人：广州仲裁委员会国际仲裁部方配）

契约严守与风险自担下的股权回购责任认定

一、关键词

股权回购；抽逃出资；法人人格独立；合同相对性；交易安全；商事外观主义；公司治理边界；风险分配机制。

二、仲裁要点

增资款完成验资实缴义务后，目标公司后续资金调度属于公司与关联方的独立经营行为，并不阻却《增资协议》回购责任。申请人虽由杨某某绝对控股，但法人主体资格独立有效，根据《公司法》（2018年修正）第二十条第三款，被申请人所称财务混同、控制权滥用等情节，至多触发股东连带责任，不导致公司合同主体资格灭失。仲裁庭基于契约严守原则，驳回了被申请人以抽逃出资、法人人格混同为由的免责抗辩，明确《增资协议》及《备忘录》的约定具有法律约束力，被申请人主张申请人抽逃出资、人格混同免除回购义务的抗辩均不成立，其应全面履行股权回购义务及相关违约责任。

三、基本案情

申请人与被申请人等人（被申请人均为美利坚合众国公民）签订《增资协议》，约定由申请人以约定条件认购目标公司新增注册资本，以取得目标公司增资部分的股权，并约定了公司治理、业绩承诺与补偿、股权回购、违约责任等相关权利义务。增资协议签订后，申请人依约支付合计600万元增资款，完成对目标公司出资64.0506万元，增资完成后持有目标公司1.2931%的股权。之后，因目标公司年净利润未满足增资协议约定的业绩承诺条件，申请人向被申请人发出《回购通知书》，要求其按照增资协议约定履行回购义务，支付股权回购款。为此，申请人与被申请人就股权回购事宜签订《备忘录》，约定由被申请人一次性回购申请人持有的目标公司1.27%股权，分两次支付回购价款500万元和416.58万元。此后，被申请人支付了首期500万元股权回购款至杨某某账户代收，经申请人多次催告，被申请人始终拒不支付剩余股权回购款。申请人具体请求如下：1.裁决被申请人向申请人支付股权回购款4318508.73元（本金2641289.74元；其中应以1320644.87元为基数，按照12%年利率自2017年6月23日暂计至2022年9月12日利息为839489.92元；再以1320644.87元为基数，按照12%年利率自2017年6月27日暂计至2022年9月12日利息为837729.06元；利息应计算至实际清偿完毕之日）；2.裁决被申请人连带向申请人支付违约金212000元，另支付违约金至实际清偿之日止（以截至2021年12月30日的股权回购款416.58万元为基数，按照每日万分之五的标准计算至2022年9月12日为531139.5元，应计至实际清偿完毕之日）；3.裁决被申请人连带承担申请人为本案支出的律师费70000元；4.裁决被申请人连带承担本案仲裁费、财产保全费用等相关费用。

四、争议焦点

（一）本案中回购义务人是否可以投资人存在抽逃出资为由主张免除或抵销回购义务?

被申请人坚称申请人构成实质抽逃出资，进而提出“超付抗辩”，主张按抽逃300万元的情节，原定916.58万元回购款基数应核减50%，首期已付的500万元已远超调整后应付的458.29万元，故支付义务因抵销而归于消灭。为此，被申请人提交目标公司与杨某某控制的案外公司签订的虚假《财务顾问协议》及对应转账记录，证明2017年至2018年300万元分笔回流至关联方。该资金在目标公司账册中被记为“预付账款”却长期未核销，被申请人援引《公司法解释（三）》第十二条，主张该行为属于虚构债权债务转移出资，实际投资额应核减为300万元。

申请人则强调600万元增资款已通过银行流水注入验资账户完成实缴义务；目标公司后续资金调度属于正常的关联交易，与《增资协议》的出资义务无关，若被申请人质疑资金流向应通过股东代表诉讼解决，而非在本案中否定投资事实。此外，申请人指出《备忘录》中“双方确认累计出资600万元”构成具有拘束力的债务自认，回购金额系双方博弈后的契约固化结果；被申请人作为标的公司控股股东全程参与增资及资金运作，签约时未设监管条款即视为接受风险分配，不得事后以公平原则要求毁约。

（二）债务人（回购义务人）能否以债权人（投资人）自身存在人格混同为由，主张其合同项下的回购义务被“阻却”或归于消灭？

被申请人以“工具公司”为由主张否定申请人法人人格：其一，财产混同，被申请人曾依约将500万元回购款支付至杨某某个人账户；其二，业务混同，申请人自身无经营痕迹，资金均流入杨某某关联企业；其三，财务混同，杨某某以报销形式从目标公司虚领49万元工资；其四，控制权滥用，杨某某持有申请人99%股权并实际操控目标公司经营。被申请人援引《公司法》（2018年修正）第二十条，主张申请人为逃避债务的工具公司，应否认其主体资格免除回购义务。申请人则指出《备忘录》未限定收款账户，支付至实控人符合商业惯例；杨某某作为公司高管领取薪酬本属正当；股东控股并非人格否认的法定标准，需证明存在“严重逃避债务”的恶性滥用。

五、裁决结果

1. 被申请人向申请人支付股权回购款 4318508.73 元（其中本金 2641289.74 元，截至 2022 年 9 月 12 日的利息 1677218.99 元），并自 2022 年 9 月 13 日起至实际清偿之日止，以 2641289.74 元为基数，按照年利率 12%（日利率 = 12% ÷ 360）的标准计算利息；

2. 被申请人向申请人支付违约金（截至 2022 年 9 月 12 日为 148627.9 元，自 2022 年 9 月 13 日起至实际付清之日止，以 416.58 万元为基数，按照每日万分之一的标准计算）；

3. 被申请人补偿申请人律师费 3 万元、财产保全费 5000 元、担保服务费 4900 元；

4. 本案仲裁费由被申请人承担。

六、裁决理由

关于本案的法律适用。两被申请人均为美利坚合众国公民，本案为涉外民商事纠纷，对此，仲裁庭重点阐述了法律适用准据法，根据《涉外民事关系法律适用法》第四十一条的规定，当事人可以协议选择合同适用的法律。当事人没有选择的，适用履行义务最能体现该合同特征的一方当事人经常居所地法律或者其他与该合同有最密切联系的法律。本案为因公司增资后的股权回购产生的争议，《增资协议》约定适用中华人民共和国法律，且目标公司在中华人民共和国登记，中华人民共和国与合同履行有最密切联系。故，本案应适用中华人民共和国法律。涉及公司规制的适用《公司法》相关规定。

本案根植于《增资协议》的履约审查。申请人完成 600 万元出资款支付即已履行合同义务，资金注入后目标公司对该笔款项的处分属于公司自治范畴，与增资关系分属不同法律关系。被申请人提出的抽逃出资涉及目标公司与案外关联企业的合同效力、资金性质等实体争议，必须综合验资报告、财务审计等证据另案判别，本案仲裁庭遵循合同相对性原则，明确该抗辩不构成阻却回购义务的依据。股东或债权人针对验资后资金异常流出，应另案主张侵权责任，非本案回购合同纠纷审理范畴。

此外，《备忘录》中“累计出资600万元”的书面约定对各方具有终局约束力。书面确认构成排除合理怀疑的自认，被申请人作为控股股东签约时明知资金状况，应承担该商业决策风险若允许事后以“资金实际使用300万元”否定合同记载的600万元出资事实，将导致商事交易陷入背信猜忌的负面循环。

法人人格独立乃是现代公司制度的基石。申请人经合法登记具备独立缔约及担责资格，《增资协议》《备忘录》均以其名义签署，无论申请人的股权结构如何变化，申请人均是独立法人。被申请人虽提供了《付款通知书》，但该通知仅能看出申请人因银行账户问题委托杨某某收取回购款，这与申请人工商变更登记的事实相互印证，属于《民法典》第五百二十二条规定的向第三人履行债务的情形，不改变合同相对方仍然是申请人。至于杨某某在收款后是否转回申请人，是申请人与杨某某内部的关系。根据《公司法》（2018年修正）第二十条第三款的规定，公司股东滥用公司法人独立地位和股东有限责任，逃避债务，严重损害公司债权人利益的，应当对公司债务承担连带责任。即使申请人与杨某某存在人格混同，只有在逃避债务、损害债权人利益的情况下才有可能突破公司独立法人地位，并且法律后果并非直接变更合同主体，而是由股东对公司债务承担连带责任，而非消解公司作为合同主体的法律地位。被申请人将连带责任的“责任扩张效果”等同于“主体消灭效果”，系对法人人格否认制度的根本曲解，其免责主张全盘皆覆。因此，无论是否存在人格混同，均不影响申请人是主张权利的适格主体。

案件评析

（一）准据法的精准适用

涉外商事纠纷的法律适用问题直接关系到案件裁判的实质公正，本案仲裁庭通过系统分析展现了法律适用规则的精准运用。本案仲裁庭结合双方当事人的争议以及协议约定的具体情况，考虑到本案为因公司增资后的股权回购产生的争议，《增资协议》约定适用中华人民共和国法律，且目标公司在中华人民共和国登记，中华人民共和国与合同履行有最密切联系，因而判定内地法为最密切联系地法律，体现了司法实践对维护交易双方明确预期的重视。

该裁判要旨具有重要的示范价值：一方面，严格遵循了《涉外民事关系法律适用法》第四十一条关于合同法律适用的规定，通过探求当事人的真实意思表示与客观联结因素的双重路径确立准据法。这一处理方式既符合法律规定，又兼顾公平与效率，而且本案处理也使得各方当事人因《增资扩股协议》所派生的所有仲裁和诉讼案件均达成和解，有利于和谐处理纠纷，修复社会关系，充分体现了裁决的示范作用，同时也为类似案件的法律适用提供了清晰范例，有助于统一司法裁判尺度，增强跨境商事主体对内地司法环境的信心。

（二）股权回购责任阻却事由的示范性裁判规则

在对赌协议的履行过程中，目标公司或原股东是否以及在何种情形下享有拒绝履行股权回购义务的合法抗辩事由，是决定股权回购条款能否依约履行，投资方能否顺利实现退出的关键影响因素之一。本案仲裁庭对这一问题作出深入而细致的分析，其裁判要旨具有极强的示范意义。

首先，本案对“抽逃出资”构成阻却股东回购义务之抗辩事由的裁判规则作出进一步的深化和完善，厘清了合同义务严守与公司资本维持两项原则之间的关系。实务中，目标公司与原股东时常以投资人“抽逃出资”为由拒绝履行回购义务。此时关涉的一项重要问题是，抽逃出资是否构成合同履行不能的合法抗辩？尽管对赌协议中的回购条款是合同约定，但根据《民法典》第一百四十三条第三款规定，合同的履行不得违反法律的强制性规定。若回购条款的履行方式（由目标公司支付回购款）与《公司法》的资本维持原则相抵触，投资人抽逃出资的行为可能使其要求履约的主张丧失正当性基础，从而构成法律上的履行障碍。实务观点认为，投资人请求目标公司回购股权，应审查是否符合原《公司法》第三十五条（新《公司法》第五十三条）与《全国法院民商事审判工作会议纪要》（以下简称《九民纪要》）第五条关于股份回购及利润分配的强制性规定。[①] 就本案而言，由于被申请人未能充分证明申请人在完成实缴义务后向申请人控股股东杨某某控制的另一家关联公司转款的行为构成抽逃出资，故本案主张未能得到仲裁庭的支持。

其次，本案明确了投资人法人人格混同不构成回购义务的法定或约定阻却事由。其一，法律并未将债权人自身的人格混同作为债务消灭的法定事由。其二，股东回购义务是基于有效合同产生的债务，回购义务人应向合同相对方履行。投资人内部的法人治理结构问题，并不影响其作为独立民事主体对外享有的合同权利。其三，从公司法人格否认制度的基本原理来看，该主张亦与法人格否认制度的立法宗旨相悖。公司法人格否认制度是一项旨在矫正股东与债权人间利益失衡的衡平机制。[②] 当公司股东滥用公司法人独立地位及股东的有限责任，逃避债务，严重侵害债权人利益时，法人格否认制度通过对滥用法人人格的股东或实际控制人的直接责任追索，达到保障公司债权人利益的目的。作为公司独立法人格和股东有限责任的例外，法人格制度的司法与仲裁适用理应采

① 安徽省铜陵市中级人民法院（2024）皖07民终1205号。

② 参见李建伟：《公司法学》（第六版），中国人民大学出版社2024年版，第423页。

取审慎态度。① 该项制度的根本目的在于保护公司债权人的利益，防止股东或实控人将公司作为逃避个人债务的工具，而非债务人用于对抗债权人，规避自身责任承担的“盾牌”。即便存在人格混同，其法律效果应为股东对公司债务承担连带责任，而非消解公司作为合同主体的法律地位。故而，仲裁庭敏锐地指出被申请人将“责任扩张效果”等同于“主体消灭效果”，系出于对法人格否认制度的误解。

（三）商事裁判规则的三维构建：外观审查、治理边界与风险分配

本案仲裁庭通过外观审查、治理边界与风险分配的三重维度锁定裁判结论，构建其符合“公示效力优于实质追溯”之现代商法理念的裁决体系。仲裁庭在本案中确立的三重递进规则，深刻诠释了商事外观主义原则体系化适用的逻辑。

1. 商事外观主义对交易安全的刚性捍卫

在外观审查维度，仲裁庭分别从“出资事实的形式审查标准”、“书面确认的终局约束力”及“司法对交易效率的优先保护”三个方面确立了回购责任范围的形式审查标准。就出资事实，《最高人民法院关于适用〈中华人民共和国公司法〉若干问题的规定（三）》（2020 年修正）（以下简称“公司法解释（三）”）第二十条明确当事人对是否已履行出资义务发生争议，若原告提供了对股东履行出资义务产生合理怀疑的证据，被告股东应当就其已履行出资义务承担举证责任。该条所规定的“履行出资义务”应以资金注入公司公示账户为准，验资报告已形成具有公示公信力的法律事实。本案申请人提交银行流水与验资证明已满足形式要件，后续资金转移属目标公司资产处分行为，与股东出资义务无涉。强行要求债权人穿透核查资金流向，将颠覆工商登记的

① 参见王毓莹：《新公司法二十四讲：审判原理与疑难问题深度释解》，法律出版社 2024 年，第 98 页。

公信力，有违《民法典》第六十五条商事外观主义精神。对书面确认的约束力，仲裁庭认为《备忘录》对“累计出资600万元”的记载构成不可推翻的禁反言基础。签约方尤其是控股股东（被申请人）已明知资金状况仍作书面确认，应视为对商业风险的主动承受。若允许其事后以审计线索否定合同文件，将导致《民法典》第四百六十九条要求的“书面合同形式保障功能”实质性虚置。此外，出于优先保护交易效率的目的，《九民纪要》第六条确立“公示主义与外观主义优于意思主义”原则。本案拒绝审理资金回流争议，体现司法机关在交易安全与实质公平间的价值取舍：当商事主体已通过法定公示行为（验资）及合意文书（备忘录）建立权利外观时，司法的首要任务是维护基于信赖形成的交易秩序，而非替代市场主体追溯过往交易细节。

2. 公司独立人格的防火墙功能

在公司治理边界维度则确立了法人独立性的制度防火墙。本案的核心争议实为公司治理缺陷能否转嫁为外部合同责任。仲裁庭旗帜鲜明地表达了其裁判观点：

即便控股股东杨某某存在抽逃资金行为（实体争议需另案认定），依据《公司法》第二十条第三款（新《公司法》第二十一条第二款）规定，债权人救济路径仅限于追究股东补充赔偿责任，而非法定消灭公司自身债务。被申请人将股东侵权责任与公司合同义务混同，实质冲击公司制度根基。被申请人援引原《公司法》第三十五条（现《公司法》第五十三条）禁止抽逃出资规则欲免除回购责任的规定。但该条款规范的目的在于保护公司债权人利益，回购义务人作为合同相对方，不具备主张该条款保护的法定资格。

3. 风险分配机制彰显现代商法的契约安定性价值

本案的裁判结果深刻体现了现代商法对风险自担与契约安定性的制度保障：

其一，缔约过程的预防性责任配置。回购义务人作为专业投资人

（或其代表），若担心增资款遭转移，完全可在《增资协议》设置分阶段注资条款、共管账户机制或资金用途保证条款。其签约时未主张特殊保护，事后又以“监管失灵”质疑合同对价基础，违反“禁止从自身过错中获利”的衡平法理；其二，商事判断规则对司法干预的排斥。目标公司向关联方转款行为，可能属于公司治理范畴的正常商业决策。若被申请人主张目标公司资金流向构成抽逃出资，亦应通过另案司法认定而非仲裁庭裁断。在无生效裁决认定构成抽逃出资前，仲裁庭缺乏职权认定其法律性质，否则将构成对公司自治领域的干预。此外，仲裁效率原则要求仲裁员在接受委任后在合理时间内及时裁判，在不违反正当程序要求的前提下尽量减少当事人的时间、金钱成本。① 这也符合“争议焦点与法律事实相匹配”的诉讼经济原则。本案被申请人提出的资金流向问题涉及关联方交易、会计凭证审计等复杂核查，若纳入本案审理范围将导致程序无限拖延。仲裁庭指引其另案解决，避免了本案陷入资本运作行为的合规性审查泥潭。

综上，商事裁判必须平衡“保护合理信赖”与“防范道德风险”。市场主体的风险控制责任应更多依赖合同机制，而非事后诉诸“司法干预”。当专业商事主体基于自主判断接受增资回购条款，却怠于运用契约工具防范风险时，司法无义务成为其商业失误的“兜底补偿机制”。

（撰稿人：广州仲裁委员会国际仲裁部谢俊杰、
清华大学法学院博士研究生张世超）

---

① 参见宋连斌：《司法支持仲裁的底层逻辑解析》，载《政法论坛》2025 年第 1 期，第 86 页。

投资合同纠纷案件当中名股实债的认定

一、关键词

跨境投资；合同纠纷；名股实债；风险提示函

二、仲裁要点

本案核心在于申请人与被申请人签订的《投资协议书》名股实债的认定问题。仲裁庭通过对协议具体内容的深入剖析发现，申请人虽形式上为投资者，却不参与被申请人实际经营管理，无论被申请人经营状况如何，均可获取固定收益并到期收回本金。这种“只享收益、不担风险”的模式与投资合伙关系中“共享收益、共担风险”的基本特征相悖，更符合民间借贷关系的构成要件。最终认定双方名为投资，实为借贷，被申请人应承担还款责任。

三、基本案情

2022 年 10 月 17 日，加拿大籍申请人与被申请人广州某洋叁期投资合伙企业（有限合伙）签订《投资协议书》，约定申请人认购 130 万元投资某洋影业（广州）有限公司电影项目，投资期限为 12 个月，到期回购本金退出。协议签订后，申请人按约支付投资款，被申请人前期按季度分配支付了部分收益，但投资期限届满后，被申请人以资金困难为由未按约定支付认购资金，经申请人多次沟通无果，申请人遂提起仲裁。被申请人则提出风险提示函、不可抗力条款以及投资严重损失等抗辩理由，请求驳回申请人的仲裁请求。

四、争议焦点

1. 案涉款项 130 万元的性质认定，是属于投资还是民间借贷。

2. 风险提示函是否构成被申请人的免责事由，被申请人是否应兑付 130 万元的案涉款项。

3. 被申请人应否承担逾期支付利息以及利息的计算标准和起始时间。

4. 被申请人主张的不可抗力因素是否成立，能否免除其违约责任。

五、裁决结果

仲裁庭经审理后作出裁决：

1. 被申请人向申请人归还本金 1300000 元并支付利息（以 1300000 元为基数，按照年利率 11%的标准，自 2023 年 12 月 18 日起计算至本金付清之日止）；

2. 被申请人向申请人支付律师费 20000 元；

3. 本案仲裁费由被申请人承担。

六、裁决理由

（一）关于本案的仲裁管辖

本会依据申请人与被申请人签订的《投资协议书》中的仲裁条款受理该案。被申请人在仲裁过程中未对管辖权提出异议，且未提供任何证据证明该仲裁条款无效，故仲裁庭对该案具有合法管辖权。

（二）关于本案的法律适用

申请人与被申请人均在中国境内从事商业活动，且《投资协议书》签订地及履行地均在中国，依据《涉外民事关系法律适用法》第四十一条的规定，本案应适用中华人民共和国法律。

（三）法律关系性质的认定

仲裁庭对本案的核心争议问题即投资关系性质认定重点进行了分析：申请人未实际参与被申请人经营管理，不承担经营风险，却能获取固定收益并到期收回本金，不符合投资合伙关系“共享收益、共担风险”的特征，更符合民间借贷关系的构成要件。被申请人未能提供充分证据证明其主张的不可抗力事件与无法履行合同义务之间存在直接因果关系。风险提示函并不能改变被申请人承诺到期兑付本息的合同义务。

案件评析

（一）“名股实债”情形下股权投资与借贷关系性质认定的深度剖析

名股实债并非严格的法律概念，而是对实务中存在的某种创新型投资模式的总称，是指投资人将资金以股权投资的方式投入目标公司，并约定在一定期限届满或者一定条件下收回投资本金和获得固定的利益回报的投资模式。[①] 简言之，其法律关系的内核是债权，而外在表现形式则为股权。在我国司法实践中，此类案件牵涉的核心法律问题往往是如何识别与判定法律关系的性质究竟为股权投资关系抑或借贷关系。

1. 名股实债合同性质认定的基本原则

确定登记为股东的投资人享有的是股权抑或债权，通常取决于当事人的真实意思表示。而在“名股实债”纠纷中，合同内容与目的的分离削弱了合同文本内容对其真实目的的表达效果，从而为合同解释与性质评价提供了裁量权介入必要空间。[②] 因此，对名股实债合同性质的判

① 贺小荣主编：《最高人民法院民事审判第二庭法官会议纪要》，人民法院出版社 2019 年版，第 64 页。

② 参见阙梓冰：《论合同定性中的“目的”——以名实不符合同为视角》，载《法学家》2023 年第 6 期，第 30-31 页。

定是一个综合分析的过程，不应仅仅拘泥于合同的名称或形式，而应关注合同本文之外的交易目的。

2. 名股实债合同中“投资关系”与“借贷关系”的判别标准

投资（股权关系）与借贷（债权关系）是两种性质截然不同的民事法律关系，其核心差异在于全部利润的分配模式。[①] 直观而言，投资关系的核心在于“共享收益、共担风险”投资方参与公司全部利润的分配。反观借贷关系，其典型特征是“固定回报、到期还本”，贷款方不参与公司全部利润的分配，而是获取固定收益。上述利润分配模式的差异可从以下几个具体层面详细展开：

首先，投资关系中投资者倾向于获取浮动分红，借贷关系中贷款人倾向于获取固定收益。投资者的收益通常与企业的经营业绩挂钩，取决于企业的盈利状况、市场环境等多种因素，投资回报具有不确定性；贷款人不按公司利润进行分红，而是获取固定收益。该回报与公司的实际经营状况脱钩。无论借款人经营盈亏，都必须按照合同约定履行还本付息的义务，贷款人的收益具有确定性和稳定性。

其次，投资关系中投资者需承担公司经营不善，甚至是破产清算的风险，体现出“风险共担”的特质；借贷关系中贷款方无须承担公司经营失败的风险，协议中常出现保本或刚性兑付的交易安排。

最后，在退出机制方面，股权的退出方式一般是市场化的，如向其他股东或第三方转让、公司减资、清算分配等。债权的清偿方式更加刚性化，通常要求借款方偿还“投资本金+固定收益”。除此之外，是否参与经营管理，是否为了固定收益的实现而要求相对方提供保证、抵押、质押等担保措施等因素也可作为区分两者的参考依据。

3. 本案名股实债裁决思路的现实意义与影响

在本案中，尽管双方签订了《投资协议书》，但从协议的具体条款

① 参见许德风：《公司融资语境下股与债的界分》，载《法学研究》2019 年第 2 期，第 77 页。

和实际履行情况来看，申请人与被申请人之间的法律关系更符合借贷关系的特征。双方名义为投资，实质却构成借贷关系。申请人未参与经营管理，不承担经营风险，仅按期收取固定收益并收回本金，不符合“共担风险”的投资特征。被申请人及关联方按约支付固定收益的行为印证借贷性质。仲裁庭穿透合同形式认定民间借贷，维护了公平合理原则。

在商业实践中，部分企业或个人为了吸引资金，可能会通过设计具有投资性外观的协议条款，但实际上承诺固定收益回报，试图规避民间借贷的相关法律规制。本案的裁决结果为广大投资者和融资者敲响了警钟，明确了法律在判断合同性质时，不会被合同的表面形式迷惑，而是会深入审查合同条款所体现的真实意思表示和实际履行情况。这有助于规范市场交易行为，引导当事人在签订各类协议时，务必遵循诚实信用原则，准确界定法律关系的性质，确保各方当事人的权利义务关系明确、清晰，从而维护市场交易秩序的稳定和健康发展。在面对类似合同性质争议案件时，仲裁员或法官可以借鉴本案的审理思路和认定方法，更加准确地把握合同的实质属性，进而正确适用法律，作出公正合理的裁决，提升司法公信力和仲裁公信力。

（二）风险提示函的效力审查与适用分析

1. 风险提示函的法律效力界定

风险提示函在投资领域是一种常见的文件形式，其主要目的是向投资者充分揭示投资过程中各类潜在风险，进而帮助投资者在充分了解风险的基础上作出理性的投资决策。然而，风险提示函的法律效力并非绝对的，其并不能当然地免除被申请人依据主合同条款应承担的给付义务。在本案中，虽然申请人在签订合同时签署了风险提示函，但该风险提示函并不能改变双方在其他协议中约定的本息兑付条款的法律性质。具体而言，尽管风险提示函中提及了投资可能存在风险，但《投资协议书》和《出资及收益分配确认书》中明确约定了被申请人到期回购本金和支付固定收益的义务，这种明确的合同约定在法律上具有更高的效力层级。根据合同法的基本原理，当事人之间的合同约定是确定双方权利义务关系的主要依据，风险提示函的内容应当与合同的主要条款相互协调和一致。当风险提示函与合同其他条款存在冲突时，应以合同的核心条款为准，除非风险提示函中明确载明某些风险事件将导致合同主要条款的变更或免除。在本案中，风险提示函并未对本息兑付条款作出明确的变更或限定，因此，仲裁庭认定风险提示函并不能成为被申请人不履行兑付义务的合法抗辩理由，这一认定充分尊重了当事人之间的合同自治原则，维护了合同约定的严肃性和权威性。

2. 本案风险提示函效力认定的商业指导价值

风险提示函在商业实践中的应用十分广泛，但本案的裁决结果提醒市场主体在处理这类条款时必须保持高度的谨慎和规范。对于投资者来说，在签署风险提示函时，不仅要关注其中列举的风险类型，更要仔细审查合同中的其他主要条款，确保自身对合同整体的权利义务关系有清晰准确的理解，避免因片面依赖风险提示函而忽视了合同中可能存在的对其有利或不利的关键条款。同时，投资者也应认识到，风险提示函并非被申请人或融资方随意免除责任的工具，法律会综合考虑合同的全部内容和实际情况来判定各方的权利义务。对于企业或融资方而言，在与投资者签订协议时，应确保合同条款的明确性、一致性和完整性，避免出现相互矛盾或容易引起歧义的条款组合。此外，本案也警示企业在开展投资或融资活动时，应充分评估自身的风险承受能力和履约能力，合理规划资金使用和项目运作，避免因过度依赖外部因素（市场环境、政策变化等）而导致无法履行对投资者的承诺，进而引发法律纠纷和商业信誉受损。

综上，本案为涉外合同纠纷仲裁提供了极具价值的参考范例。对于法律从业者而言，在处理类似案件时，应注重对合同实质内容的审查，精准判断法律关系的性质，准确适用相关法律规定。仲裁机构和仲裁员在审理过程中，应严格遵循证据规则和法律规定，对风险提示函、不可抗力条款等进行严谨审查，确保裁决的公正性和权威性。

对于投资者而言，本案提醒在签订投资协议或类似合同前，务必充分理解合同条款的法律意义和潜在风险，明确自身的权利义务。在合同履行过程中，如遇不可抗力等特殊情况，应及时按照法律规定和合同约定采取措施，固定相关证据，以维护自身合法权益。同时，投资者应谨慎对待风险提示函等文件，认识到其可能对自身权益产生的影响，避免因片面依赖风险提示函而忽视了对合同本质的审查。

对于企业方来说，本案强调了在与投资者签订协议时，应确保合同条款清晰、准确地反映双方的真实意思表示和权利义务关系。若主张不可抗力等免责事由，应提前做好证据收集和准备工作，确保在争议发生时能够充分证明其主张的合理性。在商业活动中，应遵循诚实信用原则，严格按照合同约定履行义务，避免因违约行为而承担不必要的法律责任。

（撰稿人：广州仲裁委员会仲裁秘书部张晓键、
清华大学法学院博士研究生张世超）

境外建设工程合同纠纷的法律适用及其责任主体认定

一、关键词

境外建设工程合同；法律适用；最密切联系原则；公司人格否认

二、仲裁要点

中国发包方（第一被申请人）在柬埔寨开发投资建设工程项目，并由中国承包方（第一申请人）进行总承建。为履行该项目，国内发包方和承包方分别在柬埔寨成立项目公司（分别为第二被申请人和第二申请人），并由两家项目公司签订了具体的施工合同。后，二位申请人因第二被申请人未依约足额支付工程款而提请仲裁，并要求第一被申请人承担共同付款责任。双方在法律适用、付款主体和汇率结算等方面均存在争议。仲裁庭依据《中华人民共和国涉外民事关系法律适用法》（以下简称《涉外民事关系法律适用法》）第四十一条规定，确定本案应适用中国法律。后，经综合考虑案涉合同实质关联性、实际履约混同情况、项目公司法律地位和两位被申请人的利益共同体属性，仲裁庭认为本案应刺破项目公司的面纱，由两位被申请人共同向两位申请人支付工程款，并基于当事人合意和债权保护，对支付币种和汇率结算作出了认定。

三、基本案情

2014 年 12 月，第一申请人与第一被申请人签订《协议书》，约定合作开发柬埔寨若干个工程项目。2015年，第一被申请人通过其柬埔寨项目公司（第二被申请人）与第一申请人的柬埔寨项目公司（第二申请人）签订《柬埔寨A项目建设工程施工合同》（以下简称《施工合同》），具体落实工程实施的有关细节。合同履行期间，第二申请人已完成A项目施工并通过竣工验收。双方办理结算后，第二被申请人通过债务抵扣、以物抵债及现金方式支付了部分工程款，但截至申请人提起仲裁时，仍欠付剩余款项。第一、第二申请人主张第一、第二被申请人承担共同付款责任，理由如下：(1) 两被申请人为同一实际控制人下属关联公司；(2)《施工合同》明确载明以《协议书》为基础，且两份合同核心条款一致；(3) 两被申请人在后续还款协商中始终以共同主体身份行事，未作责任区分。申请人的具体仲裁请求如下：

1. 裁决两被申请人共同向两申请人支付工程欠款人民币52,201,305.43元及逾期付款违约金人民币3,715,709.82元（按照中国人民银行授权中国外汇交易中心公布的2024年7月17日银行间外汇市场美元对人民币汇率的中间价也就是1美元兑换人民币7.1318元计算）；

2. 裁决两被申请人共同承担申请人为实现债权而支出的费用，包括但不限于仲裁费、保全费、担保费、律师费等。

四、争议焦点

（一）关于法律适用的问题

案涉《协议书》《施工合同》均未明确约定适用的法律。申请人认为应当适用中国法律，而被申请人则认为应适用工程所在地即柬埔寨的法律。仲裁庭依据《涉外民事关系法律适用法》第四十一条规定的最密切联系原则，结合中国企业开展海外工程承包建设的背景，以及第一申请人同第一被申请人签订的在岸协议与第二申请人同第二被申请人签订的离岸协议之间的联系与区别，案涉合同的起草依据和履行标准等因素进行分析，最终认定涉案两份工程协议本质上仍受中国法律调整。至于柬埔寨的当地标准，仅作为补充性要求，不改变合同需符合中国法律的根本属性。另外，庭审过程中，两位申请人和第一被申请人均同意适用中国法律。因此，本案应以中国法律为准据法。

（二）关于付款主体的问题

申请人认为，第一申请人、第一被申请人与第二申请人、第二被申请人实质上是《协议书》和《施工合同》的共同权利义务人，应该共同参与仲裁并承受相应的权利义务。

被申请人则认为，第一被申请人不是涉案工程款的支付主体。第二被申请人作为项目公司，具有独立的法人人格。两申请人应当明确具体的发包方和承包方，并妥善区分不同公司或不同责任主体，而不是混为一谈，要求境内公司与柬埔寨项目公司共享权利或共担义务。

仲裁庭主要从四个方面进行分析：（1）合同实质关联性。《协议书》已包含工程范围、造价、结算等《施工合同》核心条款（第十三条约定项目公司需与其签订具体合同），且《施工合同》第六条将《协议书》列为组成部分，二者构成不可分割的整体，两份协议项下的权利义务具有同一性。（2）实际履约混同。境内母公司持续介入并主导工程款支付与结算等关键履约行为，同时结算会议以“中国公司名义”进行，参会人员交叉重合，且项目公司无独立决策。（3）项目公司法律定位。第二申请人和第二被申请人仅为满足柬埔寨法律要求的“形式主体”，实质是境内母公司的履约工具。（4）两被申请人的股权关联紧密，属利益共同体。柬埔寨当地的项目公司，即第二申请人和第二被申请人，应被认定为涉案工程项目的“加入者”而非“替代者”。因此，仲裁庭认定应否认项目公司的法人人格，由第一被申请人和第二被申请人共同向第一申请人和第二申请人支付工程欠款。

（三）关于汇率结算的问题

申请人主张：欠付工程款应按庭审当日的美元汇率折算人民币，因汇率波动属商业风险，被申请人长期拖欠款项导致损失扩大，应以债权人实际受偿时的汇率为准。

被申请人主张：应按合同签订时的汇率进行折算，因合同总价以人民币暂定，签约时可预判美元价值，若允许按浮动汇率结算，将导致承包方不当得利（如汇率下跌时选择对自己有利的时点），违背公平原则。

仲裁庭认定：

1. 币种合意变更：虽合同约定以美元计价，但双方后续签署的《工程结算汇总表》《统计表》均明确以人民币结算欠款本金、利息等核心款项（仅税款暂按1∶6.5折算），实质构成合意变更支付币种，故工程欠款可直接以人民币确定金额。

2. 汇率折算时点选择：（1）有约定从约定：2021年《代付款协议》项下的美元款项，按签约日汇率（1∶6.3702）折算，因其已明确约定时点标准。（2）无约定从债权人保护：对于未约定汇率的款项（如代付房款及现金付款部分），因被申请人长期违约，按庭审日的汇率进行折算，更符合保护守约方权益的原则，避免债权人因汇率波动遭受二次损失。（3）公平性排除：被申请人主张“签约时可预判汇率”不成立。汇率长期波动属客观商业风险，违约方不得以风险预见性为由转嫁损失；若按签约时汇率结算，将变相鼓励拖欠行为。

五、裁决结果

1. 第一、第二被申请人共同向第一、第二申请人支付工程欠款人民币51,802,781元及违约金人民币2,701,082.72元；

2. 第一、第二被申请人共同向第一、第二申请人支付律师费人民币175,222元；

3. 本案仲裁费由第一、第二被申请人承担。

六、裁决理由

（一）关于法律适用的问题

《涉外民事关系法律适用法》第四十一条规定：“当事人可以协议选择合同适用的法律。当事人没有选择的，适用履行义务最能体现该合同特征的一方当事人经常居所地法律或者其他与该合同有最密切联系的法律。”围绕柬埔寨住宅公寓项目的建设，第一申请人与第一被申请人、第二申请人与第二被申请人均系依据《合同法》《建筑法》等中国法律起草并签署《协议书》《施工合同》，工程的建造和计价方式也均以国内规范为基础和根本，工程质量验收标准同样是以国内标准为基准，至于合同中的建筑质量需同时符合柬埔寨当地标准，以及计价时考虑柬埔寨当地的市场差异等内容，更多的是兼顾柬埔寨当地规范的附加要求，符合当地项目所需，但并不是主要导向。并且，庭审时两申请人和第一被申请人均同意适用中国法律。综上所述，仲裁庭确定本案以中国法律作为准据法。参照《最高人民法院关于适用〈中华人民共和国民法典〉时间效力的若干规定》第一条第二款“民法典施行前的法律事实引起的民事纠纷案件，适用当时的法律、司法解释的规定，但是法律、司法解释另有规定的除外”的规定，《协议书》《施工合同》的签订、涉案工程的竣工验收、结算均发生于《民法典》施行前，故本案应当适用《民法典》实施前当时的法律、司法解释的规定。

（二）关于责任主体的问题

仲裁庭认为，要回答第一申请人、第一被申请人能否作为本案适格的仲裁当事人，必须厘清以下两个问题：（1）第一申请人和第一被申请人签订《协议书》中的权利义务是否涵盖了项目建设工程施工承包的主要内容？（2）作为案涉项目的柬埔寨目标公司的第二申请人、第二被申请人成立并签订《施工合同》后，第一申请人与第一被申请人在《协议书》中的全部权利义务是否都由第二申请人、第二被申请人替代承受？

首先，第一申请人和第一被申请人于2014年12月26日签订的《协议书》，实质上就是一份典型的国内常见的“建设工程施工承包合同”，其内容包括工程范围、建设工期、工程质量、工程造价、材料和设备供应责任、拨款和结算、竣工验收、质量保修范围和质量保证期、相互协作、纠纷解决方式等条款。《协议书》第十三条明确约定，每个项目开工前，由双方项目公司按本协议约定分别签订项目施工协议，施工合同不能有实质性违背本协议的条款。事实上，《协议书》的这些内容与后来第二申请人和第二被申请人签订的《施工合同》内容也基本一致，并无明显冲突，只是《施工合同》针对具体项目作出了明确的工期、工程造价等约定，并增加了有关的履约细节。纵观两份合同的内容，可以认定《施工合同》第六条中的“框架协议”应指代第一申请人和第一被申请人签订的《协议书》，即《协议书》是《施工合同》的重要组成部分，《施工合同》是在《协议书》的基础上进行细化，是《协议书》的延续和具体履行的体现。

其次，在案涉项目的柬埔寨目标公司，即第二申请人与第二被申请人成立并签订《施工合同》后，第一申请人、第一被申请人作为第二申请人、第二被申请人的实际控制人，始终在项目工程建设的推进、协调、工程款支付、工程结算等环节发挥着主导作用，充当着工程项目承包人与发包人的角色。虽然案涉三份反映结算与付款过程的《会议纪要》最后落款签章的主体是第二申请人和第二被申请人，但《会议纪要》的内容显示，参会人员所属公司身份存在交叉重合。而会议地址与第一被申请人工商登记的注册地址基本一致，且均在国内进行。会议内容通常以国内公司的名义进行，可见第一、第二申请人与第一、第二被申请人以实际履约、混同表意等方式共同参与到涉案两个柬埔寨工程项目的履行过程中，第一申请人与第二申请人、第一被申请人与第二被申请人在案涉项目建设以及纠纷的沟通协调过程中分别形成一个整体。换言之，第二申请人、第二被申请人并未完全继受第一申请人、第一被申请人《协议书》中的权利义务而独立履行《施工合同》，第一申请人、第一被申请人至少是《协议书》《施工合同》的实质实施者之一。为符合柬埔寨当地的法律和地产产权要求而设立的落地公司（第二申请人与第二被申请人）更像是国内当事人（第一申请人、第一被申请人）《协议书》履行过程中的加入者。并且，从股权结构来看，第一被申请人和第二被申请人存在密切的关联关系，在柬埔寨工程项目上是利益共同体和一致行动人。

综上，围绕柬埔寨若干项目的施工建设，无论是第一申请人与第一被申请人签订的《协议书》，还是第二申请人与第二被申请人签订的《施工合同》，实质上是同一项目的建设工程施工承包合同，境内外的当事人应该作为适格的当事人共同参与仲裁并共同承担责任，故第一、第二被申请人应当就涉案两个柬埔寨工程项目所欠的工程款向第一、第二申请人承担共同还款责任。

（三）关于汇率结算的问题

对于有明确约定汇率折算时点的部分，应以《代付款协议》签约日的中国人民银行公告的美元汇率中间价为汇率计算标准。根据中国外汇交易中心公布的银行间外汇市场人民币汇率中间价，该部分美元应按该协议签订当时的汇率折算成人民币。

对于没有对汇率换算问题作出约定或者协商确定的部分，虽然根据《协议书》和《施工合同》的约定，工程款的支付应以美元计价，但从双方当事人就工程款支付、结算沟通、协调的过程来看，仲裁庭可以确信两项事实：（1）第二申请人和第二被申请人在形成《工程结算汇总表》时是按照人民币进行结算的。（2）此后，第二申请人与第二被申请人共同签署的《统计表》确认的结算金额、已付工程款、尚欠工程款、造价上浮部分、利息部分也均以人民币进行结算，仅税款部分的美元是暂按 1∶6.5 汇率折算为人民币。故，双方当事人实际上以合意的方式直接将除税款外的工程支付款项折算成人民币金额，即双方当事人同意案涉工程欠款美元数额可以折算成人民币金额进行支付。并且，汇率的计算应以有利于守约方的债权人原则予以考量。因此，仲裁庭对第一、第二申请人主张按照庭审之日的汇率进行换算予以支持。

案件评析

（一）法律适用的准确判断

本案通过剖析合同核心要素（工程建造规范以中国标准为基准、计价方式采用国内模式、验收标准主要援引中国规范），来论证中国法律与本案具有密切联系。尽管合同文本为满足柬埔寨当地法规要求增设了当地的技术标准条款，但这只是补充性要求，不能被误读为法律适用的本地化。仲裁裁决明确区分法律适用与履约技术标准的差异，通过综合考量工程合作背景、合同起草依据、核心条款法律援引等要素，最终确定适用中国法律。虽然与境外建设工程合同纠纷适用工程所在地法律的常规实践有所不同，但本案实质上是中方当事人之间的博弈，不涉外方当事人的利益，所以唯有打破固有的思维模式，方能对个案的法律适用作出更为精准的判断。

（二）责任主体的实质穿透

基于风险隔离、公司架构设计和境外准入等多方面因素考量，海外工程项目的施工协议往往由境外项目公司直接签订。从表面上来看，境外项目公司签订的具体履约协议与项目上游的境内公司之间并无直接关联，但仲裁庭通过锁定框架协议与履约协议的文本关联性，结合境内母公司实际掌控工程协调、结算和资金支付等核心事项的履约证据链，揭示了境外项目公司仅为满足项目所在地外资准入要求的“合规工具”特质。结合两位被申请人高度关联的股权结构，仲裁庭认定其构成利益共同体，从而突破法人独立原则，确立两位被申请人对两位申请人的共同付款责任。因此，在境外工程建设实务中，若境内公司需与境外项目公司实现责任隔离，则应完善境外项目公司的机构建设，为其构建独立的决策机制，并在合同文本中明示境内公司的责任边界，如增设境内发包公司除资金监管外不承担履约责任的条款，另在实际参与项目协调时，境内公司派出的技术人员亦可出具书面授权，并于授权中注明“仅限技术咨询”的具体权限范围。

（三）汇率时点的合理选择

在跨境支付过程中，支付币种及其潜在的汇率结算，对当事人而言，也是一项不容忽视的利益。本案对双方通过实际履行行为，将合同约定的美元结算变更为人民币结算的事实予以确认。就汇率折算的时间节点问题：一方面，在当事人有明确约定的情形下，尊重当事人的意思自治，按照签约之日的汇率进行折算；另一方面，对于当事人未作约定的部分，遵从保护债权人原则，按照庭审之日的汇率进行折算。虽然汇率波动属于常见的跨境交易风险，但在一方当事人违约的情形下，不应成为另一方当事人损失扩大的事由。因此，在缺乏当事人意思自治的情形下，要求违约方承担汇率变动风险，符合诚实信用原则和公平正义精神。

（四）庭审机制的创新探索

本案作为涉柬埔寨工程跨境纠纷典型案例，不仅考验仲裁员对法律选择规则和建设工程法律法规的理解与适用能力，也考验当事人围绕柬埔寨诸多项目工程的举证质证能力。为此，广州仲裁委员会专门委派建设工程领域的专家仲裁员，并充分应用线上线下混合庭审机制，既支持在线参与人远程签署笔录，也支持各方当事人云端举证质证。该高效专业的审理模式，不仅能有效降低当事人的跨境争议解决成本，也彰显了广州仲裁委处理涉外工程争议的综合能力，从而形成可复制的创新举措，为“一带一路”项目争议解决提供范式参考。

（撰稿人：广州仲裁委员会东莞分会张裕婷、中国政法大学国际法学院/涉外法治学院博士研究生沈雨思）

资本维持原则下股权回购的责任边界

一、关键词

股权回购；资本维持原则；仲裁管辖权；合同违约；减资程序

二、仲裁要点

涉案《增资投资协议书》《股权转让协议》《股东协议》合法有效。但目标公司（第一被申请人）回购自身股权需履行减资程序，否则违反资本维持原则。目标公司因未完成减资程序，不承担回购义务。创始股东（第二至第五被申请人）因违反股权转让限制条款及公司管理层存在严重分歧，触发回购条件，应以其直接或间接持有的股权及相关利益为限承担回购责任（含投资款本金及利息）。仲裁庭还认定，仲裁程序符合《仲裁规则》，管辖权及仲裁庭组成合法。

三、基本案情

申请人A、B（内地投资人）与被申请人C（内地目标公司）、D、E（台湾地区创始股东）、F（香港特别行政区创始股东）、G（内地创始股东）签订《增资投资协议书》及《股东协议》，约定投资人向目标公司增资，并约定在特定条件下（创始股东违约、公司管理层存在严重分歧等），申请人A、B（投资人）有权要求被申请人C（目标公司）或被申请人D、E、F、G（创始股东）回购其股权。

申请人A、B（投资人）依约支付投资款后，发现被申请人D、E、

F、G（创始股东）存在以下违约行为：（1）未经投资人同意，间接转让目标公司股权；（2）创始股东之间存在严重分歧，影响公司经营；（3）第二被申请人存在股权代持行为，未如实披露。

申请人A、B（投资人）据此提起仲裁，请求：（1）裁决各被申请人向第一、第二申请人回购第一、第二申请人所持有第一被申请人的全部股权；（2）裁决各被申请人向第一申请人支付股权回购款，股权回购款包含投资本金18879387元及利息（利息以投资本金为基数，按9%年化收益率自第一申请人支付相应投资本金之日起计算至各被申请人支付完毕回购价款之日止，利息暂计至2024年3月22日为5731379.41元）；（3）裁决各被申请人向第二申请人支付股权回购款，股权回购款包含投资本金110万元及利息（利息以投资本金为基数，按9%年化收益率自支付相应投资本金之日起计算至各被申请人支付完毕回购价款之日止，利息暂计至2024年3月22日为359782.5元）；（4）裁决各被申请人赔偿申请人的律师费损失15万元；（5）裁决各被申请人承担本案的仲裁费用、财产保全费5000元、财产保全担保费18249.38元。

四、争议焦点

（一）仲裁程序是否合法

申请人认为仲裁程序符合约定及规则。各被申请人主张仲裁机构、仲裁地与协议约定不符，仲裁庭组成违反约定，部分争议事实非受同一仲裁协议管辖。

（二）股权回购条件是否成就

申请人主张各被申请人存在间接转让股权、严重分歧等行为，触发回购条件。各被申请人抗辩称未违反股权转让限制，转让行为不影响控制权，且分歧未导致公司利益受损及影响公司经营，代持行为未损害利益，其他投资人回购请求不应触发本案回购。

（三）目标公司是否应承担回购责任

申请人主张目标公司应承担连带责任。各被申请人抗辩目标公司回购违反资本维持原则，回购需履行减资程序，否则违反资本维持原则。

（四）回购责任分配问题

申请人主张创始股东应全额回购。各被申请人主张创始股东应按份承担责任且以其持股比例为限。

五、裁决结果

1. 第二、第三、第四、第五被申请人回购第一申请人所持有的第一被申请人全部股权，并向第一申请人支付股权回购款 18879387 元及利息（利息分段计算：以 417 万元为基数，自 2019 年 10 月 12 日起计算；以 973 万元为基数，自 2021 年 1 月 4 日起计算；以 4979387 元为基数，自 2021 年 8 月 16 日起计算。前述三段利息均按照年利率 9%标准，计算至实际支付对应全部回购款之日止）。上述回购义务以第二、第三、第四、第五被申请人直接或间接持有第一被申请人股权以及与第一被申请人有关的利益（包括但不限于累计的股权转让所得、分红等）为限。

2. 第二、第三、第四、第五被申请人回购第二申请人所持有的第一被申请人全部股权，并向第二申请人支付股权回购款 110 万元及利息（利息以 110 万元为基数，自 2021 年 2 月 3 日起，按照年利率 9%标准，计算至实际支付全部回购款之日止）。上述回购义务以第二、第三、第四、第五被申请人直接或间接持有第一被申请人股权以及与第一被申请人有关的利益（包括但不限于累计的股权转让所得、分红等）为限。

3. 第二、第三、第四、第五被申请人补偿第一、第二申请人律师费 15 万元、财产保全费 5000 元、财产保全担保费 18249. 38 元。

4. 本案仲裁费由第二至第五被申请人承担。

5. 对第一、第二申请人其他仲裁请求不予支持。

六、裁决理由

（一）仲裁程序合法

本会对本案有管辖权，仲裁庭组成符合《仲裁规则》，程序合法。

（二）股权回购条件成就

1. 创始股东间接转让股权，虽未导致控制权变更，但仍构成违约；

2. 第二被申请人代持行为违反陈述与保证，但不构成严重违反；

3. 公司管理层存在严重分歧，影响公司经营并导致公司或股东利益受损，符合回购触发条件；

4. 其他投资人已提起回购仲裁，进一步证明回购条件成就。

（三）回购责任主体及承担方式

目标公司不承担回购责任。《股东协议》虽约定公司承担连带责任，但目标公司回购股权需履行减资程序，否则违反资本维持原则；现目标公司未完成减资程序，不承担回购义务及连带责任。

（四）责任分配

创始股东以其直接或间接持有目标公司股权及相关利益为限承担回购义务，不适用无限连带责任。

案件评析

（一）股权回购条款的效力认定

在股权投资领域，股权回购条款（亦称对赌协议）构成投资方重要的退出机制和风险防范手段，其法律效力认定及条件成就的标准直接关涉投资标准。我国法律对股权回购条款的效力问题在司法实践中经历了较大变化。早期法院倾向于否定其效力，认为违反资本维持原则（如“海富案”）。但2019年《全国法院民商事审判工作会议纪要》（以下简称《九民纪要》）第五条明确，投资方与目标公司对赌原则上有效，但履行需符合《公司法》关于股份回购或利润分配的强制性规定。

（二）股权回购的触发条件

我国法律对股权回购条件的认定并未作出统一的明确规定，而是散见于《公司法》等相关法律法规以及司法解释中。从立法目的来看，《公司法》建立以资本维持原则为核心的审查框架，旨在保护公司债权人利益和公司的正常经营秩序。而股权回购条款的设置，本质上是为了平衡投资方与目标公司及创始股东之间的利益，保障投资方在特定情况下能够合理退出。理论界对于股权回购条件成就的认定存在不同观点。一种观点认为，应严格按照合同约定进行解释，只要合同约定的条件明确且不违反法律法规的强制性规定，就应认定条件成就。另一种观点则强调，要结合合同目的、诚实信用原则以及实际情况进行综合判断，避免机械地适用合同条款。在司法实践中，法院和仲裁机构通常会从以下几个方面对股权回购条件成就进行认定：首先，审查合同条款的明确性，要求回购条件的约定必须具体、明确，避免出现模糊不清或歧义的表述。例如，在本案例中，《股东协议》对回购条件作出了较为详细的约定，包括股权转让限制、重大诚信问题、严重分歧等情形，为条件成就的认定提供了明确的依据。其次，检验违约行为的严重性，即使形式上构成违约的条件，还需实质性评估违约行为的严重程度是否达到了触发回购的要求。在本案例中，仲裁庭认为第二、第三被申请人间接转让股权的行为虽然成立，但由于其用途特殊，不构成严重违反协议。最后，聚焦因果关系的认定，必须证明触发回购条件的事件与公司或股东利益受损之间存在直接的因果关系。在本案例中，仲裁庭认定第二、第三被申请人的严重分歧导致了公司或股东利益受损，从而触发了回购条件。

综上，本案中，仲裁庭认定，创始股东未经同意的间接股权转让构成形式违约，管理层存在严重分歧实际损害公司经营，加之其他投资人同步发起回购形成的连锁反应，共同印证公司治理机制失效，认可《股东协议》回购条款的效力并确认已触发多种回购情形。但同时强调目标公司回购需履行减资程序，否则无法执行。这一观点与《九民纪要》所传达的核心精神相契合，体现了仲裁庭在尊重意思自治的同时，还兼顾公司债权人保护。

（三）目标公司回购股权与资本维持原则的冲突与平衡

目标公司回购股权与资本维持原则之间的冲突是股权投资纠纷中的常见问题。资本维持原则要求公司在存续过程中，应保持与其资本额相当的财产，以保证公司的偿债能力，保护债权人利益。而目标公司回购股权可能会导致公司资本减损，与资本维持原则产生冲突。

我国《公司法》第三十五条和第一百四十二条严格限定股权回购情形，明确将“减资”作为回购的前置程序，体现了对资本维持原则的维护。《九民纪要》进一步明确了投资方请求目标公司回购股权的审查标准，要求目标公司必须以完成减资程序为履行前提，否则人民法院应当驳回其诉讼请求。

理论界对如何平衡目标公司回购股权与资本维持原则存在不同观点。一种观点认为，应严格遵守资本维持原则，限制目标公司回购股权，以保护债权人利益。另一种观点则认为，在特定情况下，如投资方与目标公司达成合理的回购协议，并完成相应的减资程序，可以允许目标公司回购股权，以保障投资方的合法权益。

在司法实践中，法院和仲裁机构通常会遵循以下原则来平衡两者之间的冲突：(1) 减资程序的必要性。目标公司回购股权必须完成减资程序，以确保公司资本的稳定。如本案例中，仲裁庭因目标公司未完成减资程序，驳回了申请人要求目标公司履行回购义务的请求。(2) 对债权人利益的保护。在处理目标公司回购股权纠纷时，应充分考虑债权人的利益，避免因回购股权导致公司偿债能力下降。(3) 合同自由与法律限制的平衡。既要尊重当事人的合同自由，又要遵守法律法规的强制性规定，在两者之间找到平衡点。

（四）创始股东责任承担的法律问题

创始股东在股权回购中的责任承担是本案的另一个重要法律问题。我国《民法典》和《公司法》对创始股东的责任承担作出了一些原则性规定，但在具体案件中，仍需结合合同约定和实际情况进行分析。

从立法演变来看，股东责任规范呈强化趋势以保护公司及债权人权益。《民法典》中关于连带责任的规定，为创始股东责任的认定提供了法律依据。

理论界对于创始股东责任承担的方式存在不同看法。一种观点认为，创始股东应承担连带责任，以充分保障投资方的利益。另一种观点则主张，应根据创始股东的过错程度和违约行为的性质来确定责任承担方式，避免过度加重创始股东的责任。

在司法实践中，法院和仲裁机构在认定创始股东责任承担时，通常会考虑以下因素：(1) 合同约定。本案例中，《股东协议》明确约定了创始股东承担回购责任的范围和方式，仲裁庭依据合同约定作出了裁决。(2) 过错程度。创始股东是否存在恶意、欺诈、故意或重大过失等情形，会影响责任的承担。本案例中，仲裁庭认为第二被申请人不存在上述情形，因此其责任以持股及相关利益为限。(3) 资本维持原则。在确定创始股东责任时，需要兼顾资本维持原则，避免因责任承担导致公司资本减少，损害债权人利益。

《股东协议》约定创始股东责任以其持股比例为限，除非存在"恶意、欺诈或重大过失"。仲裁庭认定，虽然创始股东存在违约行为，但并未达到"恶意"程度，故不适用无限责任。

这一认定平衡了投资人与创始股东的利益，避免因个别股东行为导致全体创始股东承担过重责任。

（五）实务建议

1. 合同条款的完善

在签订股东协议等相关合同时，应明确约定股权回购的条件、回购价款的计算方式、回购责任的主体及承担方式等内容，避免出现模糊不清或歧义的表述。

对于股权转让限制、重大诚信问题、严重分歧等触发回购条件的情形，应作出具体、详细的约定，以便在纠纷发生时能够准确认定条件是否成就。

2. 合规操作的重视

（1）对投资人：在投资协议中明确回购触发条件，并约定多种救济途径（如创始股东连带责任）；要求目标公司提前预留减资空间，或约定减资程序配合义务。

（2）对目标公司及创始股东：谨慎接受股权回购条款，避免因个别股东行为触发全体回购责任；比如，涉及股权转让，应事先取得投资人同意，避免违约风险。

3. 争议解决方式的选择

在选择争议解决方式时，应充分考虑仲裁的优势，如仲裁程序的保密性、高效性等。同时，在签订仲裁协议时，应明确约定仲裁机构、仲裁地点、仲裁庭的组成等内容，避免出现仲裁程序瑕疵。

4. 法律风险的评估

在进行股权投资前，投资方应充分评估法律风险，了解股权回购条款的效力及可能面临的法律问题。可以咨询专业律师，对投资方案进行法律论证，以降低法律风险。

总之，股权回购纠纷涉及诸多法律问题，需要综合考虑合同约定、法律法规、司法实践以及理论观点等多方面因素。在处理此类纠纷时，应遵循诚实信用原则和公平原则，平衡各方当事人的利益，同时维护公司的正常经营秩序和债权人利益。唯有将严谨的条款表述、动态的合规管控与专业的争议解决机制深度融合，方能实质性降低回购纠纷发生概率，护航股权投资安全退出。

本案涉及多方当事人及复杂事实，仲裁庭通过灵活适用《仲裁规则》，妥善处理管辖权及组庭争议，体现了仲裁高效、专业的特点。此外，仲裁庭在认定回购条件时，综合考虑合同约定、公司治理现状及行业惯例，作出了符合商业逻辑的裁决，为类似案件提供了参考。综上，本案不仅涉及股权回购条款的效力认定，还深入探讨了资本维持原则、违约责任分配等核心问题，对投融资纠纷的仲裁实践具有重要指导意义。

（撰稿人：广州仲裁委员会东莞分会汪艳、中国政法大学国际法学院/涉外法治学院博士研究生吴婧伊）

上市公司股权代持协议的效力判定

一、关键词

股权转让合同纠纷；上市公司；股权代持协议；合同无效；社会公共利益

二、仲裁要点

本案的核心是间接股权代持情境下的上市公司股权代持协议的效力判定问题。股权真实清晰系对上市公司监管的基本要求，关系到对上市公司系列信息披露要求、关联交易审查等的监管能否落实。上市公司股权代持将损害广大非特定投资者的合法权益，危及资本市场基本交易秩序与安全。根据《合同法》第五十二条第四项的规定，本案《股权代持协议》损害社会公共利益，应认定为无效。

三、基本案情

2015年6月18日，申请人（中国内地居民）与被申请人（中国香港居民）签订《股权代持协议》，约定申请人出资350万元受让A公司（目标公司）的28万股股权，并委托被申请人代其持有该股权。如A公司公开上市，被申请人持有的A公司的股份禁售期已满，被申请人在通知申请人后，可以统一出售包括申请人实际持有股份在内的以被申请人名义持有的A公司的股份。申请人享有由被申请人代持股权退出收益（税后）的80%，被申请人享有由被申请人代持股权退出收益

（税后）的20%。本协议的签署和履行适用中华人民共和国法律。

订立协议前的2015年6月16日，申请人已将350万元转入协议约定的被申请人账户。A公司于2017年4月21日公开发行上市。本案被申请人及申请人从未成为A公司股东。B公司系A公司的控股股东。被申请人于2008年12月15日成为B公司股东，出资270万元，持股4.5%。2020年11月25日，被申请人出售其持有的股权，退出B公司。

上述《股权代持协议》为C公司向申请人出示的《股权转让资料手册》的一部分。其中，保密及风险提示显示“本股权转让项目属于C公司的商业机密”，“本次股权转让项目涉及的公司为准备IPO的A公司”。该手册中《委托书》显示，2015年6月1日，C公司委托被申请人代为持有A公司所占有的股权，被申请人在执行和处理上述事项的过程中所签署的有关文件，C公司均予以承认，本《委托书》有效期自签署之日起至委托事项办理完毕为止。申请人向被申请人账户转账350万元投资款后，2015年6月18日，C公司向申请人出具《出资确认书》，显示申请人已确认认购由C公司管理的“A公司股权转让”份额。

该手册中涉及A公司和B公司的资料显示：A公司章程第十八条显示，B公司系其持股52.87%的股东。2015年6月15日，被申请人与B公司签订《内部股权转让协议》，约定B公司将其持有A公司股票的28万股转让给被申请人，转让价格为12.5元/股，总价350万元。此协议涉及的股票转让属于B公司内部的股票转让，公司不予办理工商变更、登记手续，但具有同等的法律效力。B公司承诺自A公司股票上市发行之日起，两年内由公司负责通过兼并、重组或其他合法方式将被申请人股东身份及所持A公司股票数额直接明确至或通过法人单位间接明确至A公司。在此之前，被申请人同意将自己名下的股票由B公司代为持有，并由B公司代替自己在公司行使除涉及股票转让外的其他股东权利和义务。B公司于2015年6月18日向被申请人开具收据，显示金额为350万元，收款事由为“B公司股权转让款，28万股”。

被申请人共计向B公司指定账户支付2000万元。2018年1月至4月，B公司向被申请人账户支付2000万元，摘要显示“借款”“还款”。庭审中，被申请人称因知晓最高人民法院相关案例否定上市公司股权代持合同的效力，《内部股权转让协议》无法履行，故B公司向被申请人退回相应款项。

2018年8月13日，被申请人向申请人支付50万元，摘要显示为“退款”。

2022年1月21日，申请人与案外人甲某签订《承诺函》，载明“关于申请人委托C公司投资B公司，并由被申请人代持B公司股份的投资事项，本人甲某承诺，除已返还的款项外，尚未返还的余款本金220万元及对应的投资收益，本人将于2022年4月30日前全额归还给申请人。如逾期还款，本人承诺按银行规定收取利息”。

通过企业信用信息公示系统查询可知，C公司成立于2014年2月18日，法定代表人原为被申请人，2018年4月4日变更为案外人乙某，2020年12月21日变更为案外人甲某。被申请人原为C公司董事长兼经理，2018年4月8日后至今为董事。C公司的大股东为D公司（被申请人持有D公司100%股权）、甲某。

申请人于2022年9月29日提起仲裁，请求裁决：(1) 裁决被申请人向申请人返还投资本金350万元；(2) 裁决被申请人向申请人支付出售股权所得收益的80%（按股票解禁之日起至被申请人退出登记之日止的日均收盘价平均股价19.09元计算，卖出所得为5208000元，收益为1708000元，80%为1366400元）；(3) 裁决被申请人支付违约期间的利息（以本金350万元加上收益为基数，自2020年11月25日起按照四倍LPR计算）；(4) 裁决被申请人承担申请人支付的律师费；(5) 裁决被申请人承担本案的全部仲裁费用、保全费、保险费。

四、争议焦点

（一）关于被申请人是否为本案适格主体

申请人主张，《股权代持协议》由被申请人个人签订且款项支付至被申请人个人账户，且被申请人是 B 公司股东，C 公司并非 B 公司股东，只有被申请人才具有代持的基础，申请人的合同相对方是被申请人。被申请人抗辩称，《股权代持协议》是 C 公司出具给申请人的《股权转让资料手册》的一部分，C 公司授权被申请人签订有关文件，被申请人仅为履行职务行为，且申请人对此知晓，《股权代持协议》应约束委托人 C 公司而非受托人被申请人。

（二）关于《股权代持协议》效力的认定

申请人主张，《股权代持协议》约定的交易模式是间接代持，即通过持有上市公司股东的股份，间接持有上市公司股份，并不违反法律强制性规定，应属有效。被申请人主张，《股权代持协议》约定代持上市公司股份，违反《证券法》等法律的强制性规定，违背社会公共利益，应属无效。

（三）关于被申请人是否应向申请人退还本金和支付收益、利息损失

申请人要求被申请人返还投资本金并支付出售股权所得收益的 80%，并以投资本金及收益为基数计算利息。被申请人抗辩称，申请人与案外人甲某签订了《承诺函》，《股权代持协议》项下债务已经由甲某概括承受，被申请人不再承担责任。申请人主张，《承诺函》应视为并存的债务加入，不免除被申请人的责任。

五、裁决结果

1. 被申请人返还申请人投资款 220 万元；
2. 被申请人补偿申请人律师费、保全费、保险费；

3. 对申请人的其他仲裁请求不予支持；

4. 本案仲裁费由申请人承担60%，被申请人承担40%。

六、裁决理由

（一）关于本案的法律适用

被申请人为中国香港居民，本案为涉港纠纷。根据《股权代持协议》第七条的约定，本案应适用中华人民共和国法律。《股权代持协议》签订于《民法典》施行前，申请人主张被申请人出售股份触发收益分配的时间也在《民法典》施行前，根据《最高人民法院关于适用〈中华人民共和国民法典〉时间效力的若干规定》第一条第二款及第三条的规定，本案应适用《合同法》等法律规定，《合同法》没有规定的，适用《民法典》的规定。

（二）关于被申请人是否为本案适格主体

仲裁庭认为，从《股权转让资料手册》的内容和查明的其他事实来看，被申请人自2008年12月15日成为B公司持股4.5%的股东，于2015年6月15日与B公司签订《内部股权转让协议》，约定B公司将其持有的A公司的28万股股权作价350万元转让给被申请人，暂不办理工商变更登记，并承诺自A公司股票上市发行之日起两年内，将被申请人股东身份及所持A公司股票数额直接或间接明确至A公司。可见，被申请人是基于原为B公司股东的身份，才获得了在A公司上市前与其控股股东（B公司）的交易机会，B公司将其持有的A公司股权转让给被申请人，暂由B公司代持，被申请人再将上述股权以同等价格转让给申请人，由申请人出资，由被申请人代持。而申请人、被申请人对此均知晓。由于C公司并非B公司的股东，也不是《内部股权转让协议》的主体，被申请人未提交证据证明其持有B公司股权及签订《内部股权转让协议》是受C公司委托或履行公司职务，故C公司并不具备交易案涉上市公司股权的基础。另外，被申请人是《股权代持协议》的签订主体，款项也是支付至被申请人账户而非C公司账户。因此，《股权代持协议》中申请人的合同相对方是被申请人而不是C公司，被申请人是本案适格主体。

（三）关于《股权代持协议》的效力

仲裁庭认为，从《股权代持协议》的约定来看，双方明确系代持于2017年4月21日上市的A公司的股份，并非代持B公司的股份。结合《内部股权转让协议》，申请人和被申请人在《股权代持协议》作此种约定，系因被申请人从B公司处受让了其持有的A公司的股权，并且有在两年内将其股东身份直接或间接明确至A公司的期待权。因此，虽然《股权代持协议》并未实际发生上市公司的股权代持，即被申请人并未成为上市公司的登记股东，并不影响双方的真实目的是代持上市公司的股权。

根据《证券法》（2014年修正）第六十三条的规定，发行人、上市公司依法披露的信息，必须真实、准确、完整，不得有虚假记载、误导性陈述或者重大遗漏。中国证券监督管理委员会根据《证券法》授权对证券行业进行监督管理，于2006年5月17日颁布的《首次公开发行股票并上市管理办法》第十三条规定，发行人的股权清晰，控股股东和受控股股东、实际控制人支配的股东持有的发行人股份不存在重大权属纠纷。股东真实清晰系对上市公司监管的基本要求，关系到上市公司系列信息披露要求、关联交易审查等监管能否落实。上市公司股权代持将损害广大非特定投资者的合法权益，危及资本市场基本交易秩序与安全。根据《合同法》第五十二条“有下列情形之一的，合同无效：……（四）损害社会公共利益”，本案《股权代持协议》应认定为无效。

（四）关于申请人的仲裁请求

如前所述，《股权代持协议》无效，根据《合同法》第五十八条的规定，合同无效或者被撤销后，因该合同取得的财产，应当予以返还；

不能返还或者没有必要返还的，应当折价补偿。有过错的一方应当赔偿对方因此所受到的损失，双方都有过错的，应当各自承担相应的责任。被申请人应向申请人返还投资本金，但《股权代持协议》整体无效，其中关于收益分配的约定亦无效，且被申请人并未实际代持 A 公司的股份，申请人以 A 公司的股价计算收益没有依据。此外，申请人和被申请人均应知晓上市公司股权代持不受法律保护，对于合同无效均有过错。因此，仲裁庭对申请人要求被申请人支付收益及相应利息的请求不予支持。

对于退款问题，《承诺函》载明“关于申请人委托 C 公司投资 B 公司，并由被申请人代持 B 公司股份的投资事项，本人甲某承诺，除已返还的款项外，尚未返还的余款本金 220 万元及对应的投资收益，本人将于 2022 年 4 月 30 日前全额归还给申请人。如逾期还款，本人承诺按银行规定收取利息”。如前所述，被申请人是《股权代持协议》的主体，应承担退款责任，《承诺函》的内容并未提及是否免除被申请人的退款义务，不能视为申请人已经同意将债务转移给甲某。根据《民法典》第五百五十二条的规定，第三人与债务人约定加入债务并通知债权人，或者第三人向债权人表示愿意加入债务，债权人未在合理期限内明确拒绝的，债权人可以请求第三人在其愿意承担的债务范围内和债务人承担连带债务。《承诺函》符合第三人甲某向债权人申请人表示愿意加入债务、申请人接受的情形，属于债的加入，并不免除债务人被申请人的责任。同时，《承诺函》确认尚未返还的本金余款为 220 万元，申请人在第二次庭审中也认可被申请人已返还投资本金 130 万元，被申请人虽称 C 公司或甲某已向申请人返还全部款项，但未提供证据证明，仲裁庭不予采信，故被申请人应继续向申请人返还投资款本金 220 万元。

案件评析

本案系上市公司股权代持纠纷，案件背景是在《公司法》（2023 年修订）施行之前，上市公司股权代持协议的效力问题缺乏明确的法律规定，本案以损害社会公共利益无效为由否定了上市公司股权代持协议的效力。《公司法》（2023年修订）第一百四十条规定为上市公司股权代持协议无效的认定提供了更为直接的规范依据，但是对于合同无效后的股权归属、损益分配等问题仍缺乏明确规定，而这些问题常常是实践中双方当事人的争议焦点，故有必要进一步探讨。

（一）上市公司股权代持协议的效力

2011年2月16日施行的《最高人民法院关于适用〈中华人民共和国公司法〉若干问题的规定（三）》（以下简称《公司法解释（三）》第二十五条①规定，有限责任公司的实际出资人与名义出资人订立合同，约定由实际出资人出资并享有投资权益，以名义出资人为名义股东，实际出资人与名义股东对该合同效力发生争议的，如无《合同法》第五十二条规定的情形，人民法院应当认定该合同有效。该规定肯定了有限责任公司股权代持合同的效力，即股权代持本身不会导致合同无效，体现了在有限责任公司中对当事人意思自治的尊重。然而，《公司法解释（三）》对于上市股权代持合同效力问题却并未明确。实践中，有法院参照适用《公司法解释（三）》第二十五条的规定认定上市公司股权代持协议有效，认为从法理上讲，公司法和其他法律、法规并未明文规定禁止上市公司股份代持，更未宣告该类代持协议无效，故参照前述司法解释的法律精神，上市公司股份代持协议应为有效协议。② 但是，上市公司本身与有限责任公司存在显著差别，相比于有限责任公司，上市公司的股权结构更为分散、股东流动性更强，关系到投资者利益保护和金融秩序与安全的维护，上市公司受到更为严格的金融与资本监管。因此，上市公司股权代持合同效力的认定恐难以简单参照适用对

① 《最高人民法院关于适用〈中华人民共和国公司法〉若干问题的规定（三）》（2020年修正）第二十四条。

② 湖南省高级人民法院（2017）湘民终104号民事判决书。

有限责任公司的规定。

就上市公司股权代持协议的效力认定问题，在《公司法》（2023年修订）第一百四十条颁行前，我国在法律层面缺乏明确规定。司法实务经历了从认定有效到一概无效的立场转变。

起初，人民法院在判定上市公司股权代持协议效力时，多类推适用《公司法解释（三）》第二十四条第一款的规定，秉持尊重当事人意思自治的原则，判定基于当事人真实意思表示的上市公司股权代持协议有效。[①] 然而，最高人民法院在（2017）最高法民申2454号民事裁定书中否定了上市公司股权代持协议的效力，其裁判思路是：对上市公司股权代持协议效力的认定应当根据上市公司监管相关法律法规以及《合同法》等规定综合予以判定。上市公司股权代持协议违反了中国证券监督管理委员会的相关监管规定。最高人民法院详细地论述了对于相关监管规定的违反损害到广大非特定投资者的合法权益，从而损害到资本市场基本交易秩序与基本交易安全，损害到金融安全与社会稳定，从而损害到社会公共利益，进而依据《合同法》第五十二条第四项的规定认定上市公司股权代持协议无效。该案例为实践领域审理上市公司股权代持案件提供了指引，本案亦遵循了最高人民法院在上述案例中的审理思路，以损害社会公共利益作为认定合同无效的法律基础。

2021年1月1日《民法典》施行后，“违背公序良俗”替代“损害社会公共利益”成为认定合同无效的事由。[②] 2019年《全国法院民商事审判工作会议纪要》（以下简称《九民纪要》）第三十一条规定，违反规章一般情况下不影响合同效力，但该规章的内容涉及金融安全、市场秩序、国家宏观政策等公序良俗的，应当认定合同无效。人民法院在认定规章是否涉及公序良俗时，要在考察规范对象基础上，兼顾监管强

① 北京市第一中级人民法院（2014）　中民初字第1076号民事判决书、最高人民法院（2017）最高法民申5055号民事裁定书。

② 《民法典》第一百五十三条。

度、交易安全保护以及社会影响等方面进行慎重考量，并在裁判文书中进行充分说理。该规定也在一定程度上肯定了实践中上市公司股权代持协议无效的审理思路。2024 年 7 月 1 日施行的《公司法》（2023 年修订）第一百四十条规定，上市公司应当依法披露股东、实际控制人的信息，相关信息应当真实、准确、完整。禁止违反法律、行政法规的规定代持上市公司股票。该规定旨在维护资本市场的金融监管秩序，为公司股权代持协议无效的认定提供了更为直接的法律规范依据。① 本案的裁决结果亦符合《公司法》（2023 年修订）第一百四十条的立法精神。

（二）股权代持协议无效后的股权归属及收益分配

本案的特殊性在于申请人与被申请人均非上市公司的股东，被申请人并未实际代持上市公司 A 公司的股份，而是通过与 B 公司之间的《内部股权转让协议》，由 B 公司代被申请人持有 A 公司的股份，且被申请人并非持有 B 公司 100%的股权。在这种情况下，如果对代持 A 公司股份收益进行分配，不仅涉及申请人与被申请人之间的利益，还涉及 B 公司、B 公司其他股东以及债权人等诸多主体的利益。本案仲裁庭在认定申请人与被申请人之间的《股权代持协议》无效后，认为其中关于收益分配的约定亦无效，且被申请人并未实际代持 A 公司的股份，申请人以 A 公司的股价计算收益没有依据。此外，申请人和被申请人均应知晓上市公司股权代持不受法律保护，对于合同无效均有过错。因此，仲裁庭对申请人要求被申请人支付收益及相应利息的请求不予支持。本案中，仲裁庭未支持申请人支付收益及相应利息的请求，也是在某种程度上维持既有法律关系的稳定。

如果代持方直接代持了上市公司的股权，上市公司股权代持协议效力无效后，还涉及被代持的上市公司股权归属以及损失和收益分配问题。②《民法典》第一百五十七条规定，民事法律行为无效、被撤销或

① 参见王瑞贺主编：《中华人民共和国公司法释义》，法律出版社 2024 年版，第 192 页。

② 本文仅以股权收益为例，损失同理。

者确定不发生效力后，行为人因该行为取得的财产，应当予以返还；不能返还或者没有必要返还的，应当折价补偿。有过错的一方应当赔偿对方由此所受到的损失；各方都有过错的，应当各自承担相应的责任。法律另有规定的，依照其规定。《九民纪要》第三十三条规定，合同不成立、无效或者被撤销后，在确定财产返还时，要充分考虑财产增值或者贬值的因素。双务合同不成立、无效或者被撤销后，双方因该合同取得财产的，应当相互返还。应予返还的股权、房屋等财产相对于合同约定价款出现增值或者贬值的，人民法院要综合考虑市场因素、受让人的经营或者添附等行为与财产增值或者贬值之间的关联性，在当事人之间合理分配或者分担，避免一方因合同不成立、无效或者被撤销而获益。在标的物已经灭失、转售他人或者其他无法返还的情况下，当事人主张返还原物的，人民法院不予支持，但其主张折价补偿的，人民法院依法予以支持。折价时，应当以当事人交易时约定的价款为基础，同时考虑当事人在标的物灭失或者转售时的获益情况综合确定补偿标准。标的物灭失时当事人获得的保险金或者其他赔偿金，转售时取得的对价，均属于当事人因标的物而获得的利益。对获益高于或者低于价款的部分，也应当在当事人之间合理分配或者分担。

上市公司股权代持协议无效后，被代持的股权应属于“不能返还或者没有必要返还的”的情形，否则将使法律禁止上市公司股权代持的立法目的落空，因此被代持的股权应归名义股东即代持人所有，这也可以同时与公示外观相一致，维持交易秩序的稳定。关于股权代持协议无效后的投资款返还问题，常见的裁判思路是认定名义股东因无效合同取得了实际出资人的投资款属于不当得利，应予返还。[①] 代持人应向实际出资人返还股权出资款。此外，代持人与实际出资人之间应根据公平原则就股权收益进行分配，股权收益包括股份的分红以及股权增值部

① 山东省淄博市中级人民法院（2024）鲁 03 民终 1632 号民事判决书、北京市第二中级人民法院（2023）京 02 民终 13553 号民事判决书。

分。在分配收益的过程中，应考虑的因素包括双方过错的大小、对股权收益的贡献程度以及对投资风险的交易安排，避免一方从合同无效中获益。

（撰稿人：广州仲裁委员会国际仲裁部张乃方、贺晗，
清华大学法学院博士研究生张世超）

国际货物买卖中关于逾期交货违约金时效保护期认定

一、关键词

国际贸易；逾期交货；违约金；仲裁时效抗辩；PAC；质量缺陷

二、仲裁要点

申请人就位于约旦的大型电站项目向被申请人购买水处理等设备，供货完毕、验收通过且质保期满后，被申请人以申请人未提交请款函以及未完成PAC（机组临时验收证书）为由拒绝付款，仲裁庭认定上述事项非付款前置条件，支持申请人的付款及资金占用费的请求。同时，被申请人认为申请人迟延交货，应支付逾期交货违约金，申请人提出仲裁时效抗辩，仲裁庭结合合同履行及双方往来函件情况对不同批次货物的违约金请求是否超过时效进行具体分析，支持了被申请人部分逾期违约金的反请求。

三、基本案情

申请人与被申请人就约旦某大型电站EPC项目于2018年3月及2018年8月分别签订《原水处理采购合同》《压力容器采购合同》和相应的备品备件采购协议。合同总价值24643133.66元，约定按进度支付80%的货款，设备初步验收合格后支付10%投运款，质保期满后支付剩余10%质保金。申请人完成了送货、安装、调试等合同义务，申请人、被申请人、业主等共同参与了水处理设备的验收，水压试验成功。合同约定质保期满即2021年5月31日后被申请人应当支付全额货款，但被申请人仅支付19654826.63元，剩余货款一直未支付。故，申请人提起仲裁，要求被申请人支付剩余货款及资金占用利息。被申请人则主张申请人交付的20批次货物均存在逾期行为，应当支付逾期交货违约金，且申请人交付的设备存在质量缺陷，为消除缺陷，被申请人委托现场施工队伍进行处理，申请人应承担该部分费用。本案本请求和反请求如下：

本请求：

1. 裁决被申请人向申请人支付货款4988307.03元及自2021年6月1日起至被申请人实际给付之日止依照全国银行间同业拆借中心公布的贷款市场报价利率（3.7%）计算的利息，利息暂计169186.75元，以上合计5157493.78元；

2. 裁决本案请求仲裁费由被申请人承担；

3. 裁决申请人因被申请人违约提起仲裁所支出的交通费由被申请人承担。

反请求：

1. 裁决申请人向被申请人支付逾期交货违约金3689126.05元；

2. 裁决申请人向被申请人支付消缺费用200987.5元。

四、争议焦点

（一）提交请款函及完成PAC验收是否为支付货款的前置条件

申请人认为：其按约完成了送货、安装、调试等合同义务，水处理设备也已经通过了验收，质保期已满，被申请人应当依约如期支付货款。

被申请人认为：申请人未按照约定格式向被申请人提交请款函，且采购合同约定的10%投运款及10%质保金需电厂通过PAC后才能支付，现因案涉项目并未完成 PAC，故剩余货款的支付条件尚未成就，其无须支付相应款项。

（二）逾期交货违约金反请求是否成立有效的仲裁时效抗辩

被申请人认为：两份采购合同履行过程中，申请人存在 20 批次货物均延期交付的情况，累计逾期超过 2500 多天，且被申请人通过发函等方式中断仲裁时效的计算，时效未超过，申请人应支付逾期交货违约金。

申请人抗辩称：从双方的实际履行情况来看，双方已经改变合同约定的交货时间，故申请人不存在逾期交货的情况。且从被申请人得知申请人逾期之日起算，违约金的仲裁时效已经超过，即便被申请人后面有发函催收，但自发函之日至被申请人提起本案反请求之日，3 年仲裁时效保护期亦已届满，被申请人无权主张违约金。

五、裁决结果

1. 被申请人向申请人支付货款 4967794. 73 元及利息（以 4967794. 73 元为基数，按照全国银行间同业拆借中心公布的一年期贷款市场报价利率的标准，自 2022 年 7 月 26 日起计算至实际清偿之日止）；

2. 申请人向被申请人支付逾期交货违约金 281309. 3 元；

3. 申请人向被申请人补偿消缺费 10 万元；

4. 对申请人的其他仲裁请求不予支持；

5. 本案的仲裁费由被申请人承担；反请求仲裁费由申请人承担 10%，被申请人承担 90%。

六、裁决理由

（一）关于提交请款函及完成 PAC 验收是否为付款前置条件的认定

关于请款函问题。仲裁庭认为，虽然《压力容器采购合同》约定，被申请人每次付款时，申请人均需提供请款报告。但在双方买卖合同关系中，交付货物是申请人的主要义务，付款则是被申请人的主要义务，在申请人作为卖方已提供货物，履行完交货义务的情况下，被申请人有义务进行付款，提交请款函属于申请人的附随义务，被申请人以此为由拒绝付款违反等价有偿原则。况且申请人已经通过提起仲裁的方式要求被申请人付款，故仲裁庭对被申请人的抗辩不予采纳。

关于PAC问题。如果合同约定的付款条件依赖于付款方自身或者第三方实现，那么，债权人在合同签订时就无法预见付款条件是否会成就、何时会成就，在合同履行时也无法掌控付款条件成就的进度，此时若将合同约定认定为付款条件，对债权人显失公平。就本案而言，作为合同签约一方的申请人，并不是进行PAC验收的主体一方，对PAC的推进无法左右，而仲裁庭查明申请人已经全部履行供货义务，涉案设备所使用的项目已在2019年投入使用，且至申请人提起本案仲裁申请时已投入使用三年有余，在申请人完成了供货合同约定义务的情况下，如若继续按照PAC验收后才支付投料款和起算质量保证期则明显有违公平原则，无法保护合同守约方的合法权益。故，仲裁庭认为，自本案申请书副本等立案材料送达被申请人之日（2022年7月26日），被申请人应向申请人支付剩余货款。

综上，仲裁庭认定提交请款函及完成PAC验收均非剩余货款的支付前置条件，剩余货款支付条件已经成就，被申请人应予支付。

（二）关于逾期交货违约金时效保护期是否成立有效仲裁时效抗辩

仲裁庭认为：首先，申请人对被申请人主张的计划交货时间以及实际交货时间无异议，且双方在实际履行过程中就改变合同约定交货时间没有提供证据予以证明，应承担举证不能的后果，仲裁庭对申请人的抗辩不予采信，认定申请人对逾期交货的行为承担违约责任。

其次，关于时效问题，合同对于交货期有明确约定，双方亦未对延长交货期达成一致意见，则申请人晚于约定日期将涉案货物交付被申请人时，被申请人即应知道其按时收货的权利受到侵害，便可依据合同约定的交货时间向申请人主张违约金。在此基础上，《原水处理采购合同》约定的原水预处理、除盐水系统设备的送货期限为2018年9月1日，实际履行中的14批次货物分别于2018年10月2日至2019年4月26日交付，均构成逾期，被申请人有权要求申请人承担合同约定的逾期交付违约金。根据《民法总则》第一百八十八条、第一百九十五条的规定，仲裁时效自2018年9月1日起算三年。被申请人除于2019年1月17日向申请人发送函件主张权利外，未有其他证据证明向申请人主张过要求其承担逾期交货的违约责任，该合同项下的时效自该时间点（2019年1月17日中断）重新起算三年，直至被申请人于2022年10月19日向仲裁庭提交本案反请求，被申请人已超过三年的时效保护期限，仲裁庭对该合同项下被申请人主张的逾期交货违约金不予支持。

《压力容器采购合同》约定的交货期限为2019年1月31日前，而合同实际履行过程中的6批次货物分别于2019年3月31日至11月23日交付，亦构成逾期，被申请人有权要求申请人承担逾期交付违约金。虽然根据《民法总则》的规定，仲裁时效自2019年1月31日起算三年，至被申请人提起反请求时已经超过，但仲裁庭注意到在被申请人于2019年7月4日向申请人发送的函件中载明："申请人交货严重滞后已经违反合同第5.2条款，被申请人将按照合同第5.6条款和第10.11条款的约定，对申请人进行考核，考核时间自2019年2月1日至最后一批交货集港完毕之日止，如申请人再不按照要求及合同约定执行将按合同条款进行罚款，相关违约金将从申请人结算款中进行扣减。"可知，被申请人主张违约金可以通过在申请人的结算中予以抵销实现，该权利当时并未受到损害，且合同未约定违约金的给付期限，故被申请人在该合同项下的逾期交货违约金的反请求未超过仲裁时效。

因此，仲裁庭认定《压力容器采购合同》项下6批货物的逾期交货违约金请求未过时效，申请人应支付相应违约金，而《原水处理采购合同》项下14批货物的逾期交货违约金请求已过时效，对该部分违约金不予支持。

（三）关于迟延交货违约金数额的调整

仲裁庭认为：根据《压力容器采购合同》约定，如果不是被申请人原因或申请人没有要求推迟交货的，实际交货日期与约定日期迟延1—4周，每周支付合同金额的千分之五，迟延5—8周，每周支付合同金额的千分之十，迟延9周以上的，每周支付10万元或合同金额的千分之十五（以较高金额为准），总金额不超过合同总价的15%。若按照合同约定的违约金标准进行计算，申请人需支付的违约金已达合同金额的15%。但仲裁庭认为，本案涉及国际工程，货物交付过程客观上可能会受到国际形势、运输条件等情况的影响，且在被申请人未举证证明该逾期交货行为给其带来具体实际损失的情况下，从公平合理的原则出发，仲裁庭认为合同约定的违约金标准明显过高，故根据《合同法》第一百一十四条关于“当事人可以约定一方违约时应当根据违约情况向对方支付一定数额的违约金，也可以约定因违约产生的损失赔偿额的计算方法。约定的违约金低于造成的损失的，当事人可以请求人民法院或者仲裁机构予以增加；约定的违约金过分高于造成的损失的，当事人可以请求人民法院或者仲裁机构予以适当减少”的规定，将违约金计算标准调整为以每批次延迟交付货物金额为基数，按照年利率24%的标准计算，共计281309.3元。

（四）关于消缺费用的认定及调整

从双方的邮件来往中可以得知，申请人提供的设备确实存在一些瑕疵。根据《原水处理采购合同》的约定，申请人负有保修义务。现，申请人未举证证明其按照合同约定将维修义务履行完毕，被申请人自行维修，支付的相应成本申请人应予以适当补偿。至于成本的具体数额，被申请人仅提供单方制作的统计表及部分工程量签证单予以证明，亦不可以形成完整的证据链，仲裁庭酌情支持申请人向被申请人补偿质量消缺费用 10 万元。

案件评析

（一）货款支付条件是否成就的合理认定

《联合国国际货物销售合同公约》（CISG）和《跟单信用证统一惯例》（UCP600）所确立的国际货物贸易体系中，“交付与货款”是两大核心义务，支撑整个国际货物贸易体系之运转。因此，恰当、准确认定货款支付条件成就与否，不仅是对当事人契约精神的遵循，更能够有效降低国际货物贸易风险。然而，大型国际工程货物买卖关系中，由于法律事实高度复杂，卖方常常处于弱势地位，这就给国际商事仲裁提出了更高要求。本案中，在合同货款支付条件成就与否的认定上，仲裁庭展现出清晰的裁决思路：一是确定主从义务。认定提交请款函属于从义务而非付款前提，重申国际贸易中“交货与付款”核心义务的对等性。二是尊重意思自治与公平原则。将申请人提起仲裁请求视为实质请款行为，既尊重当事人意思自治，亦契合公平合理及等价有偿原则。三是突破惯例，确立实质审查标准。突破 EPC 项目中惯常将行政程序（如 PAC 验收）作为付款条件的行业惯例，确立“技术验收合格即触发付款权”的司法审查标准。此举有效防范买方滥用程序性条款拖欠货款，切实保护了大型国际工程买卖关系中相对弱势的卖方合法权益。该裁决逻辑对同类案件具有指导意义，提示应对不可归责于卖方的第三方验收程序作限缩解释。

（二）多批次合同仲裁时效的精细化裁量

国际商事仲裁时效是指当事人向仲裁机构请求保护其权利的法定期限。然而，大型国际工程货物买卖法律关系常常涉及采购合同多批次履行的问题，这给仲裁庭进行精细化裁量、准确认定仲裁时效、平等保护当事人合同权益带来了挑战。本案中，针对两份采购合同项下涉及 20

批次（14批+6批）货物逾期引发的复合时效争议，仲裁庭采用“批次分解+时效中断事由独立认定”的裁决方法：既认可2019年7月被申请人函件对《压力容器采购合同》项下逾期交货违约金请求权时效的中断效力，又否定其对已超时效的《原水处理采购合同》项下货物的溯及力。此种精细化裁量模式为多批次履行合同的时效计算提供了明确的操作范式，尤其警示企业在持续性、多批次、多合同交易中，应依据履约节点及时、分段主张权利，避免因“打包主张”导致部分请求权罹于时效的风险。

（三）违约金调减与质量缺陷举证的衡平规则

当前，国际货物贸易极易受到国际形势、关税壁垒、运输条件等客观情势制约，面对复杂多变局势，仲裁庭知悉客观情势、考量衡平原则具有更重要的意义。本案中，仲裁庭将被申请人主张的368万余元逾期交货违约金调减至28万余元，体现仲裁庭对国际货物买卖合同履行可能受国际形势、运输条件等客观情况制约现实的知悉，以及对“实际损失关联性”的严格审查，明确主张方需就工程延误等衍生损失举证。同时，对消缺费用采取“必要性+第三方证据”的双重认定标准，既避免卖方逃避质量责任，又防范买方虚增维修成本。这种举证责任分配规则，为跨境工程设备质量争议中违约金合理性审查及缺陷费用认定提供了清晰、可复制的裁量尺度。

综上，本案裁决通过精准的时效认定、对付款条件法律性质的精准界定、对违约金及消缺费用合理性的严格审查，并结合法律规则与商业实践进行创新性探索，为复杂国际货物买卖（尤以大型设备/工程项目为典型）纠纷提供了极具参考价值的解决路径，对中国企业“出海”贸易、深度参与“一带一路”经济贸易建设合作，提供了战略性的风险防控及合规价值。本案的核心启示在于：国际贸易参与者应强化契约精神，注重风险分配与证据管理；争议解决机构则需在尊重合同约定的基础上，善用法律解释方法与公平诚信原则，探求当事人的真实意思表示，充分发挥仲裁制度优势，降低跨国维权成本。本案有助于系统提升中国企业在“一带一路”经贸合作中的法律风险防控能力，在复杂多变的国际经贸形势下，唯有通晓国际经贸规则、规避“出海”风险，运用法律系统提高国际竞争力，才能于波涛汹涌中行稳致远。

（撰稿人：广州仲裁委员会知识产权仲裁院沈璐、中国政法大学国际法学院/涉外法治学院博士研究生李中和美）

涉台买卖合同纠纷中违约责任的认定

一、关键词

买卖合同纠纷；质量瑕疵认定；合同解除权；违约责任承担；连带保证责任

二、仲裁要点

仲裁庭基于我国台湾地区公证机构经公证的鉴定意见及双方聊天记录，认定卖方交付货物存在重大质量瑕疵且未完全履行交货义务，支持买方解除合同的请求。在责任承担上，结合公平原则计算不良品退款及剩余货款抵扣，对运费、报废费等合理损失予以支持，但因保证期间届满驳回连带保证责任主张，凸显瑕疵认定标准与损失赔偿的裁量规则。

三、基本案情

2021年3月，某企业（买方）与一生产厂商（第一被申请人）签订《采购合同》，约定采购11350个随手杯并提供备品，合同对质量标准、交货时间（2021年6月29日）及付款方式作出明确约定，厂商法定代表人（第二被申请人）作为连带保证人。买方支付定金、货款等共计197019.5元后，厂商于9月交付10780个杯子，买方称其中有5841个存在外观刮伤、功能缺陷等质量问题，多次要求补货遭拒，遂以违约为由申请仲裁。

申请人据此提起仲裁，请求：（1）裁决确认申请人与第一、第二被申请人之间签订的《采购合同》于2021年11月24日解除；（2）裁决第一被申请人退还货款人民币52436.43元；（3）裁决第一被申请人赔偿损失共计人民币611297.69元，详见损失清单；（4）裁决本案仲裁费由第一被申请人承担；（5）裁决第二被申请人承担连带清偿责任。

被申请人据此提起仲裁反请求：（1）裁决申请人向第一被申请人支付人民币16658.5元；（2）裁决本案仲裁费由申请人承担。

四、争议焦点

（一）货物质量是否存在瑕疵

申请人提供我国台湾地区公证机构经公证的鉴定意见及聊天记录，拟证明5841个杯子符合合同约定的11项不良品标准，不良率超50%，且厂商拒绝取回瑕疵品。被申请人认为，交货前经买方指定QC验货合格，鉴定意见为单方委托且无法确认瑕疵货物归属，不认可质量问题。

（二）合同解除是否符合法定条件

申请人认为，被申请人逾期交货且货物质量严重不合格，致使无法实现合同目的，已依约发出解除通知。被申请人认为，交货时间经双方协商调整，不存在逾期，货物无瑕疵，合同已履行完毕，不同意解除。

（三）损失赔偿范围及金额认定

申请人认为，根据现有证据及事实，其可主张海运费、空运费、报废费、公证费、案外人违约金等共计61万余元，均因被申请人违约产生。被申请人认为，空运费经协商已分担，报废及公证费用系单方行为，案外人违约金未实际支付，均不予认可。

（四）连带保证人责任是否成立

申请人认为，保证人在合同中签字确认，应承担连带清偿责任。被申请人认为，保证期间已过，保证人不再承担责任。

五、裁决结果

1. 确认申请人与第一、第二被申请人于2021年3月23日签订的

《采购合同》于2021年11月24日解除；

2. 第一被申请人向申请人退还货款人民币34542.78元；

3. 第一被申请人赔偿申请人损失人民币119041.62元；

4. 本案的请求仲裁费由申请人承担30%，由第一被申请人承担70%；本案反请求仲裁费由申请人承担；

5. 对申请的人其他仲裁请求不予支持。

六、裁决理由

（一）本案的法律适用

本案作为涉台民商事案件，参照《最高人民法院关于审理涉台民商事案件法律适用问题的规定》，人民法院审理涉台民商事案件，应当适用法律和司法解释的有关规定。本案当事人选择了适用中国大陆的法律。

（二）质量瑕疵的认定依据

仲裁庭采信我国台湾地区经公证的鉴定意见，因被申请人对申请人提出的质量异议未及时反驳或申请重新鉴定，且货物已报废无法复检。报告显示不良品数量超合同约定1%的瑕疵比例，符合解除合同条件。

（三）合同解除的合法性

被申请人未按期完成全部交货义务，且交付货物存在重大质量瑕疵，导致申请人与案外人合同无法履行。申请人依合同约定发出解除通知，符合《民法典》第五百六十二条、第六百一十条关于约定解除及根本违约解除的规定。

（四）货款计算与责任承担

1. 不良品按A、B款平均单价8.84元计算退款51201.28元，剩余合格货物按同标准计算货款44093.92元，抵扣后被申请人应退34542.78元。

2. 海运费因被申请人违约由其承担，空运费按协商分担；报废费、公证费等系防止损失扩大的合理支出，白坯打样费等因合同解除由卖方赔偿；案外人违约金因证据不足不予支持。

（五）连带保证责任的排除

保证合同未约定保证期间，主债务履行期届满后六个月内申请人未要求保证人承担责任，保证期间届满，保证人免责。

案件评析

（一）跨境商事交易中质量瑕疵认定的证据规则

本案中，经我国台湾地区公证机构公证的鉴定意见作为关键证据被采纳，仲裁庭参照了《最高人民法院关于民事诉讼证据的若干规定》（以下简称《民事诉讼证据规定》）对境外证据的认证原则。根据2021年《全国法院涉外商事海事审判工作座谈会会议纪要》第十六条[①]以及《民事诉讼证据规定》第九十二条第一款规定，[②]确定台湾地区鉴定机构出具的鉴定意见属于私文书证，私文书证由当事人选择是否进行公证，仲裁庭认为有必要时，也可以要求提供境外私文书证的一方当事人对其进行公证。仲裁庭结合双方聊天记录中卖方对质量异议未提出实质反驳的事实，形成证据链，确立了“单方鉴定意见+对方沉默推定”的证明规则，为类似跨境案件提供了证据采信范式。

质量检验程序的约定效力合同约定“QC验货合格后发货”，但卖方未能提供验货报告原件，且买方在收货后及时提出质量异议。这暴露

① 《最高人民法院关于民事诉讼证据的若干规定》（以下简称《民事诉讼证据规定》）第十六条第三款规定，当事人向人民法院提供的证据是在香港、澳门、台湾地区形成的，应当履行相关的证明手续。本案中，仲裁庭根据《民事诉讼证据规定》第九十二条第一款规定，确定台湾地区鉴定机构出具的鉴定意见属于私文书证，私文书证由当事人选择是否及进行公证，仲裁庭认为有必要时，也可以要求提供私文书证的一方当事人对其进行公证。经台湾地区公证机构公证的鉴定意见作为关键证据被采纳。仲裁庭结合双方聊天记录中卖方对质量异议未提出实质反驳的事实，形成证据链，确立了“单方鉴定意见+对方沉默推定”的证明规则，为类似案件提供了证据采信范式。

② 《最高人民法院关于民事诉讼证据的若干规定》第九十二条第一款规定：私文书证的真实性，由主张以私文书证证明案件事实的当事人承担举证责任。

出实务中质量检验流程的常见漏洞：一是验货标准未细化量化，本案11项不良品认定标准虽具体，但缺乏抽样比例及验收流程的书面记录；二是卖方未留存验货原始凭证，导致争议发生时无法对抗买方后续提出的瑕疵主张。仲裁庭的认定凸显了商事交易中“书面留痕”的重要性，建议企业在合同中明确约定验货主体、方式、期限及异议处理程序，避免口头协商改变合同约定。

（二）合同解除权行使的司法裁量逻辑

1. 根本违约的判定要件。本案中，仲裁庭从三个方面认定卖方根本违约：交货数量短缺570个、不良品率超50%、拒绝履行补货义务。这符合《民法典》第六百一十条关于“不能实现合同目的”的构成要件，即瑕疵程度已导致买方无法将货物正常投入商业使用。值得注意的是，仲裁庭未因卖方部分履行而减轻其责任，强调“质量瑕疵与数量短缺的双重违约”构成解除合同的充分条件，体现了对消费者及下游企业的保护倾向。

2. 解除通知的形式与效力。买方通过《公函》明确约定“若未补足货物则合同于2021年11月24日解除”，该行为属于附解除条件的单方解除权行使。根据《民法典》第五百六十五条规定，解除通知自到达对方时生效，本案中卖方于11月19日收到《公函》未提出异议，仲裁庭认定合同于11月24日解除，严格遵循了意思自治与法定程序的统一。

（三）违约责任承担的量化计算规则

仲裁庭对买方主张的61万余元损失进行逐项筛选：支持海运费、报废费等直接损失，驳回案外人违约金等间接损失，体现了《民法典》第五百八十四条规定的违约损害赔偿的可预见性规则。具体而言，海运费因卖方逾期交货导致运输方式变更，属于违约直接后果；而案外人违约金未提供支付凭证，超出卖方订立合同时可预见的范围。这提示企业在主张损失时，需注重证据链的完整性，尤其是间接损失需证明因果关系及对方可预见性。

（四）连带保证责任的风险防范要点

本案中，第二被申请人因保证期间届满免责，凸显了保证期间的重要性。根据《民法典》第六百九十二条规定，未约定保证期间的，保证期间为主债务履行期届满之日起六个月。本案主债务履行期经买方延长至2021年11月23日，买方于2022年8月31日申请仲裁，已超过六个月。实务中，债权人应在保证期间内以书面形式要求保证人承担责任，并留存送达证据；保证人则需关注期间届满时间，及时主张抗辩。

（五）涉台商事仲裁的实践启示

本案中，申请人为确保证据的真实性，自行委托台湾地区的鉴定机构出具鉴定报告。境外鉴定机构等私人机构出具的鉴定报告属私文书证。根据《民事诉讼证据规定》第九十二条第一款规定，私文书证的真实性，由主张以私文书证证明案件事实的当事人承担举证责任。虽然私文书证对于公证并非法律规定的必要条件，但是部分当事人为增强私文书证的证明力，还是会选择对私文书证进行公证。在国际仲裁中，仲裁庭对于证据的采纳更为自由，对于私文书证，仲裁庭可能会视情况要求一方当事人进行公证以证明真实性。

（六）企业商事交易的风险防控建议

1. 合同条款的精细化设计

（1）质量条款：明确产品标准、检验流程、瑕疵认定标准及处理方式，避免“合格标准”等模糊表述；（2）交货条款：约定交货时间、数量及逾期违约责任，注明可变更交货条件的书面确认程序；（3）保证条款：明确保证方式、期间及范围。

2. 履约过程的证据管理

建立书面沟通记录，对质量异议、交货变更等重要事项采用函件、邮件等可追溯方式；留存验货原始凭证，包括验货报告、瑕疵照片、双方确认文件等；对境外证据及时办理公证认证，确保证据效力。

3. 争议解决的策略选择

发生质量争议时，及时委托第三方机构鉴定并通知对方，避免货物处置后无法复检；主张损失时，注重收集因果关系证据，如运费发票、报废协议、公证费凭证等；涉台争议可选择仲裁作为解决方式，利用仲裁的专业性和跨境执行优势。

本案通过对买卖合同质量瑕疵争议的全面分析，揭示了跨境商事交易中证据规则及责任承担的核心问题，为企业防范交易风险、构建合规体系提供了实践参考，也为仲裁机构处理类似案件提供了裁量范式。

（撰稿人：广州仲裁委员会东莞分会汪艳、
中国人民大学法学院博士研究生唐浩深）

全球产业链分工体系下独家条款的效力认定

一、关键词

电子商务；独家条款；显失公平；合同效力；合同变更

二、仲裁要点

本案为在全球化分工（美方品牌/市场，中方设计/生产）背景下，独家合作安排（排他性条款）的常见形态及其引发的纠纷。本案仲裁庭明确认定非垄断性商业排他安排的效力的合法性，通过分析双方往来的外文邮件认定合同变更，并对履约标准模糊引发的履行争议与违约责任作出认定。

三、基本案情

美国公司作为委托方，与中国公司建立了玩具产品的设计、生产及加工合作，所生产商品专门供应美国公司在北美市场销售；合作期间，因中国公司擅自向美国公司在北美市场的直接竞争对手供应同类产品，双方产生矛盾，美国公司随即提出终止合作关系意向；此后经过多轮电子邮件磋商，双方达成继续合作共识，并对合作模式进行重大变更——确立美国公司作为中国公司在北美与南美区域的独家客户，据此正式签署具有法律约束力的协议。该协议核心条款规定：中国公司必须承担排他性义务，即不得接受专属区域（北美及南美）内任何新客户订单，亦不得接受现有客户（除附件 A 清单载明的已接订单外）的任何新订单；同时赋予美国公司特殊独家权益，当其与区域内其他客户发生渠道、价格或市场冲突时，有权单方面要求中国公司终止与该客户的合作。协议履行过程中，美国公司发现中国公司再度违反约定，向北美市场竞争对手供货，构成根本性违约，遂正式向中国公司主张支付高额违约赔偿金，由此引发双方关于条款效力、履约行为及责任承担的对立，申请人的具体请求如下：

1. 裁决第一被申请人立即停止向专属区域（包括北美、美国、加拿大）出口磁力片、磁力片配件和其他玩具产品的违约行为；

2. 裁决第一被申请人向申请人支付合同违约金人民币25153545元（依据被申请人提供给申请人自签订合约之日起截至2021年7月30日止之出货金额5030709元的5倍计算）；

3. 裁决第一被申请人向申请人支付律师费人民币750000元；

4. 裁决返还申请人产品生产所需之所有模具（详见《委托设计加工制造协议》的附件C所列明的清单）；

5. 裁决本案仲裁费用及保全费用由第一、第二、第三、第四、第五被申请人承担；

6. 裁决第二、第三、第四、第五被申请人对第一被申请人在本案中应承担的义务承担连带责任。

四、争议焦点

（一）全球产业链分工体系下独家条款的效力认定

申请人（美国公司）主张被申请人（中国公司）违反独家条款并要求违约赔偿；而被申请人则抗辩称该条款显失公平，被申请人承担北美及南美区域竞业限制义务却未获充分对价，且受申请人作为主要采购商的商业优势地位压迫，合同权利义务失衡。

仲裁庭认为：本案中独家条款合法有效。理由如下：首先，双方权利义务实质对等。虽然被申请人受竞业限制约束、不得接受区域内新客户及现有客户新订单，然而，申请人同步承担了合同期内采购不低于1400 万美元产品的明确量化义务，形成有效商业对价。其次，显失公平证据缺乏。本案中，尚无证据证明申请人利用了被申请人处于危困状态或缺乏判断力的情形，且被申请人作为专业玩具制造出口企业，理应对独家代理、竞业限制等条款具备充分风险预判能力，不构成法律意义上的“显失公平”。最后，该条款系双方平等自愿达成，内容不违反中国法律强制性规定。故，仲裁庭驳回被申请人主张，确认条款合法有效，对双方具有法律约束力。

（二）电子邮件往来是否构成实质上的合同变更

申请人认为双方通过电子邮件往来已实质变更合同，被申请人则抗辩称变更因未按合同第 18.3 条签署书面文件而不成立。

仲裁庭认为：双方的邮件往来磋商已构成合同的实质变更。理由如下：首先，根据《民法典》第四百六十九条规定，电子邮件作为可随时调取的数据电文属于法定书面形式，双方磋商内容清晰体现放弃附件 A 义务的合意，核心依据是被申请人（中国公司）在 2021 年 6 月 2 日及 17 日的邮件中明确承诺“退回竞争对手订单定金”并“彻底放弃美国其他客户”，更在邮件中自认此前未停止附件 A 订单系“欺骗”行为，证明双方已就不履行附件 A 清单达成合意。其次，被申请人于 7 月 2 日退还竞争公司定金、7 月 8 日同意销毁 8000 件竞争公司产品的行为，构成了对后续退款的实际履行，即对变更义务的实际履行，与其邮件承诺形成完整证据链。故，仲裁庭最终认定双方的邮件往来磋商已构成合同的实质变更。

五、裁决结果

1. 第一被申请人向申请人支付合同违约金人民币 15018986.1 元；

2. 第一被申请人向申请人返还案涉《委托设计加工制造协议》附件 C 所列 A 类、B 类模具；

3. 第一被申请人向申请人支付律师费人民币750000元；

4. 本案仲裁费由申请人承担40%，由第一被申请人承担60%；

5. 第二、第三、第四、第五被申请人对第一被申请人在本案中应承担的义务承担连带清偿责任。

六、裁决理由

（一）合同效力：全球产业链分工体系下的显失公平

根据《民法典》第一百五十一条规定，构成显失公平应当同时具备以下条件：首先，客观上，民事行为成立时显失公平。此处的显失公平是指双方当事人在民事法律行为中的权利义务明显失衡、显著不相称。其次，主观上，民事法律行为的一方当事人利用了对方处于危困状态、缺乏判断能力等情形。这意味着，一方当事人主观上意识到对方当事人处于不利情境，且有利用这一不利情境之故意。

本案中，客观上，申请人是第一被申请人在北美区域及南美区域的独家代理，委托第一被申请人设计、加工、制造磁力片、磁力片配件和其他玩具，第一被申请人享有请求申请人支付货款的权利。虽然第一被申请人因独家代理条款受到竞业限制，但申请人亦需在合同期内采购不低于1400万美元的产品。综上所述，案涉合同双方对权利义务对等，不存在明显失衡情形。

主观上，首先，申请人虽作为第一被申请人的主要采购商，在合同谈判中具有一定商业优势，但未有证据证明申请人有利用第一被申请人处于危困状态或缺乏判断力等情形。其次，第一被申请人作为一家多年从事玩具加工、制造、出口的专业公司，对合同约定的独家代理、竞业限制、总量采购等条款应有风险预判，不存在轻率或无经验的情形。

综上，仲裁庭认为，第一被申请人提出合同存在显失公平情形，但并未提交证明申请人有利用第一被申请人处于危困状态或缺乏判断力的证据，不能达到支持其主张的目的，仲裁庭不予支持。案涉合同系申请人、第一被申请人双方处于平等地位，自愿达成的一致意见，系双方的真实意思表示，不违反中华人民共和国法律、行政法规的强制性规定，合法有效，对双方当事人均具有约束力，双方均应依约履行。

（二）合同履行：电子邮件往来是否成立对合同的实质性变更

案涉合同签订后，申请人要求第一被申请人退回A品牌、B品牌及其他已接订单的定金，并要求第一被申请人与北美区域的其他客户说明不再进行合作。对于申请人多次反复强调独家合作及提出放弃和其他客户交易的要求，第一被申请人的联系人是清楚和知悉的，但第一被申请人并没有对此提出异议或者提出需要进一步商榷，反而于2021年6月2日、6月17日向申请人发送电子邮件承诺退回A品牌、B品牌已接订单的定金，并多次声称已经彻底放弃美国的客户、彻底拥抱申请人产品。综上可见，双方已经通过电子邮件形式，对“第一被申请人退回定金、放弃生产和出售除申请人外其他客户的订单，即双方就不再履行附件A已接订单”实质上达成变更合同内容的一致意思表示，合同变更已经成立并生效。第一被申请人于2021年7月2日退回A品牌的定金，并于7月8日同意由第三方完成对8000件A品牌产品的销毁，已在实际履行变更后的合同。第一被申请人多次在向申请人发送的邮件中把其之前未退附件A订单定金、未停止履行附件A订单合同的行为称为“撒谎”“隐瞒”“欺骗”，也印证了双方已于2021年6月初变更了合同内容。

对于第一被申请人主张双方未按合同第18.3条约定签署书面文件、不构成合同变更的主张，仲裁庭不予支持。仲裁庭认为，根据《民法典》第四百六十九条规定，电子邮件等能够有形地表现所载内容，并可以随时调取查用的数据电文，视为书面形式。申请人与第一被申请人的电子邮件往来符合合同约定的变更形式，双方的电子邮件往来成立对合同的实质性变更。

案件评析

（一）风险衡量：全球产业链分工体系下的独家条款

当前，全球产业链分工体系呈现高度细分化、精密化特征，企业需要通过合同排他条款保障供应链安全，以防范供应链断裂和技术泄露等风险。然而，过度排他可能违反反垄断法或导致产业链僵化局面，独家条款为风险衡量与平衡提供了新的路径。“排他性交易”或“独家条款”指商业合同中，缔约一方（或双方）承诺在特定范围内排除或限制与第三方进行交易的可能性，以达到特定商业目的（如保障供应、稳定市场等）的合同安排，其核心在于通过合同义务创造某种程度的交易排他性。因此，“排他性交易”或“独家条款”通过意思自治、以契约义务形式在特定领域内为当事人创设交易壁垒，成为保障供应链安全、平衡垄断风险的有力武器。

本案纠纷源于独家供应协议，即卖方承诺仅向特定买方（或其指定区域内的特定买家）销售特定商品或服务，或不向该买方的竞争对手供应。仲裁庭通过锁定申请人最低采购额的硬性义务，对冲被申请人的区域竞业限制，形成法律认可的商业对价平衡，同时严格区分“商业谈判优势”与“法定显失公平要件”（如危困状态、判断力缺失），并基于被申请人作为专业制造商的商业经验，否定了其风险预判缺失的主张，为国际贸易供应链合作中同类独家条款在常规商业合作中的适用提供了明确的裁量标准。仲裁庭对独家条款效力的准确认定，不仅彰显了跨境贸易的契约精神，更充分发挥了中国仲裁机构在全球化纠纷解决中的规则衔接智慧。

本案对国际贸易供应链合作中同类独家条款的效力认定，对企业“出海”深度参与全球经贸往来、防范风险具有实践示范性意义。据此，企业在签订不得向第三方出售、不得向第三方采购或独家代理销售的排他性的独家条款时，义务方可争取量化对价条款（如最低采购量、月均采购量、独家补贴等）以平衡风险，避免在实际履行过程中因独家条款的模糊性和概括性而产生履约争议。

（二）科技创新：电子商务场景下合同的实质性变更

国际贸易中，电子邮件并非普通通信工具，而是跨境商事活动的重要一环，更是数字时代的新型契约载体。而基于新型契约载体的电子邮件沟通，也为新科技背景下有效解决合同实质性变更争议带来了挑战。本案仲裁庭援引《民法典》第四百六十九条，将数据电文纳入合同书面形式的范畴，以此回应被申请人“未签署书面文件”的形式抗辩，赋予电子邮件与纸质文件同等的书面形式效力。仲裁庭进一步通过实际行为与意思表示互证，将被申请人退款、销毁货物的实际履行行动，与其邮件中“彻底放弃美国客户”“拥抱申请人产品”等明确承诺相互印证，证明双方对放弃附件A义务已达成合意，解决了电子邮件沟通导致的合同实质性变更争议，为电子商务场景下的合同变更认定提供了裁决思路。本案仲裁庭由深谙英美法系与大陆法系的港澳专家组成，依托“广州标准”的四个共享机制，构建了突破时空壁垒的国际化纠纷化解范式，既满足了本土需求，又符合国际的规范要求，促进了跨境纠纷争议解决的规则衔接、地区协同、服务共享和机制对接。本案采用远程庭审，线上线下相结合的方式开庭，让美国委托方和中国生产方共同参与庭审，为跨境商事争议提供了可复制的低成本解决方案。最后，本案也为参与国际电子商务的企业提供了借鉴和参考。企业在国际贸易中的电子邮件往来可能成为合意变更的隐形契约，因此，企业在跨境商务中可以适时考虑对关键邮件即时固化，形成补充协议，避免矛盾争议。

（撰稿人：广州仲裁委员会东莞分会张裕婷、

中国政法大学国际法学院/涉外法治学院李中和美）

债务人主体变更情形下管辖权的认定

一、关键词

涉外纠纷；和解协议；电影收益权；债务人主体变更；连带责任

二、仲裁要点

在涉外影视投资合作合同纠纷中，当一方未按约履行主要债务，致使合同目的无法实现时，守约方有权依法解除合同。若第三方自愿加入原债务关系并承诺承担相关义务，则应与原债务人共同承担连带责任，确保债务履行的可追溯性与稳定性。此外，仲裁庭针对约定违约金过高的问题，依据《合同法》相关规定及公平原则，可根据实际损失情况酌情予以调整，防止违约金条款沦为惩罚性条款，从而平衡合同双方利益，维护交易的合理性与公正性。本案通过严格审查和解协议的履行状态，有效防范了当事人借和解协议规避原债务或混淆责任主体，确保仲裁程序的连续性与实质正义的实现。

三、基本案情

2017 年 6 月 21 日，申请人与 The ** Collective LLC（The ** Collective LLC 注册于美国特拉华州，后来于 2019 年 5 月把公司注册地迁到加利福尼亚州，并更改了公司的名称为 The ** Holdings LLC，即本案第一被申请人）、第二被申请人签署《转让协议》，约定 The ** Collective LLC 与出品方美国 *** 影业有限公司就电影《 ***** 》（中文译名《A》，以下简称《A》）签订《投资合同》，The ** Collective LLC 享有本片上映所得总收益10%的分配权。第二被申请人将其享有的收益分配权份额的1%转让给申请人，申请人支付转让对价，同意受让并向The ** Collective LLC、第二被申请人支付投资通道费。

2019年8月5日，申请人与The ** Collective LLC、第二被申请人为妥善解决本案及因《电影〈B〉出资义务及相关收益转让协议》及其补充协议引起的仲裁案件，达成了《〈A〉三方和解协议书》《〈B〉三方和解协议书》，The ** Collective LLC 自该协议签署之日起45日内向申请人支付和解金。之后，各方又签署了多份上述和解协议书的补充协议，2022年1月16日，申请人与第一被申请人、第三被申请人 ** Huang（美国）（以下简称第三被申请人）签署了《债权加入暨和解协议》，约定第一、第三被申请人自愿加入The ** Collective LLC 在前述协议中的义务与责任，与The ** Collective LLC 共同连带向申请人承担义务；若第一、第三被申请人未按约定于2022年2月28日之前履行和解金额余额的支付义务或存在其他违约行为，则申请人已仲裁的案件继续司法/仲裁流程尽快裁决，具体请求如下：

1. 裁决确认申请人与第二被申请人签署的《转让协议》及其补充协议已于2018年12月20日解除；

2. 裁决第一被申请人向申请人支付违约金人民币19666784元；

3. 裁决第三被申请人对上述第2项第一被申请人应承担的责任向申请人承担连带赔偿责任；

4. 裁决第一、第三被申请人向申请人连带退还投资款人民币19666784元及资金占用利息人民币1369266.16元（以人民币19666784元为计算基数，按中国人民银行同期同类贷款利率为计算标准，自2017年7月4日起计算至第一被申请人实际退还之日止，暂计至2018年12月21日）；

5. 裁决第二被申请人向申请人退还投资通道费人民币1966678.40元及资金占用利息人民币136926.62元（以人民币1966678.4元为计算基

数，按中国人民银行同期同类贷款利率为计算标准，自2017年7月4日起计算至第二被申请人实际退还之日止，暂计至2018年12月21日）；

6. 裁决第一至第三被申请人对上述第4、5之款项支付义务向申请人承担连带赔偿责任；

7. 裁决第一至第三被申请人承担本案因维权支出的律师费人民币100000元、证据固化费人民币2445元、证据调查费人民币11500元（境外主体公证认证费用人民币10600元、国内公司工商内档调档费用人民币900元）等维权费用，暂计人民币113945元；

8. 裁决第一至第三被申请人承担本案全部仲裁费用及保全费用。

四、争议焦点

（一）《〈A〉三方和解协议书》及其补充协议是否已解决本案争议

申请人认为，《〈A〉三方和解协议书》是附条件的，其所附条件是The ** Collective LLC需依约定如期履行和解金之支付义务，如未支付或逾期，申请人可继续追究The ** Collective LLC和第二被申请人的相关责任；本案第一至第三被申请人均已经签署了《债务加入暨和解协议》，根据该协议的约定，申请人要求第一至第三被申请人承担责任完全合理合法。

第二被申请人认为，因案涉主体已达成和解协议，且和解协议已经部分履行，故三方应通过诉讼另行解决。

仲裁庭认为，《〈A〉三方和解协议书》及其补充协议尚未终结本案，双方当事人对相关和解协议已经履行的部分也尚未解决本案纠纷，在申请人变更其仲裁请求后，仲裁庭有权继续审理本案纠纷。

（二）申请人与第二被申请人签署的《转让协议》及其补充协议是否已于2018年12月20日解除

申请人认为，申请人已依《转让协议》《补充协议一》之约定履行了投资款、投资通道费之支付义务，但申请人一直未能依约享有收益对账的知情权，且 The ** Collective LLC 一直拖延向申请人支付收益分账款，该等行为给申请人造成了巨大的财产损失。根据《转让协议》第十条、《合同法》第九十三条和第九十四条规定，案涉合同目的无法实现，申请人有权解除合同。

第二被申请人认为，《转让协议》《补充协议一》《补充协议二》均未约定可以解除合同的条件；本案中无《合同法》第九十四条规定的法定解除合同情形；申请人向 The ** Collective LLC 发出的《履约催告函》及《解除协议通知函》均未有效向 The ** Collective LLC 有效送达；第二被申请人在收到《解除协议通知函》后立即向申请人表达了反对，并及时敦促 The ** Collective LLC 履行了协议约定的义务，但申请人未与第二被申请人有进一步的协商，《转让协议》及其补充协议在 2019 年 8 月 5 日前未解除。

仲裁庭认为：本案申请人已依约支付了收益权的对价人民币 19666784 元和投资通道费 292000 美元，但是 The ** Collective LLC 除支付了第一期回款人民币 100 万元外，再未向申请人支付任何收益分账款，已构成违约。根据《合同法》第九十四条①的相关规定，由于 The ** Collective LLC 的违约行为致使申请人按比例获得《A》收益分成的合同目的无法实现，故仲裁庭确认申请人有权解除《转让协议》及其补充协议。

（三）第一被申请人是否应当向申请人支付违约金以及第三被申请人是否应承担连带赔偿责任

申请人认为，根据《债权加入暨和解协议》，第一被申请人对各方

① 原《合同法》第九十四条规定："有下列情形之一的，当事人可以解除合同：（一）因不可抗力致使不能实现合同目的；（二）在履行期限届满之前，当事人一方明确表示或者以自己的行为表明不履行主要债务；（三）当事人一方迟延履行主要债务，经催告后在合理期限内仍未履行；（四）当事人一方迟延履行债务或者有其他违约行为致使不能实现合同目的；（五）法律规定的其他情形。"相关内容规定于《民法典》第五百六十三条。

已签署的协议内容及各方权利义务和履行情况已充分知情了解，并自愿加入 The ** Collective LLC 在前述协议中的义务与责任，与 The ** Collective LLC 共同连带向申请人承担义务。

第二被申请人认为，违约金是否过高由仲裁庭认定。

仲裁庭认为，根据《补充协议二》第四条第三款，“The ** Collective LLC 收到美国 *** 影业有限公司分配的收益分账款后，未按《补充协议二》之约定如期向申请人分配申请人所享有的收益分账款的，每逾期分账一日，The ** Collective LLC 应按当次申请人应分得收益分账款金额的千分之一向申请人承担违约责任”。

（四）第一、第三被申请人是否应当向申请人退还投资款及支付资金占用利息

第二被申请人认为，The ** Collective LLC 无须向申请人退还投资款。The ** Collective LLC 之所以未向申请人分配收益，是因为美国 *** 影业有限公司未向第一被申请人分配收益，才导致未向申请人分配收益。且 The ** Collective LLC 明确表示愿意继续履行协议，将应分配的款项向申请人支付。

仲裁庭认为，根据《合同法》第九十七条①的规定以及《转让协议》第十条第三款的约定，本案申请人已依约支付了收益权的对价人民币 19666784 元，由于 The ** Collective LLC 未依约继续提供收益对账表和投资收益，导致案涉合同解除，申请人有权要求 The ** Collective LLC 退还投资款并支付相应的利息。

（五）第二被申请人是否应当向申请人退还投资通道费及支付资金占用利息

第二被申请人认为，退还投资通道费会造成显失公平的结果。首

① 原《合同法》第九十七条规定：“合同解除后，尚未履行的，终止履行；已经履行的，根据履行情况和合同性质，当事人可以要求恢复原状、采取其他补救措施，并有权要求赔偿损失。”相关内容规定于《民法典》第五百六十六条。

先，申请人既是在占有明显信息优势的情况下选择投资，又是在占有明显信息优势的情况下选择退出，对申请人明显有利。其次，纵观整个《转让协议》及相关补充协议，第二被申请人提供的是中介服务。在第二被申请人收取投资通道款后，向申请人出具了增值税发票，退还投资通道费对第二被申请人显失公平。

仲裁庭认为，第二被申请人未就其抗辩提供有效的事实证据和法律依据予以证明，且第二被申请人开具发票所产生的税费属于正常的商业流程，不存在所谓的“显失公平”情形，故仲裁庭对于第二被申请人的抗辩不予采纳。

五、裁决结果

1. 确认申请人与第二被申请人签署的《电影〈A〉收益权转让协议》及《电影〈A〉收益权转让协议之补充协议》《电影〈A〉收益权转让协议之补充协议（二）》已于2018年12月20日解除。

2. 第一、第三被申请人共同连带向申请人支付违约金人民币5900035.2元。

3. 第一、第三被申请人共同连带向申请人退还投资款人民币19666784元及利息（利息以人民币19666784元为基数，按中国人民银行同期同类贷款利率自2018年12月21日计算至2019年8月19日；按同期全国银行间同业拆借中心公布的贷款市场报价利率计算，自2019年8月20日至第一、第三被申请人实际清偿之日止）。

4. 第二被申请人向申请人退还投资通道费人民币1966678.4元及利息（以人民币1966678.4元为基数，按中国人民银行同期同类贷款利率自2018年12月21日计算至2019年8月19日；按同期全国银行间同业拆借中心公布的贷款市场报价利率计算，自2019年8月20日至第二被申请人实际清偿之日止）。

5. 第一、第二、第三被申请人承担本案申请人因维权支出的律师费人民币 100000 元、证据固化费人民币 2445 元、境外主体公证认证费人民币 10600 元及国内公司工商内档调档费人民币 900 元，共计人民币 113945 元。

6. 对申请人的其他仲裁请求不予支持。

7. 本案仲裁费由第一、第二、第三被申请人共同承担。

六、裁决理由

（一）尚未履行：和解协议并未解决本案争议

首先，尽管申请人与 The ** Collective LLC 及第二被申请人于 2019 年 8 月 5 日签署了《〈A〉三方和解协议书》及相关补充协议，但申请人并未因此撤回本案仲裁申请，也未请求仲裁庭依据和解协议制作调解书或裁决书，表明本案尚未终结。

其次，经仲裁庭查明，案涉和解协议的履行顺序为先履行《〈B〉三方和解协议书》，后履行《〈A〉三方和解协议书》，且第二被申请人对此无异议。然而，《债权加入暨和解协议》显示，The ** Collective LLC 已支付的和解金及跨境回款产生的额外费用，远未达到《〈B〉三方和解协议书》约定的金额，导致《〈A〉三方和解协议书》尚未实际履行，未能解决本案纠纷。

此外，《〈A〉三方和解协议书》及其补充协议明确，若第一、第三被申请人未于 2022 年 2 月 28 日前履行支付义务或存在违约，申请人有权继续推进仲裁程序，并追加相关被申请人为仲裁主体。鉴于第一至第三被申请人未能举证已履行支付义务，仲裁庭认定申请人追加第一被申请人为本案当事人并继续请求仲裁裁决，具有合法且合理的合同依据，仲裁庭有权继续审理本案纠纷。

（二）条件成就：原合同已于 2018 年 12 月 20 日解除

仲裁庭认定，《转让协议》及其补充协议的标的为电影《A》的收益分成权利，具体为一方支付价款受让该电影收益分配权，另一方则根据实际收益按比例支付分账款。申请人已依约支付收益权对价人民币19666784元及投资通道费29.2万美元，但The ** Collective LLC除支付首期回款人民币100万元外，未再支付任何收益分账款，构成实质违约。根据《合同法》第九十四条有关合同解除的规定，鉴于The ** Collective LLC的违约行为已导致合同目的无法实现，仲裁庭确认申请人有权解除《转让协议》及其补充协议。

关于合同解除时间，仲裁庭注意到，申请人已于2018年11月17日向《补充协议二》约定的The ** Collective LLC邮箱发送《解除协议通知函》，并于11月20日向第二被申请人邮箱发送同类通知，通知合同于2018年12月17日解除。第二被申请人虽表示收到通知后表示反对，但依据《合同法》第九十六条及《转让协议》第十二条规定，以电子邮件发送完成视为送达，且合同解除无须对方同意，故合同于2018年11月20日正式解除。第二被申请人主张《〈A〉三方和解协议书》对合同进行了终止，合同在2019年8月5日前未解除，仲裁庭认为该和解协议仅涉及和解金支付事宜，未触及合同解除，不具法律及合同依据，故不予采纳。

综上，仲裁庭认定申请人与第二被申请人签署的《转让协议》及其补充协议已于2018年12月20日解除。

（三）尊重合意：第三被申请人应当承担连带赔偿责任

仲裁庭注意到，第三被申请人曾于2018年9月25日向申请人承诺将于次周支付回款，但至今未实际履行。根据《补充协议二》第四条第三款规定，The ** Collective LLC如未能按约定及时向申请人分配其应得收益分账款，每逾期一日，应按应分账款金额的千分之一承担违约责任；若逾期超过三十日，则应按申请人实际投资金额的一倍承担违约责任。鉴于The ** Collective LLC已逾期超过三十日未支付相关收益，仲裁庭认定其应承担相应的违约责任。

此外，仲裁庭认为，无论第一被申请人是否为The ** Collective LLC更名主体，但鉴于第一、第三被申请人已在《债权加入暨和解协议》中明确表示自愿加入 The ** Collective LLC 在本案合同项下的债务，故两者应对违约责任承担连带赔偿义务。鉴于前述违约金金额，第一、第三被申请人应共同连带向申请人支付人民币 5900035.2 元的违约金。

（四）公平取向：根据实际受损情况酌减过高的约定违约金

仲裁庭在审理过程中注意到，第二被申请人提出违约金数额过高的抗辩意见。根据《合同法》第一百一十四条第二款的规定，当事人约定的违约金低于实际损失的，可以请求人民法院或者仲裁机构增加；若违约金明显高于实际损失，则可请求适当减少[①]。本案中，申请人未能提供充分证据证明其因被申请人违约所遭受的具体经济损失，致使违约金的合理性难以准确评估。为体现仲裁的公平原则，仲裁庭综合考量双方权益及案涉投资金额，决定对违约金予以适度调整。最终，仲裁庭酌定将 The ** Collective LLC 应支付的违约金调整为申请人实际投资金额的 30%，即人民币 5900035.2 元。此举既保护了守约方的合法权益，也防止违约金成为对违约方的不合理惩罚，确保赔偿金额在合理范围内反映实际损失与违约行为的严重程度。此项调整充分体现了仲裁庭以公平合理为导向，平衡双方利益的裁量精神，彰显了对合同法违约救济制度的精准适用。

案件评析

（一）防范和解协议滥用：仲裁庭管辖权的确定依据

本案中，被申请人以三方已签署和解协议且部分履行为由，主张应通过诉讼程序另行解决争议。对此，仲裁庭在全面审查案涉各份协议的履行状态后指出，涉案和解协议依约应先履行《〈B〉三方和解协议书》，再履行《〈A〉三方和解协议书》。然而，根据《债权加入暨和解协议》的具体条款，《〈A〉三方和解协议书》尚未开始履行，其本身

① 现为《民法典》第五百八十五条第二款。

及相关补充协议并未实质解决本案争议。

因此，申请人根据《债权加入暨和解协议》申请追加第一被申请人为案件当事人之一，并请求仲裁庭继续审理本案，具有明确的合同依据。仲裁庭据此认定，对本案拥有持续审理的管辖权。该认定有效防范了当事人借和解协议之名规避或拖延仲裁程序，保障了仲裁机制在涉外商事争议中的权威性与连续性。

（二）酌情下调违约金额：彰显违约救济措施的合理性

根据《合同法》第九十四条的规定，由于 The ** Collective LLC 的违约行为致使申请人按比例获得《A》收益分成的合同目的无法实现，故申请人有权解除《转让协议》及其补充协议，又根据《合同法》第一百一十四条的规定、协议约定，申请人未对其所遭受的损失进行举证，依据公平合理原则，仲裁庭酌情下调了申请人的违约金数额。本案仲裁庭严格遵循法律规定，认定被申请人未履行付款义务，应承担违约责任，有力维护了守约方的合法权益，符合法律规定及合同约定。

（三）大力推广网络仲裁：促进涉外案件高效便捷处理

本案系涉外电影收益权纠纷案件，在仲裁程序中，采用了远程庭审与线下开庭相结合的混合模式，充分体现了互联网仲裁"广州模式"的灵活性与高效性。部分仲裁参与人通过视频连线方式远程出庭，并在线完成庭审笔录的签署，极大节省了因跨境往返所产生的时间与经济成本，有效降低了涉外当事人参与仲裁的程序负担。该模式打破了传统仲裁的地域限制，适应国际商事纠纷中多方位协作的现实需要，同时依托共享机制和信息化平台，实现了仲裁资源的集约配置与专业能力的跨域协同，为涉外仲裁机制现代化、数字化转型提供了有益探索与实践样本。

（撰稿人：广州仲裁委员会仲裁秘书部郑奇奇、
北京科技大学文法学院讲师武振国）

香港法例框架下民间借贷法律关系的合法性审查规则

一、关键词

民间借贷；最密切联系原则；香港法例；判例法

二、仲裁要点

申请人为香港特别行政区居民，与被申请人签署《协议书》，对被申请人此前向申请人借款的港币金额，以及委托申请人投资但亏损欠付的港币金额进行确认，并以前述金额与应付利息之和为基数，重新约定利息和还本付息期限，但被申请人到期并未依约支付款项。参照《涉外民事关系法律适用法》第四十一条的规定："当事人可以协议选择合同适用的法律。当事人没有选择的，适用履行义务最能体现该合同特征的一方当事人经常居所地法律或者其他与该合同有最密切联系的法律。"鉴于本案当事人未约定适用法律，而贷款人为香港特别行政区永久性居民，又是通过香港上海汇丰银行有限公司开具支票出借的款项，适用的币种也为港币，故应适用与合同有最密切联系的香港特别行政区法律。另，依查明的香港法例，本案合同合法有效，被申请人应依约向申请人偿还本金并支付利息。

三、基本案情

2021 年，申请人与被申请人签订《协议书》，就被申请人向申请人借款一事达成相关协议。双方确认：2017 年 2 月，被申请人向申请人借款港币 200 万元，申请人于 2017 年 2 月开具香港上海汇丰银行有限公司支票给被申请人，以支付上述借款。另双方还确认：2015 年 8 月 18 日，被申请人委托申请人投资，投资亏损由被申请人承担，经核算，被申请人仍拖欠申请人港币 1077721 元。上述款项总计港币 3077721 元，从款项支付之日起按月息 1%计算至 2021 年 8 月 17 日，被申请人仍拖欠申请人款项港币 4567587.6 元（折合人民币 4126838.36 元）。《协议书》第二条约定，被申请人应以港币 4567587.6 元为基数，按每月 1%的标准向申请人支付利息，并承诺于 2022 年 9 月 17 日前付清全部本息。第五条约定了仲裁管辖条款："如产生争议，应提交东莞分会仲裁。"但被申请人并未依约还本付息，截至申请人申请仲裁之日，被申请人仅还款人民币 483858.1 元，剩余款项一直未偿还。本案申请人的仲裁请求如下：

1. 裁决被申请人向申请人偿还款项人民币 4104448.1 元及利息人民币 393707.61 元（利息以人民币 4104448.1 元为基数，按月息 1%的标准，从 2021 年 9 月 17 日计算至实际清偿完毕之日止，暂计至 2023 年 6 月 3 日为人民币 393707.61 元）利息计算明细详见附件《利息表》；

2. 裁决被申请人向申请人支付律师费人民币 6 万元；

3. 裁决本案的仲裁费用由被申请人承担。

四、争议焦点

（一）本案借贷行为及其利率约定是否符合法律规定

由于作为贷款人的申请人为香港特别行政区永久性居民，是通过开具香港上海汇丰银行有限公司支票的方式向被申请人出借款项，且适用的币种为港币，所以特征性履行一方当事人的经常居所地及合同履行地在香港特别行政区，即香港特别行政区是与双方当事人之间的《协议书》具有最密切联系的地区。因此，仲裁庭认为，本案双方当事人之间的借款合同关系应适用香港特别行政区法律。

经仲裁庭查明，在香港法例中，贷款业务需要牌照经营，且交易必须有一定程度的系统性和延续性。本案中，申请人于作出相关贷款时并无意图进行其他贷款交易，也没有准备任何系统去经营贷款交易，仅是基于朋友或亲属关系作出的贷款行为，不属于经营放债业务，因而无须按《放债人条例》申领牌照，其放债行为也不会只因为没有申领相关牌照而违反香港特别行政区法律。

仲裁庭还查明，根据香港特别行政区法律，贷款利率高于年利率48%，可推定为敲诈性质；超过年利率60%，则属于犯罪。本案中，双方签署的《协议书》载明利率按月息1%计算，该约定既不超过年利率60%，也不高于年利率48%，故不违反香港特别行政区法律。

（二）涉案款项是否存在重复计息的情况

申请人认为，根据双方签订的《协议书》，双方已确认被申请人所欠款项总计港币3077721元，从款项支付之日起按月息1%计算至2021年8月17日，被申请人仍拖欠申请人款项港币4567587.6元，并确认以本金港币4567587.6元为基数，按每月1%的标准向申请人支付利息，直至本金偿还之日止，被申请人未依约偿还全部借款，已构成违约。被申请人认为，申请人主张的本金是人民币4104448.1元，与事实不符。即使按照申请人的主张，那么相关款项也仅为港币200万元加上港币1077721元，即使申请人主张利息，那么也应该按照港币3077721元来主张，否则，将产生利滚利的情况。

仲裁庭认为，申请人主张的款项本金港币4567587.6元由三部分组成。第一部分为2017年2月20日至22日，申请人向被申请人转账支付的港币200万元，就此，申请人提供了转账凭证予以证明，虽然其转账凭证的证据形式多为英文、形成地在香港特别行政区，未经履行相关的证明手续，但根据被申请人自认《协议书》的真实性，以及依据合同约定将款项汇入被申请人账户的事实，在被申请人未有其他证据证明该港币 200 万元是用于其他用途的情况下，仲裁庭认定港币 200 万元为案涉借款之一。第二部分为投资亏损款港币 1077721 元，庭审过程中，双方确认存在委托投资关系，由申请人委托被申请人进行投资，《协议书》亦明确载明截至 2020 年 6 月 24 日，投资亏损港币 1077721 元由被申请人承担，虽被申请人辩称双方曾口头确认亏损由双方共同承担，但申请人当庭对被申请人的该答辩意见予以否认，故仲裁庭对被申请人的该答辩意见不予采纳，投资亏损款港币 1077721 元亦应作为案涉借款之一。第三部分为借款港币 200 万元和投资亏损款港币 1077721 元自款项支付之日起按月息 1%计算至 2021 年 8 月 17 日的利息。就此，仲裁庭认为，将该部分利息计入申请人主张的港币 4567587.6 元之中，是双方对此前债权债务所作的一次清算行为，故双方签订的《协议书》系债权凭证，而《协议书》所载明的金额可被认定为后期借款本金，仲裁庭对此予以认可。

五、裁决结果

1. 被申请人向申请人偿还贷款本金人民币 3795848 元及支付利息（利息以人民币 3795848 元为基数，自 2021 年 9 月 17 日起按月息 1%计至实际清偿之日止，被申请人已偿还的人民币 483858.1 元在上述利息中予以抵扣）；

2. 被申请人向申请人支付律师费人民币 6 万元；

3. 本案仲裁费由被申请人承担。

六、裁决理由

（一）关于本案的法律适用

本案因申请人为香港特别行政区永久性居民，属涉港民事纠纷，故应参照适用《涉外民事关系法律适用法》。依据该法第四十一条关于“当事人可以协议选择合同适用的法律。当事人没有选择的，适用履行义务最能体现该合同特征的一方当事人经常居所地法律或者其他与该合同有最密切联系的法律”的规定。由于作为贷款人的申请人为香港特别行政区永久性居民，且是通过开具香港上海汇丰银行有限公司支票的方式向被申请人出借款项，适用的币种也为港币，所以可以认定香港特别行政区是与双方当事人之间的《协议书》具有最密切联系的地区。因此，仲裁庭认为，本案双方当事人之间的借款合同关系应适用贷款人经常居所地法律，即香港特别行政区法律。

（二）关于本案借贷行为的合法性

审查申请人与被申请人之间借贷行为的合法性，主要是认定申请人在香港特别行政区向被申请人出借港币的行为是否符合香港特别行政区法律。

根据香港法例第一百六十三章《放债人条例》第七条关于“（1）任何人不得——（a）无牌经营放债人业务；（b）在牌照所指明的处所以外任何地方经营放债业务；或（c）不按照牌照上的条件而经营放债业务”的规定，如申请人的相关贷款行为属于经营放债人业务，应申领相关牌照并按牌照规定在指定处所外进行，否则，按《放债人条例》第二十九条的规定，即属犯罪。该条例第二十三条规定：“除非放债人交出牌照或以其他方法令法庭信纳在贷款之日、订立协议之日或取得保证之日（视属何情况而定），他领有牌照，否则他既无权在任何法庭追讨由他贷出的款项或该笔款项的利息，亦无权强制执行他所订立的协议或强制执行就其贷出款项而取得的保证。但如该法庭信纳，放债人由于未能令该法庭信纳他在有关时间领有牌照，以致无权追讨该笔款项或利息，或无权强制执行该协议或保证，在所有情况下均不公平者，则该法庭可命令该放债人有权追讨该笔款项或利息，或强制执行该协议或保证，但范围以该法庭认为公平者为限，并受该法庭认为公平的修改或例外规定所规限。”

按上述第二十三条的规定，如果申请人于没有放债人牌照的情况下进行贷款业务，则不能于法庭追讨所贷出的本金、利息及其他担保权益，除非法庭信纳这会构成不公平情况而发出其他命令。但《放债人条例》中没有关于“业务”的定义，仲裁庭遂考证了 The Queen v. Cheng Chun Hung（1986）HKDC5 一案的综合分析。该案法官 H. H. Judge Caird 引用了 Rolls v. Millers（1884）27C. H. D71C. A. 一案中英国大法官 Lindey L. J. 的观点：“The word ‘business’ …means almost any thing which is an occupation as distinguished from a pleasure anything which is an occupation or duty which requires attention is a business.” 意思是“‘业务’一词……几乎意味着任何作为职业而非消遣的事物，即任何需要投入注意力的职业或职责，皆可称为业务”。同时，也引用了英国大法官 Lord Esher M. R 在 Re Griffen Ex－parte Board of Trade（1890）60L. J. Q. B. 235C. A. 一案中所述：“If an isolated transaction, which if repeated would be a transaction in business, is proved to be under taken with the intent that it should be the first of several transactions, that is, with the intent of carrying on a business, then it is a first transaction in an existing business. The business exists from the time of the commencement of that transaction with the intent that it should be one of a series.” 意思是“如果一项孤立交易（若重复进行则构成商业交易）被证实是带着使其成为系列交易中首笔交易的意图而达成，即带着持续经营业务的意图，则该交易即为现存业务中的首笔交易。自该交易带着成为系列交易之一的意图启动之时起，该业务即已存在”。这就说明即使是单一交易也可以是一个业务，只要根据当事人的意图或行为，足以判定该单一交易将构成系列交易的首笔交易。此外，法官 H. H. Judge Caird 还引用了英国法官 Walton J. 在 Newton v. Pyke（1908）25T. L. R. 127 一案中关于“何为贷款业务”的更清晰释义：“There must be a certain degree of system and continuity about the transactions and a sin that case thc money lending transactions had been very few and had been mostly, if not entirely, with persons who could be described as friends or relations and there would be no advertising or announcement that the Plaintiff has held themselves out as a money lender. It was found that it would not be right to say that the Plaintiff was a person whose business was that of money lending at the time the bill was given.” 意思是“交易必须有一定的系统性和连续性，如果放贷交易很少，且大多数或全部是可以与称为朋友或亲戚的人进行的，且没有广告或公告表明原告自称为放贷人，那么这种情况就不成立。所以此时认为原告在票据签发时是从事放贷业务的人并不恰当”。

综合香港法例及其相关判例，本案申请人于作出相关贷款时并无进行其他贷款交易的意图，也没有准备经营贷款交易的任何系统，仅是基于朋友或亲属关系而作出贷款行为，故不属于经营放债业务，亦无须按《放债人条例》的规定申领牌照，意即申请人的放债行为不会只因没有申领相关牌照而违反香港特别行政区法律。鉴于涉案《协议书》亦未违反香港特别行政区合同法规定，故申请人与被申请人之间的借贷行为合法有效。

（三）关于申请人要求被申请人偿还本金并支付利息的仲裁请求

经仲裁庭核实，申请人主张的款项本金港币 4567587.6 元由三部分组成：

第一部分为 2017 年 2 月 20 日至 22 日，申请人向被申请人转账支付的港币 200 万元，就此，申请人提供了转款凭证予以证明，虽然其转账凭证的证据形式多为英文、形成地在香港特别行政区，未经履行相关的证明手续，但根据被申请人自认《协议书》的真实性，以及依据合同约定将款项汇入被申请人账户的事实，在被申请人未有其他证据证明该港币 200 万元是用于其他用途的情况下，仲裁庭认定港币 200 万元为案涉借款之一。

第二部分为投资亏损款港币 1077721 元，庭审过程中，双方确认存在委托投资关系，由申请人委托被申请人进行投资，《协议书》亦明确载明截至2020年6月24日，投资亏损港币1077721元由被申请人承担，虽被申请人辩称双方曾口头确认亏损由双方共同承担，但申请人当庭对被申请人的该答辩意见予以否认，故仲裁庭对被申请人的该答辩意见不予采纳，投资亏损款港币1077721元亦应作为案涉借款之一。

第三部分为借款港币200万元和投资亏损款港币1077721元自款项支付之日起按月息1%计算至2021年8月17日的利息。就此，仲裁庭认为，将该部分的利息计入申请人主张的港币4567587.6元之中，是双方对此前债权债务所作的一次清算行为，故双方签订的《协议书》系债权凭证，而《协议书》所载明的金额可被认定为后期借款本金，仲裁庭对此予以认可。

根据《放债人条例》第二十四条的规定："（1）任何人（不论是否放债人）以超过年息百分之六十的实际利率贷出款项或要约贷出款项，即属犯罪。"根据该条例第二十五条的规定："……（3）关于任何贷款的还款协议或关于任何贷款利息的付息协议，如其所订的实际利率超逾年息百分之四十八，则为本条的施行，单凭该事实即可推定该宗交易属敲诈性；但除非该利率超逾第24条（1）所指明的利率，否则法庭在顾及与该协议有关的所有情况后，如信纳该利率并非不合理亦非不公平，则可宣布为本条的施行该协议并不属敲诈性。"若贷款利率高于年利率48%，可推定为敲诈性质；若超过年利率60%，则属于犯罪。本案中，双方签署的《协议书》载明利率按月息1%计算，该约定既不超过年利率60%，也不高于年利率48%，故不违反香港特别行政区法律。因此，被申请人实际欠付申请人借款金额为港币4567587.6元。

此外，在结算币种方面，虽然《协议书》约定的货币为港币，但申请人对被申请人采用人民币还款的行为并无异议，且申请人的仲裁请求亦是以人民币结算，故仲裁庭认定本案应以人民币结算作统一处理。至于汇率兑换时间，申请人主张以利息起算点即2021年9月17日为准。然而，仲裁庭认为，被申请人实际是于2021年9月27日起用人民币结算，故汇率兑换时间应以被申请人采用人民币首次还款时间，即2021年9月27日为准。又因2021年9月27日的人民币汇率中间价为：1港币=0.83104人民币，故被申请人拖欠申请人的款项本金合计为人民币3795848元（港币4567587.6元）。另，被申请人已偿还的人民币483858.1元，应在上述利息中予以抵扣。

综上，被申请人应向申请人偿还贷款本金人民币3795848元及其利息（利息以人民币3795848元为基数，自2021年9月17日起按月息1%计算至实际清偿之日止，被申请人已偿还的人民币483858.1元在上述利息中予以抵扣）。

案件评析

（一）正确适用最密切联系原则

基于“一国两制”的制度安排，针对涉港合同的法律适用，参照涉外合同的法律选择规则，应优先适用当事人意思自治原则，若当事人未协议选择适用法律的，则应适用最密切联系原则。同时，在最密切联系原则的具体应用方面，我国立法作了“适用履行义务最能体现该合同特征的一方当事人经常居所地法律或者其他与该合同有最密切联系的法律”之规定，即采用特征性履行方法或其他方法来贯彻落实最密切联系原则。

在本案中，因申请人与被申请人未就《协议书》约定适用的法律，故应适用最密切联系原则来确定准据法。又鉴于申请人作为贷款人的经常居所地在香港特别行政区，款项出借地和合同履行地也都在香港特别行政区，约定的币种亦为港币，所以无论是对案涉的主客观因素进行分析，还是以负有特征性给付义务一方当事人的经常居所地为标准，均能确定香港特别行政区是本案的最密切联系地。

本案仲裁员综合考量各项连结点，在准确援引冲突规范并进行充分说理的基础上，依据最密切联系原则，明确争议解决应适用香港特别行政区法律，彰显了仲裁员选法的精准性与全面性。

（二）准确理解和适用香港法例

香港特别行政区法律不仅承袭了普通法系的判例法传统，又融入了大量本土化的成文法规。这就给仲裁员适用香港特别行政区法律带来了巨大挑战，既需系统掌握先例判决所构建的法理内核及其裁判规则的演变脉络，又需精准把握条文立法的核心要义及其与规范体系的整体衔接。

在本案中，申请人与被申请人签订的《协议书》，虽然在法律关系上构成简单的借贷合同关系，但是在法律适用上却触及香港特别行政区金融领域的特殊法例及其判例规则。常规情形下，根据香港特别行政区合同法，一项有约束力的合同必须具备下列要素：(1) 要约与承约；(2) 代价；(3) 建立法律关系的意图；(4) 行为能力；(5) 合法性。然而，为维护金融秩序、保障借贷双方的合法权益，香港特别行政区《放债人条例》对放债人的领牌事宜、放债人的交易、过高利率的禁止等事项，均作出了特别规定。因此，本案仲裁庭依据《放债人条例》，着重分析了申请人与被申请人之间的借贷行为及其利息计算的合法性。另，因《放债人条例》未对“经营放债业务”作出明确界定，仲裁庭还认真考察和借鉴了相关在先判例的裁判意见，并基于涉案借贷行为不具有系统性和连续性，认定申请人的债权不受未领牌照事实影响，仍属合法有效的债权。

综上，本案仲裁员在正确理解和适用香港法例方面，成功通过了双重考验，既精准把握了本土成文立法的目的和释义，又审慎辨析了相关在先判例的裁判要旨和可适用性。这种对双重法源的贯通适用，不仅体现了仲裁员深厚的法律功底，更彰显了其在复杂法律适用情境中的裁判智慧。

（三）创新探索港人港仲裁模式

粤港澳大湾区作为新发展格局的战略支点、高质量发展的示范地、中国式现代化的引领地，在新的历史起点上，肩负加快建设经济高度协同、规则深度衔接的制度体系之重要使命。

在裁判规则制度衔接方面，广州仲裁委员会不仅持续深化粤港澳大湾区仲裁联盟建设，共同培育大湾区仲裁市场，常态化发布粤港澳大湾区年度仲裁工作白皮书，还创设“四个共享”仲裁协作机制，即共享“庭审标准”“仲裁庭室”“仲裁员名册”“服务窗口”，并已与包括香港仲裁师协会、香港国际商业仲裁中心在内的40余家境内外仲裁机构就“四个共享”仲裁协作机制签订合作备忘录。值得一提的是，涉港案件当事人可按需选择仲裁员、仲裁庭室、服务窗口等仲裁服务，足不出户即可全天候线上解纷，最大限度实现粤港法律服务资源共享、优势互鉴、协同发展。

由于本案涉港，广州仲裁委员会凭借共享“仲裁员名册”之便利，将一名香港仲裁员指定为首席仲裁员。在仲裁庭依法适用香港法例进行裁决后，裁决书亦是经该香港仲裁员（首席）进行校对核发，充分体现了港人港仲裁的模式。

（撰稿人：广州仲裁委员会东莞分会龙伟斌、中国政法大学国际法学院/涉外法治学院博士研究生沈雨思）

第四章
跨境金融

私募基金合伙纠纷中管理人的责任限度

一、关键词

私募基金合伙纠纷；仲裁时效中断；管理人勤勉义务；人格混同认定

二、仲裁要点

仲裁庭经审理认定，基金管理人未履行其作为受托人应尽的审慎投资义务，主要体现在以下两个方面：一是对拟投项目自最初尽职调查后已相隔一年，其间未重新更新尽职调查报告，违反了持续关注义务；二是在标的公司已进入破产程序的情况下，长达 18 个月未向投资人披露该等重大不利信息，严重违背其在基金合伙协议及相关法律项下的信义义务与信息披露义务，构成根本违约。仲裁庭据此裁定，管理人应对申请人的全部投资损失承担赔偿责任。

关于关联公司责任问题，虽然第一被申请人与第二被申请人之间存在股权投资关系，并存在高级管理人员交叉任职情况，但经仲裁庭综合审查，双方在运营过程中实行财务独立核算，资产权属清晰，亦无证据显示存在滥用控制地位、转移资产、逃避责任等行为，不符合《公司法》（2013 年修正）第二十条关于“公司法人人格否认”的构成要件，故认定第二被申请人不承担连带赔偿责任。

三、基本案情

2015 年 4 月，申请人（香港特别行政区）、第一被申请人、案外人等人共同签订《2015 年合伙协议》，设立 D 合伙企业，申请人（出资 48.512%）、案外人刘某（出资 16.171%）等为有限合伙人，第一被申请人为普通合伙人（GP），负责执行合伙事务。2016 年 8 月，案外人刘某将 16.171%的份额转让给第二被申请人，各方签订《2016 年合伙协议》，明确第二被申请人取代案外人刘某成为新有限合伙人，原协议作废。

D 合伙企业于 2016 年分两次向 E 公司项目投资 2000 万元。2016 年 11 月，E 公司进入破产重整程序，投资全额计提减值损失。

2017 年 11 月 13 日，第一被申请人的工作人员将《D 合伙企业 2017 年三季度报告书》发送给申请人，该报告书载明了 D 合伙企业的投资组合分别为……及 E 公司项目，其中 E 公司项目的投资规模为 2000 万元。

2018 年 5 月 4 日，第一被申请人的工作人员向申请人披露《D 合伙企业 2017 年年度报告书》，载明了“D 合伙企业的投资组合分别为……及 E 公司项目，其中 E 公司项目的投资规模为 2000 万元。净利润（净亏损以‘-’号填列）为-4651313.93 元。注：鉴于 E 公司已申请破产重组，年末已作资产减值损失计提”。

第一被申请人于 2019 年 4 月 30 日出具《D 合伙企业 2018 年年度报告书》，载明：“对 E 公司 2000 万元债权投资：该投资项目标的已于 2016 年 11 月进入破产重整程序，D 合伙企业已于 2017 年年末对该项投资全额计提资产减值损失。2018 年 1 月 29 日，陕西省西安市中级人民法院发布破产文书，作出了更换破产管理人的决定……据重组管理人函告，E 公司已部分恢复生产，持续经营。此外，E 公司重组无更新进展。该项投资或存在因债权确认困难、无法引进重组方、债权人会议无法通过重整方案等原因，使 E 公司进入清算程序从而导致破产重组不成功，投资人或存在全额损失的风险。第一被申请人后续将继续积极关注配合 E 公司重组进展。”

2020年，申请人多次发函要求第一被申请人述职并说明E公司项目投资决策依据及风险管控措施，但第一被申请人以适用《2015年协议》为由拒绝，称其对申请人无“述职”义务。申请人主张第一被申请人作为普通合伙人（GP），未履行信息披露义务，未通过合伙人决议擅自投资高风险项目，且在项目亏损后未及时采取补救措施。

申请人还主张第一被申请人、第二被申请人之间存在投资和被投资关系。第二被申请人是第一被申请人的股东之一，且为大股东。而第一被申请人的另一股东即第三被申请人作为本案的当事人，在答辩意见中明确称“第二被申请人是第一被申请人的实际控制人”。在（2018）粤01民终9578号民事判决书中载明“第一被申请人与第二被申请人之间存在财务混同的情况……在该案2015年12月—2017年5月，第一被申请人与第二被申请人公司员工存在混同，对外存在互为代理等混同行为”。申请人认为第二被申请人是第一被申请人的实际控制人，且两公司人格混同，故第二被申请人依法应当对第一被申请人的债务承担连带责任。

申请人的仲裁请求为“裁决第一被申请人立即向申请人赔偿因投资E公司项目造成的损失9702400元、利息（以9702400元为基数，自E公司进入破产程序之日即2016年11月22日起算，按一年期LPR利率计算至实际清偿日为止）及相应维权费用；裁决第二被申请人对第一被申请人的上述债务承担连带清偿责任”。

四、争议焦点

（一）本案是否已经经过仲裁时效？

申请人的主要观点：申请人在2018年5月4日通过《D合伙企业2017年年度报告书》才得知D合伙企业投资了E公司项目，故本案仲裁时效应从申请人收到该报告书，即得知权利被侵害的时间计算。申请人在得知E公司项目及其巨额损失后，多次通过电子邮件、纸质函件

等方式向第一被申请人、第二被申请人多次表明会就E公司项目的损失追究第一被申请人、第二被申请人的责任，仲裁时效已产生中断的效果。

被申请人的主要观点：2016年涉案E公司已经进入破产重整程序，即在2016年11月破产公告后，法律上就应当视为申请人已经知道；且申请人最迟应当于2017年10月31日知悉投资E公司项目的事实，而非2018年5月；即使是申请人于2018年5月知悉该事实，其提起本案仲裁也同样已经超过仲裁时效。

（二）第一被申请人是否未尽到普通合伙人的忠实勤勉义务？

申请人主张，第一被申请人作为D合伙企业的普通合伙人兼基金管理人，未能履行其应尽的忠实与勤勉义务。具体表现包括：对投资项目未尽审慎调查义务、投资决策过程缺乏合理依据、在标的公司发生重大不利变化时未及时向投资人披露风险信息，且存在未经充分披露的关联交易行为，严重违背其作为普通合伙人（GP）所应承担的信义义务与信息披露义务。

第一被申请人则辩称，其作为合伙企业的普通合伙人，依法享有对合伙企业财产进行投资、管理、运用及处分的权利，其所作出的投资行为系履行《合伙协议》赋予的管理职责，具有正当性和商业合理性。被申请人强调，其投资决策的目的在于为全体合伙人谋求合理经济回报，该行为属于其作为普通合伙人（GP）的正常履职行为，并不构成对申请人权利的侵害，亦不应被认定为违反忠实勤勉义务。

（三）第一被申请人是否违反管理人义务而需要赔偿申请人的投资损失？

申请人的主要观点：因第一被申请人的行为致使申请人的投资发生损失，第一被申请人应当承担赔偿责任。

被申请人的主要观点：第一被申请人已通过尽职调查报告等方式履行了忠实义务，已满足了尽调要求；第一被申请人的投资决策是对行业以及目标公司充分了解调查后谨慎作出的，履行了作为合伙企业管理人的勤勉尽责义务、忠实义务以及信息披露的义务，不存在主观故意或重大过失情形，且申请人不存在投资损失，第一被申请人不应赔偿损失。

（四）两位被申请人是否构成“人格混同”而需要承担连带赔偿责任？

申请人的主要观点：第一被申请人、第二被申请人之间存在投资和被投资关系，第二被申请人是第一被申请人的实际控制人，且两公司人格混同，故第二被申请人依法应当对第一被申请人的债务承担连带责任。

被申请人的主要观点：第二被申请人有独立的财务制度、财务账簿，每笔收支均有据可查，且第二被申请人的财产归属合法清晰，不存在“不作财务记载、账簿不分、收益不分、公司财产登记在股东名下”的情形，不满足“滥用股东权利”条件，第二被申请人与第一被申请人之间不存在“人格混同”的情形。

五、裁决结果

1. 第一被申请人向申请人赔偿投资E公司的损失人民币9702400元；

2. 第一被申请人向申请人支付利息（以人民币9702400元为基数，自2018年4月25日起按全国银行间同业拆借中心公布的一年期贷款市场报价利率计算至实际清偿之日止）；

3. 承担申请人为本案维权所支出的所有费用。

六、裁决理由

（一）及时行权：本案未过仲裁时效

根据《民法总则》第一百八十八条、第一百九十五条的规定，申请人于2018年5月4日通过《2017年年度报告》明确知悉E公司破产及损失计提，时效自此起算。2020年3月至5月，申请人连续发送7份紧急通知函要求履职，构成“权利人提出履行请求”，时效自最后一函（2020年5月22日）重新起算。本案于2021年9月27日立案，未超出三年时效期间。申请人主张未超过仲裁时效，仲裁庭认定合法有据。

（二）怠于尽调：第一被申请人未尽到普通合伙人的忠实勤勉义务

根据《私募投资基金监督管理暂行办法》第四条、《证券投资基金法》（2015年修正）第九条的规定以及涉案《2016年合伙协议》关于信息披露义务及管理人职责的约定，仲裁庭认为第一被申请人提交的《财务审慎性调查报告》（2015年）及《法律尽职调查报告》（2015年）均针对2014—2015年数据，但E公司项目的投资发生于2016年4月，隔一年且未更新调查，违反“审慎调查”要求。E公司于2016年11月进入破产程序，但第一被申请人直到2018年5月才向申请人披露亏损情况，违反了《合伙协议》关于“及时披露重大事项”的约定。申请人多次要求其述职及披露文件，第一被申请人未回应申请人监督请求，还以“无述职义务”为由拒绝，违反《合伙企业法》第六十八条赋予有限合伙人的监督权。综上，第一被申请人未尽忠实勤勉义务，违反法定及约定的基金管理人的义务，已经构成违约。

（三）违约后果：第一被申请人应当向申请人赔偿损失

根据《合同法》第一百零七条、第一百一十三条的规定以及涉案《2016年合伙协议》第十六条“违约方需赔偿守约方一切损失（含利息）”的约定，仲裁庭认定是因第一被申请人未审慎投资且未披露风险，直接导致E公司项目全额计提损失（2000万元），本案损失因果关系明确，故申请人按出资比例48.512%主张970.24万元损失，符合实际损失计算规则，仲裁庭予以支持。仲裁庭认为出资的损失应当自2018年4月25日（报告书出具日）起算，按LPR的标准计算利息，符合涉案协议约定及法律规定，同时兼顾了公平原则。

（四）人格独立：两位被申请人无须承担连带赔偿责任

根据《公司法》（2013年修正）第二十条以及《全国法院民商事审判工作会议纪要》第十条的规定，仲裁庭认为第二被申请人提交的2014—2016年度审计报告显示，第一被申请人、第二被申请人两家公司的财务独立核算无资金无偿划转、账簿混同等情形。至于部分高管重叠及注册地址相近，不足以否定法人独立性。而且第一被申请人注册资本实缴，2021年资产超1.2亿元，具备独立偿债能力，无证据表明第二被申请人滥用控制权逃避债务。因现有证据未达到“人格混同”的法定标准，仲裁庭认为第二被申请人不应承担连带责任。

案件评析

（一）实质导向：仲裁时效中断规则的创新性适用

本案中，仲裁庭在处理申请人提出的赔偿请求时，对诉讼（仲裁）时效的适用作出具有突破性的解释，展现出对金融投资者权利保障与时效制度平衡的高度敏感与制度创造力。传统实践中，时效起算多以“权利人知悉或应当知悉损害事实和责任主体”为认定标准，常导致投资者在信息高度不对称背景下丧失救济机会。本案则体现出以下三个方面的裁判创新。

第一，“知悉时点”的精准界定。仲裁庭未采纳“2016年E公司发布破产公告即应知悉损害”的主张，而是以2018年5月4日发布的《D合伙企业2017年年度报告书》作为时效起算点，理由在于该报告首次以正式方式载明“E公司破产并全额计提损失”，投资者据此方能全面认知损失事实及管理人责任。这一判断充分考量了金融投资领域中普通投资人获取信息的现实滞后性，彰显出对投资者知情权的尊重。

第二，“主张权利”行为的实质认定。仲裁庭认可申请人在2020年3月至5月连续向管理人发送7份书面催告函的行为，构成《最高人民法院关于审理民事案件适用诉讼时效制度若干问题的规定》第十条所规定的“提出权利要求”，从而触发时效中断机制。这一认定避免了将书面催告形式化、机械化，强调“持续主张权利”的客观外在表达与当事人救济意图之间的实质联系。

第三，“重新起算”的规范衔接。基于上述中断事由，仲裁庭认定时效应自最后一份催告函（2020年5月22日）之日起重新起算，申请人于2021年9月提起仲裁未超过三年时效期限，主张有效。该处理方式确保了时效制度在维护法律安定性的同时，还兼顾了当事人合理预期与救济可能，为金融投资争议中的时效适用提供了具有参考意义的新范式。

（二）三大基准：管理人勤勉义务的边界厘定

本案在厘定私募基金管理人勤勉义务边界方面，具有重要的规则生成意义。相较于成文法中关于“忠实、勤勉义务”的高度概括性规定，仲裁庭结合案件事实，明确提出三项核心义务标准。

第一，动态尽职调查义务。基金管理人负有持续更新尽调信息的职责。仲裁庭明确认定，投资决策所依赖的尽调数据若与投资时点间隔超过一年且未经更新，已构成违反审慎义务的行为。

第二，主动风险披露义务。标的公司进入破产程序构成“重大风险事项”，管理人应及时向全体有限合伙人披露。本案中，管理人长达18个月未告知投资人该事实，构成严重迟延披露，违背合同义务及信义义务，属根本违约。

第三，接受监督与报告义务。有限合伙人对基金运营享有基本知情权，该权利为法律所保障，不得通过合伙协议进行实质性排除。管理人拒绝向合伙人定期述职、回避审计义务的行为，被仲裁庭认定为违反法定义务。

该“三维义务”体系，与《最高人民法院关于审理证券纠纷案件适用法律若干问题的座谈会纪要》（《九民纪要》）第九十四条所确立的卖方机构适当性义务标准相呼应，体现了司法对“管理人尽责”在不同金融关系结构中的统一适用。同时，该裁判也为“卖者尽责、买者自负”原则在私募基金领域的落地实施，提供了清晰、可操作的实务范式。

（三）行稳致远：人格混同认定的谦抑性裁判导向

针对法人人格否认的激进主张，仲裁庭恪守《公司法》第二十条规定的严格适用要件：（1）财务独立性为核心标准；（2）表面混同情形的排除，人员交叉（部分高管重叠）、注册地址相近等情形，不符合人格混同的实质构成要件；（3）滥用行为的举证责任，主张混同方需证明财产无法区分。

综上，本案仲裁裁决在管辖权认定、时效规则适用、管理人义务界定及法人独立地位审查等关键问题上作出严谨裁判：为私募基金管理人动态尽调及风险披露义务设定司法审查标准，督促其提升合规水平；通过时效中断规则的灵活适用平衡投资者保护与程序安定，彰显仲裁效率优势；确立人格混同“财产独立实质审查”原则，维护市场主体稳定预期。建议广大商事主体强化协议信息披露条款设计，完善履职证据留存机制；投资者应通过书面催告固定权利主张；债权人主张人格混同需聚焦财务账簿、资金流向等实质证据。本裁决对规范私募基金治理、保障跨境投资秩序具有示范价值。

（撰稿人：广州仲裁委员会国际仲裁部徐颖珺、
北京科技大学文法学院讲师武振国）

保理合同关系的定性问题

一、关键词

商业保理合同；管辖权异议；保理合同的定性；明为保理实为借贷

二、仲裁要点

根据《民法典》第七百六十一条规定，保理合同系指应收账款债权人将现有或将来应收账款转让予保理人，保理人提供资金融通、应收账款管理或催收、付款担保等服务的合同。本案双方当事人对案涉合同的定性产生争议，被申请人则认为本案属于民间借贷关系。仲裁庭从保理合同的形式特征、实质特征等方面分析论述案涉法律关系符合保理合同关系构成要件。

三、基本案情

2022年9月16日，申请人（受让人）与第一被申请人（转让人）签订《保理合同》，约定第一被申请人向申请人申请商业保理融资，即第一被申请人将其在基础合同项下对基础合同债务人享有的尚未到期的应收账款债权转让给申请人，申请人支付给第一被申请人约定的保理融资款受让该债权。申请人与第二被申请人至第七被申请人分别签订《最高额保证担保合同》，约定第二被申请人至第七被申请人对申请人与第一被申请人在2022年9月16日至2024年9月16日所签署的一系列保理合同、应收账款转让协议以及其他法律性文件承担最高额连带保证责任。2022年9月26日，申请人向第一被申请人银行账户转账支付3500万元，摘要为保理融资款。2022年9月29日，申请人向第一被申请人指定的银行账户转账支付2000万元，摘要为保理受托支付工程款。2023年1月9日，申请人向第一被申请人指定的银行账户转账支付1500万元，摘要为保理融资款。上述款项到期后，第一被申请人未依约还款，故申请人要求第一被申请人偿还剩余保理融资本金并按照年利率24%标准计算利息，具体请求如下：

1. 裁决第一被申请人向申请人偿还保理融资款本金1910万元；

2. 裁决第一被申请人向申请人支付保理融资逾期利息、利息罚息及违约金（以保理融资款1910万元为基数，自2024年4月28日起至第一被申请人实际清偿之日止，按照年利率24%合并计算，暂计至2024年6月11日为573000元）；

3. 裁决第一被申请人支付申请人为实现债权而产生的一切费用（包括但不限于律师费、差旅费、保全费、保全保险费、公告费、评估费、拍卖费、执行费等）；

4. 裁决第二被申请人至第七被申请人对第一被申请人上述全部债务在最高额保证范围内承担连带清偿责任；

5. 裁决申请人对第一被申请人提供抵押的某市某楼盘3栋04号商铺、3栋2501房、3栋2601房及3栋2701房在建工程依法拍卖、变卖或折价的价款在最高额抵押范围内享有优先受偿权；

6. 裁决申请人对第一被申请人提供抵押的某市某楼盘1栋1单元301房、404房、1804房、2004房、2204房、2403房、2404房，1栋2单元303房、304房、404房，2栋301房、302房、304房，3栋301房、401房、403房、501房、801房、903房、1303房，以及某楼盘2幢03号、06号、07号、08号、09号、10号、11号、12号、13号、14号商铺在建工程（详见《在建工程抵押明细表》）依法拍卖、变卖或折价的价款在最高额抵押范围内享有优先受偿权；

7. 裁决上述被申请人承担本案的全部仲裁费用。

四、争议焦点

（一）关于本案的仲裁管辖

第一被申请人、第三被申请人、第六被申请人分别向本会和广州市中级人民法院提交《仲裁条款效力申请书》请求确认本案仲裁协议无效，导致本案多次中止。本案申请人主动向广州市中级人民法院提起对第二被申请人、第四被申请人、第五被申请人、第六被申请人、第七被申请人确认仲裁协议效力诉讼。最终法院认定本会对本案申请人与第七被申请人的纠纷有管辖权。

（二）关于本案借款的定性

本案申请人主张申请人与第一被申请人之间构成保理合同关系。

第一被申请人则认为本案属于民间借贷关系。

仲裁庭认为：结合双方当事人的举证及庭审意见，仲裁庭认定申请人与第一被申请人构成保理合同关系。从形式与实质两个方面的具体理由如下。

1. 应收账款转让的合法性

（1）申请人与第一被申请人签订的《应收账款转让协议》符合《民法典》第七百六十一条规定的“现有或将来应收账款”作为转让标的，该等债权具有三个特征：一是确定性，附件《应收账款债权转让清单》已载明债务人信息、房产明细、金额等要素；二是可期待性，基础交易文件（含认购书、预售许可证等）证实对应房产销售具有现实履行基础；三是可转让性，未存在《民法典》第五百四十五条规定的禁止转让之情形。

（2）权利公示程序：各方已在中国人民银行征信中心完成应收账款转让登记，履行物权公示要求。

2. 保理业务实质特征

（1）服务对价：申请人实际提供了资金融通服务，融资款支付与应收账款转让形成对价关系。

（2）还款来源关联性：书面证据（含聊天记录、付款凭证等）显示债务人付款系直接还款来源，符合“应收账款与融资偿还闭环”的保理交易特征。

（3）形式审查义务履行：申请人通过核查认购书、预售许可证、销售台账、相关聊天记录等文件，已尽到合理审查义务，基础交易真实性可予确认。

第一被申请人未能提供资金使用与应收账款分离的直接证据、“名为保理实为借贷”的合意证明以及足以否定基础交易真实性的反证，参照《最高人民法院关于适用〈中华人民共和国民事诉讼法〉的解释》第九十条之规定，应承担举证不能的法律后果。

综上，案涉法律关系符合保理合同构成要件，有关被申请人主张保理合同项下法律关系实为民间借贷关系缺乏事实及法律依据，仲裁庭不予采信。

五、裁决结果

1. 第一被申请人向申请人偿还保理融资本金 16568088.91 元；

2. 第一被申请人向申请人支付保理融资利息、罚息、利息罚息及违约金（以保理融资款 16568088.91 元为基数，自 2024 年 8 月 1 日起至实际清偿之日止，按照年利率 24%合并计算）；

3. 第一被申请人补偿申请人律师费 10 万元、财产保全费 5000 元、保全保险费 8853 元；

4. 本案仲裁费由第一被申请人承担；

5. 第二被申请人至第七被申请人对第一被申请人上述全部债务承担连带清偿责任；

6. 申请人对第一被申请人提供抵押的某市某楼盘 3 栋 04 号商铺、3 栋 2501 房、3 栋 2601 房及 3 栋 2701 房在建工程依法拍卖、变卖或折价的价款在本案债权范围内享有优先受偿权；

7. 申请人对第一被申请人提供抵押的某市某楼盘 1 栋 1 单元 301 房、404 房、1804 房、2004 房、2204 房、2403 房、2404 房，1 栋 2 单元 303 房、304 房、404 房，2 栋 301 房、302 房、304 房，3 栋 301 房、401 房、403 房、501 房、801 房、903 房、1303 房，以及某楼盘 2 栋 03 号、06 号、07 号、08 号、09 号、10 号、11 号、12 号、13 号、14 号商铺在建工程依法拍卖、变卖或折价的价款在本案债权范围内享有优先受偿权。

六、裁决理由

（一）关于本案的法律适用

本案第四被申请人为澳大利亚籍，本案法律关系具有涉外因素，应参照我国内地有关涉外民事案件法律适用的法律规定，选择处理本案实体争议的准据法。案涉合同已经约定适用中华人民共和国法律（不包括香港、澳门特别行政区和台湾地区）。参照《涉外民事关系法律适用法》第四十一条的规定，本案应适用我国法律作为处理本案实体争议的准据法。

（二）关于本案借款利息、违约金的利率标准

申请人提交的相关证照等证据表明，其属于《最高人民法院关于新民间借贷司法解释适用范围问题的批复》（法释〔2020〕27 号）界定的持牌金融机构，依法不适用民间借贷利率规制规则。即使如此，金融机构融资成本亦应受合理限制，金融机构融资利率上限应适用 24% 的年利率保护标准。

综上，申请人主张的计息标准未超出司法保护上限，且计算依据充分，仲裁庭对申请人要求第一被申请人自 2024 年 4 月 28 日开始按照年利率 24%一并支付利息、罚息、利息罚息及违约金的请求，予以支持。

案件评析

（一）管辖权问题的顺利推进

管辖权是仲裁程序正当性的基石。本案共计七个被申请人，其中三个被申请人分别向本会及广州市中级人民法院提起管辖权异议。导致本案仲裁程序多次中止。申请人在多次收到管辖权异议后，主动向广州市中级人民法院提起确认其他被申请人的仲裁协议有效，保证了本案仲裁程序顺利推进。

（二）保理合同的相关法律问题辨析

1. 保理合同关系与民间借贷关系的辨析

根据《民法典》第七百六十一条的规定，保理合同的法律性质是以债权转让为核心的综合金融服务合同，保理商开展的融资性业务也应当与应收账款相关联，即保理合同应当符合以应收账款转让为前提、保理人基于应收账款的转让向转让方提供综合性金融服务的特征。综合性金融服务包括但不限于提供资金融通、应收账款管理或催收、应收账款债务人的付款担保等服务。实践中，常见明为保理实为借贷的情形，保理合同争议方亦常以借贷合同关系为由试图改变争议的法律关系，因此准确定性当事人实质合同关系至关重要。实际上，二者在交易结构上存在明显区别。保理存在基础合同及保理合同两个法律关系，涉及三方独立的主体，即保理商、债权人及债务人。债权人通过与债务人订立基础合同而产生债权，并将该债权转让给保理商，保理商为债权人提供管理债权、保理融资等金融服务，债权人与债务人之间的基础合同是保理合同成立的必要条件。而借贷关系只涉及两方主体，即债权人与债务人之间仅产生资金出借及返还的单一法律关系。本案中，保理合同涉及申请人、第一被申请人、债权人三方主体，且三方之间既存在导致债权产生的基础合同，亦存在保理合同，符合保理的交易结构。

2. 保理合同关系成立的消极要件“保理人明知应收账款为虚构”的判定

在保理合同关系中，应收账款转让是保理国际条约和国内行业监管规定要求的保理的核心要件，是保理成立的前提。《民法典》第七百六十三条规定，应收账款债权人与债务人虚构应收账款作为转让标的，与保理人订立保理合同的，应收账款债务人不得以应收账款不存在为由对抗保理人，但是保理人明知虚构的除外，此即“通谋虚伪的意思表示无效”在保理合同中的运用。民法原理中，当事人不得因通谋虚伪的意思表示无效而对抗善意第三人，但《民法典》关于保理合同的具体规定却未采纳“不得对抗善意保理商”的表述，而是采用“不得对抗不明知保理商”的表述。严格来讲，不明知与善意两者并不等同。善意按照通常的解释，即“不知情且不应知情”，在保理人未尽注意义务，未对应收账款进行必要核查的情况下，保理人实际上并不明知，但也无法构成善意。有观点认为，《民法典》之所以作出如此特殊的规定，是因为立法者结合了保理业务的实践。实践中，保理人通常会向债务人调查核实债权债务的真实性，固然债务人对保理人债权真实性的回复不能免除保理人的调查义务，但在债务人具有诈害保理人故意的情况下，降低保理人注意义务亦能达到加强债务人可归责性的目的。①

在本案中，基础交易的《认购书》由第一被申请人与购房人签订并提交给申请人，应收账款的债务人名单亦由第一被申请人提供，第一被申请人所提交的材料足以令申请人产生相应的信赖，且第一被申请人员工后续还不定期向申请人报送房产销售数据等能反映案涉应收账款回款情况的资料，申请人对基础交易关系的成立已经尽到应有的审查义务，现有证据也未能表明案涉应收账款系虚构的，故第一被申请人关于应收账款不存在，故保理合同关系不成立的答辩事由不能成立。申请人

① 蔡睿：《虚假债权转让中债务人的表见责任——〈中华人民共和国民法典〉第763条的解释论展开》，载《政治与法律》2023年第6期，第149页。

具有开展商业保理业务的合法资质，已实际发放本案保理融资本金，且会不定期监管案涉应收账款的回款情况。综合以上情况，应认定本案的保理合同关系成立。

综上，本案仲裁裁决在管辖权、法律适用、保理合同定性、利率适用标准等关键法律问题上依法严谨裁判，兼顾效率与公平，妥善处理境外因素，为跨境保理纠纷仲裁解决树立典范，对完善商事仲裁制度、保障国际贸易健康发展具有积极意义。同时，也提醒商事主体在跨境交易中强化风险防范意识，在合同签订、履行等环节做好合规管理，降低潜在法律风险。

（撰稿人：广州仲裁委员会中山分会王斌、
中国人民大学法学院博士研究生唐浩深）

委托理财合同的效力认定

一、关键词

委托理财合同；保底条款；账户移交；涉港电子证据；跨境证据认定

二、仲裁要点

其一，本案为自然人之间委托代为操盘在香港特别行政区开设的证券账户，本案核心履行标的涉港，当事人提交的证据亦具有跨境属性，但因双方当事人在仲裁过程中一致选择中国内地法律，故本案法律适用为中国内地相关法律。

其二，因委托理财合同签订的主体均为自然人，仲裁庭认为我国法律、行政法规仅对特定金融机构受托人承诺保底获利加以禁止，并未明确规定自然人之间委托理财不得约定保底条款。该保底约定系当事人之间就投资风险分配的真实意思表示并未对金融秩序造成冲击，也不损害社会公共利益。被申请人作为有投资专业知识的人士，提供该合同版本予申请人，视为被申请人在评估商业风险的基础上对申请人作出的承诺，应得到信守。

其三，针对涉港电子证据采信，仲裁基于其民间性，在不违背民事诉讼法和相关司法解释的前提下，采取更为灵活的证据认定规则。综合电子证据的可验证性、证据最终形成地点、被申请人的质证和反证情况，仲裁庭可以综合认定证据的真实性。

三、基本案情

2016年2月16日，申请人与被申请人签订《A管理协议》。

2016年2月24日，申请人向《A管理协议》约定账户转入940万元港币。当日该账户购入股票。

2019年1月22日，申请人与被申请人签订《B管理协议》。第一条约定营业部为B，存入金额为港币2843077元整，资金卡号为××。第四条第二款约定，分红比例为5.4∶4.6。该协议其他约定与《A管理协议》一致，无手书内容。

被申请人确认签订上述协议后，申请人已将B账户和密码交付给被申请人进行操作，交接的初始本金为2843077元港币，但否认A证券账户和密码已经交付。

按照监管要求，A证券和B证券等港股账户于2018年4月起实施双重认证登入模式，即除输入账号密码外，还需输入申请人登记手机号码实时收到的安全验证码。

2022年4月，A证券公司发出《终止证券账户通知书》，通知将于2022年5月20日起暂时终止提供在证券市场的服务，要求客户在2022年7月20日之前提取账户中的全部现金、证券或其他投资结余。经案外人告知，申请人将A证券账户中的全部股票转到B账户。

申请人提起本案仲裁时，B账户为亏损状态。现申请人的主要请求为返还全部投资本金。

申请人的仲裁请求为：1. 裁决被申请人向申请人返还初始本金12243077元港币（折合人民币10933067.761元）及逾期支付的利息损失。（1）港币和人民币的汇率按仲裁申请书副本送达被申请人之日的实时汇率折算，暂按申请人提起仲裁之日的汇率1港币=0.8930元人民币计算；（2）利息损失的计算方式：以10933067.761元为本金，按中国人民银行同期同类人民币贷款基准利率上浮50%计算，从申请人提起仲裁之日起计至被申请人实际偿清本金之日止)。2. 裁决被申请人向申请人支付手镯款100万元港币(折合人民币893000元)及逾期支付的利息损失。(1)汇率的计算方式同前;(2)利息损失的计算方式:以893000元为本金,按中国人民银行同期同类人民币贷款基准利率上浮50%,从申请人提起仲裁之日起计至被申请人实际偿清本金之日止)。3. 裁决被申请人承担申请人的律师费损失人民币20万元、保全费人民币5000元、担保费人民币4000元及本案的仲裁费。

四、争议焦点

(一)A证券的账户密码是否移交给被申请人操作

被申请人认为申请人并未提交证据证明其将证券账户及密码交付给被申请人,更没有证据证明结算单上的交易操作系被申请人所为;根据监管要求,证券等港股账户于2018年4月起实施双重认证登入模式,申请人从未向被申请人告知过安全验证码,被申请人不可能登录申请人账户进行操作。仲裁庭从双方理财协议的履行期限的延期、被申请人作出的承诺,以及申请人多次表示愿意转发短信验证码,且未见被申请人向申请人索要短信验证码而申请人拒不提供的情形,多角度认定本案的证券账户实际移交被申请人处理。

(二)两份委托管理协议书中保底条款的效力

申请人认为该约定属于民间委托理财中的保底条款,不适用《证券法》的强制性规定,不损害社会公共利益;系双方当事人对正常投资商业风险承担的约定,符合权利义务对等原则,应属有效。被申请人认为,该协议违背公平原则与金融市场的基本规律,使得被申请人承担了金融市场风险等非过错原因造成的损失,与《民法典》中关于委托合同关系基本规则相悖离,应属无效;约定被申请人返还初始本金后证券账户及其中的股票归被申请人所有,违背实名认证规则,无法履行。

仲裁庭从双方主体性质、法律强制性规定、身份特定职业、合同约定的内容各方面去论述保底条款的有效性，从法律及事实两个方面证明条款的有效性。

（三）涉港电子证据是否需经公证及加章转递后方可认定其效力

申请人提交了某境外证券公司通过邮件发送的月结单等作为证据，主张该互联网生成的证据具有无地域性，可通过时间戳予以固定或演示原始载体，无须额外履行公证手续即可采信。被申请人不认可该证据的真实性，主张依据《最高人民法院关于民事诉讼证据的若干规定》第十六条第三款的规定，当事人向人民法院提供的证据，都应当履行相关的证明手续。该证据在香港特别行政区形成，依法应经过公证和加章转递后才能采信。该证据是否应当履行民诉法规定的相关证明手续成为一大争议焦点。

五、裁决结果

1. 被申请人向申请人返还初始本金人民币 10946412.71 元；

2. 被申请人向申请人支付逾期利息，以人民币 10946412.71 元为基数，按照全国银行间同业拆借中心公布的一年期贷款市场报价利率加收 50%的标准，自 2022 年 12 月 15 日起计算至实际清偿之日止；

3. 被申请人向申请人补偿律师费人民币 20 万元、保全费人民币 5000 元、担保费人民币 4000 元；

4. 驳回申请人关于手镯款及相应逾期利息的仲裁申请；

5. 本案仲裁费由申请人承担 5%，由被申请人承担 95%。

六、裁决理由

（一）A 证券的账户密码是否移交给被申请人操作

双方对 B 账户已交付被申请人管理没有异议，但被申请人不认可 A 账户已实际移交，理由为：《A 管理协议》缺乏营业部、交易账户及管理金额等合同重要条款，协议尚未生效；申请人并未提交证据证明其将

A 账户及密码交付给了被申请人，更没有提供证据证明结算单上的交易操作系被申请人所为；根据监管要求，A 等港股账户于 2018 年 4 月起实施双重认证登入模式，申请人从未向被申请人告知过安全验证码，被申请人不可能登录申请人账户进行操作。

对此，仲裁庭认为，首先，《A 管理协议》原约定委托期限于 2017 年 2 月 16 日届满，2017 年 11 月 17 日，申请人与被申请人共同约定"延到 2019 年 12 月 30 日结算"并手书于原期限条款旁。根据常理，如申请人未将 A 账户交付被申请人进行操作，则被申请人不可能同意延期。其次，2021 年 1 月 2 日，被申请人作出承诺：因某些因素影响，关于申请人在香港特别行政区的两个股票账户协议自动延期一年或者延至方便之时处理，申请人股票账户的股本安全由被申请人负责。故，可以推定被申请人已接收申请人账户及密码进行操作，否则不会作出此等承诺。再次，2022 年 5 月 26 日，被申请人向申请人发出《资产管理延期协议》草稿，该草稿第一条第一款显示申请人之前委托被申请人管理的两个账户之一即为 A 账户。最后，从聊天记录来看，2019 年 12 月 18 日，申请人告知可将收到的短信验证码转发给被申请人。2021 年 4 月 26 日，申请人再次对被申请人提到现在操作需要手机二次短信验证码。可见申请人多次表示愿意转发短信验证码，纵观本案证据，未见被申请人向申请人索要短信验证码而申请人拒不提供的情形。综上，仲裁庭认定，申请人已依约将 A 账户移交被申请人操作。

（二）两份委托管理协议书中保底条款的效力

仲裁庭认为，首先，本案两份委托管理协议书系自然人之间的委托理财合同，第四条第一款约定的实质是被申请人保证申请人的本金不受损失，属于保底条款。我国法律、行政法规仅对特定金融机构受托人承诺保底获利加以禁止，并未明确规定自然人之间委托理财不得约定保底条款。第四条第一款的约定仅在双方当事人之间发生法律效力，并不会对金融秩序造成冲击，也不会损害社会公共利益。其次，该条款本质上属于申请人和被申请人对投资风险的分配，系双方的真实意思表示。被申请人作为有投资专业知识的人士，其自述在香港特别行政区有一个团队，被申请人提供该合同版本予申请人，视为被申请人在评估商业风险的基础上对申请人作出的承诺，应得到信守。最后，委托理财的本金全部由申请人投入，被申请人占有申请人资金进行证券交易操作，结合第四条第二款的约定，在盈利的情况下，被申请人可分别享有高达50%、46%的分红，并非获得固定金额的委托费，相应地，约定在亏损的情况下由被申请人返还初始本金，并不会造成双方当事人之间权利义务的显著失衡，符合公平和对等原则。因此，根据《民法典》第一百四十三条的规定，合同第四条第一款关于如亏损则被申请人需返还申请人初始本金的约定合法有效。

此外，如前所述，被申请人为有证券投资知识的专业人士，其对返还初始本金之后，“该账户及以上述本金购买的全部股票的所有权归属被申请人，被申请人有权要求申请人变更账户或要求申请人配合被申请人对该管理账户任意操作（包括但不限于继续股票买卖、将账户资金划出至被申请人指定收款账户等）”能否履行应该具有一定的认知和预判，其提出无法履行仲裁庭不予采纳。如因账户转移问题产生争议，被申请人可另寻法律途径解决。

（三）涉港电子证据是否需经公证认定其效力

仲裁庭认为，首先，申请人提交的月结单系由该证券公司客户服务营运部通过电子邮件方式发送给申请人，其邮箱后缀与该证券公司英文缩写一致，也与该证券公司官方网站显示的邮箱后缀一致，且申请人可现场演示该邮件及其附件的原件，仲裁庭认定该邮件及其附件来源于该证券公司，根据电子证据的认定规则，确认其真实性。其次，虽然邮件发出主体及服务器位于香港特别行政区，但申请人的接收行为发生在内地，因此该证据可以视为内地形成的证据。最后，被申请人除证据未履行证明手续外，并未提出其他否定证据真实性的合理理由，被申请人长期掌握该证券账户代为操作，亦未提供足以反驳申请人证据的反证，故仲裁庭对其质证意见不予采纳。

案件评析

（一）A证券的账户密码是否移交给被申请人操作

账户是否完全移交是对账户造成损失的主体以及因果关系充分认定的前提，仲裁庭通过双方当事人的举证情况以及常理去分析，确认账户已经移交给被申请人，由此铺垫责任主体的确认以及明确损失金额的因果关系。

（二）两份委托管理协议书中保底条款的效力

对于保底条款的效力认定，仲裁庭没有参照相关法律规定一概认为该条款无效，而是特别分析法律规定无效背后的原因。因为本案签订委托协议的主体均为自然人，与普遍的金融机构与其他主体签订的委托协议不同，不会对金融市场产生冲击及影响。仲裁庭在考虑不违反强制性法律规定后，充分尊重当事人的意思自治，认定该条款有效。

（三）关于境外证据的认定

伴随着经济全球化，国际贸易和投资越来越频繁，加之仲裁因其高效性、保密性和国际可执行性等特点，在国际商事争议解决中备受青睐，在仲裁程序中提交域外形成的证据已成为较为普遍的现象。然而，部分当事人或代理人出于否认对方证据的目的，或出于对仲裁证据规则的不甚了解，往往引用《关于民事诉讼证据的若干规定》第十六条的规定，对于未履行公证等证明手续的证据一概予以否认。这实际上是对仲裁中域外证据认定规则的一种误解，混淆了仲裁与诉讼在证据审查要求上的本质区别。

1961年海牙国际私法会议制定了《取消要求外国公文书认证的公约》，旨在简化公文书跨国流转程序，以更加便捷的证明方式取代传统使领馆的领事认证。自2023年11月7日起，中国正式加入该公约，中国与其他缔约国之间的公文书跨境流转不再适用传统的“外交部认证+使领馆认证”的双认证程序，而代之以签发“附加证明书”的单一程序。需要明确的是，该公约原则上适用于主权国家之间，中国内地和香港、澳门特别行政区之间的公文书转递依靠指定转递机构。《第二次全国涉外商事海事审判工作会议纪要》第三十九条规定，对在我国境外形成的证据均应组织质证、综合审查，可见，即使在民事诉讼领域，简化域外证据审查程序的趋势也已显现，法院系统也意识到烦琐的证明手续对涉外诉讼带来的不便，虽然仍然受到《关于民事诉讼证据的若干规定》第十六条规定的约束，但对于证据的审查也逐渐向实质审查、综合审查方向探索。

诉讼与仲裁作为与两种并行的争议解决方式，其制度基础存在根本差异。民事诉讼以国家司法主权为基石，具有更强的法定性和强制性；而仲裁则植根于当事人的意思自治，更多地体现其民间性、契约性和国际化特征。因此，我国民事诉讼中关于域外证据形式要件的严格规定，并不当然适用于仲裁程序。《仲裁法》对于域外证据的证明手续或者认定规则作出具体规定。第七条规定，仲裁应当根据事实，符合法律规定，公平合理地解决纠纷。第四十三条至第四十六条规定了仲裁庭在证据取得、事实调查等方面广泛的主动权和裁量权。上述规定实际上确定了仲裁庭有权自主认定证据的原则。在实践中，仲裁庭普遍根据自由心证原则和合作推进仲裁程序原则，关注查明案件事实的实质需要，而非拘泥于形式要件。仲裁庭通常并不强制要求域外证据必须履行公证或认证手续，而是要求对方当事人对该证据的真实性、合法性、关联性进行实质性质证。仅当质证意见对证据真实性提出有效疑问，而综合全案材料又无其他证据能够佐证，则仲裁庭方保留要求当事人补充履行相关证明手续的权力。

本案中，仲裁庭在境外证据未履行特别证明手续的情形下，没有机械性地作出排除性裁定，而是通过当事人充分质证、审慎核实证据来源、对比双方举证能力、综合全案证据的方式，审查该境外证据的真实性与证明力，决定是否采纳，并且对通过邮件发送的证据是否构成境外证据也作了具体分析。这种灵活务实的处理方式，有效避免了因境外公证认证程序烦琐或时间紧迫而可能造成的证据障碍，充分彰显了仲裁程序相较于诉讼的灵活性与效率优势。

综上，本案仲裁裁决在效力认定、责任认定、损失赔偿等关键法律问题上依法严谨裁判，兼顾效率与公平，理性分析强制性法律规定与当事人意思自治之间的交叉点，对完善商事仲裁制度、保障国际贸易健康发展具有积极意义。同时，也提醒商事主体在金融交易中强化风险防范意识，在合同签订、履行、证据保全等环节做好合规管理，降低潜在法律风险。

（撰稿人：广州仲裁委员会国际仲裁部叶亮、贺晗，中国政法大学国际法学院/涉外法治学院博士研究生吴婧伊）

股票质押式回购协议的性质认定

一、关键词

证券；股票质押式回购；赋强公证；管辖权异议；香港特别行政区上市企业；港资企业

二、仲裁要点

1. 关于管辖。双方签订的《股票质押式回购交易业务协议之补充协议》中约定由本会管辖的争议为：（1）除关于公证债权文书内容外的争议；（2）公证机关拒绝出具执行证书或不予执行证书，或法院对强制执行公证作出不予执行裁定的情况下，双方对公证债权文书内容的争议。对此，被申请人提出仲裁条款生效以完成赋强公证为前提，因本案未实际办理公证，故仲裁管辖不成立。

2. 关于股权质押式回购。股票质押式回购交易在性质上是否应定性为民间借贷关系，是否应当适用最高人民法院关于民间借贷司法解释规定的利率上限规则。

三、基本案情

申请人以其管理的定向资产管理计划与第一被申请人开展了两笔股票质押式回购交易，并签订了相应的《股票质押式回购交易业务协议》，具体交易如下。

（一）第一笔交易

2017年6月9日，双方签订1号《股票质押式回购交易业务协议》，约定申请人向第一被申请人发放融资本金6966万元，年利率为6.6%，购回期限为728天，购回交易日为2019年6月13日，结息日期为每个自然年度3月、6月、9月及12月第21个自然日的前一个交易日，第一被申请人将其持有的1000万股集团股票（证券代码为×）质押给申请人，并陆续办理了10959000股相应集团股票的质押登记。其间第一被申请人提前购回本金100万元，故双方办理了解除1号股案涉质押股票的质押登记手续。回购期满后第一被申请人申请两次交易延期，双方签署相应的补充协议，最后一次延期时，双方确认购回交易日为2020年12月18日，购回利率为年利率8%。

（二）第二笔交易

2017年8月4日，双方签订2号《股票质押式回购交易业务协议》，约定申请人向第一被申请人发放融资本金3.6亿元，年利率为6.6%，购回期限为731天，购回交易日为2019年8月5日，结息日期为每个自然年度3月、6月、9月及12月第21个自然日的前一个交易日，第一被申请人将其持有的4736万股集团股票（证券代码为×）质押给申请人，并陆续办理了19001000股相应集团股票的质押登记。其间被申请人提前购回本金500万元，故双方办理了解除1号股案涉质押股票的质押登记手续。回购期满后第一被申请人申请两次交易延期，双方签署相应的补充协议，最后一次延期时，双方确认购回交易日为2020年12月18日，购回利率为年利率8%。

截至2018年10月18日15：00收市后，上述两笔交易履约保障比例均低于交易业务协议所约定的最低履约保障比例，已构成两份《回购协议》第四十二条第一款第一项约定的违约情形，申请人于2018年11月15日向第一被申请人发出《股票质押式回购交易违约通知》，告知其行为构成违约。经申请人通知后，第一被申请人先后多次采取了相应的履约保障措施，但其采取的措施仍无法使上述两笔股票质押交易履行保障比例恢复至预警线之上，故申请人提出仲裁请求如下：

1. 裁决第一被申请人向申请人支付融资本金余额33400万元、回购利息13348111.11元、违约金18969.4890万元（回购利息、违约金按约定利率计至实际付清之日止，暂计至2021年3月18日）；

2. 裁决第一被申请人向申请人支付律师费300万元；

3. 裁决第二、第三被申请人对上述债务承担连带清偿责任；

4. 裁决第一至第五被申请人承担本案全部仲裁费、财产保全费用（财产保全费、担保费）；

5. 裁决确认申请人对第一被申请人提供质押的其名下持有的67319998股××国际股票（证券代码为×）享有优先受偿权，并裁决申请人对该股票及相应孳息折价或以拍卖、变卖的价款在上述第1、2、4项债权总额范围内优先受偿；

6. 裁决确认申请人对第二被申请人提供质押的其名下持有的××集团有限公司的3.764%股权及相应孳息享有优先受偿权，并裁决申请人对该股权折价或以拍卖、变卖的价款在上述第1、2、4项债权总额范围内优先受偿；

7. 裁决确认申请人对第四被申请人提供质押的其名下持有的××基金股份公司的10643万股（股权占比3.6232%）股份及相应孳息享有优先受偿权，并裁决申请人对该股份折价或以拍卖、变卖的价款在上述第1、2、4项债权总额范围内优先受偿；

8. 裁决确认申请人对第五被申请人提供质押的其名下持有的800万股××B股票（证券代码为×）享有优先受偿权，并裁决申请人对该股票及相应孳息折价或以拍卖、变卖的价款在上述第1、2、4项债权总额范围内优先受偿。

四、争议焦点

（一）关于本案的仲裁管辖

被申请人提出管辖权异议，认为合同均未按补充协议进行赋予强制执行公证，而仲裁条款生效以已办理赋强公证为前提，故在公证缺失的情况下，仲裁条款无效。申请人称其曾主动就案涉合同向广州公证处申请公证，但因第一被申请人未缴纳公证费导致程序搁置而无法出具公证书。申请人认为，各方通过补充协议将争议解决方式从诉讼调整为公证和仲裁，本意就是构建高效的争议解决路径。而强制执行公证的完成需要双方配合，若以第一被申请人的理解，只要其不配合办理公证，便永久阻却仲裁条款的生效，违背双方通过公证或仲裁方式解决纠纷的意愿。

（二）关于股票质押式回购协议的性质

被申请人提出，本案明显不属于《最高人民法院关于审理民间借贷案件适用法律若干问题的规定》当中所称的“因发放贷款等相关金融业务引发的纠纷”，因此本案应当根据该司法解释的规定，认定属于民间借贷；该司法解释第二十八条第一款明确规定，借贷双方对逾期利率有约定的，从其约定，但是以不超过合同成立时一年期贷款市场报价利率四倍为限。《最高人民法院关于依法妥善审理民间借贷案件的通知》明确了应依法严守法定利率红线，即各种以利息违约金服务费、中介费、保证金、延期费等突破或者变相突破法定利率红线的，应当不予支持。

申请人则认为，本案不适用民间借贷司法解释，被申请人虽提到（2018）最高法民终1207号及（2019）最高法民终97号的个别案例有类似观点，但是申请人也明确找到（2020）最高法民终1050号，该案例中明确指出，股票质押式不适用民间借贷司法解释。

仲裁庭认为：本案系证券公司与客户之间开展的股票质押式回购交易，依法不适用民间借贷司法解释规定的民间借贷利率标准。

五、裁决结果

1. 第一被申请人向申请人支付回购款33400万元并支付利息（利息均按照年利率8%的标准，分四部分计算：（1）以5000万元为基数，自2020年9月21日起计至实际清偿之日止；（2）以29250万元为基数，自2020年9月21日起计至10月19日止；（3）以28650万元为基数，自2020年10月20日起计至11月1日止；（4）以28550万元为基数，计算2020年11月2日当日利息；（5）以28400万元为基数，自2020年11月3日起计至实际清偿之日止）。

2. 第一被申请人向申请人支付违约金（违约金分别以6966万元、36000万元为基数，按照年利率16%的标准，自2018年10月18日起计至实际清偿之日止）。

3. 第一被申请人向申请人补偿律师费300万元、财产保全费5000元。

4. 本案仲裁费由第一被申请人承担。

5. 申请人对第一被申请人提供的质押物××国际（证券代码为××）67319998股的股票享有质权并对其拍卖、变卖或折价所得价款在上述第1、2、3、4项裁决确认的债权范围内享有优先受偿权。

6. 申请人对第二被申请人持有的第三被申请人3.764%的股权享有质权并对其拍卖、变卖或折价所得价款在上述第1、2、3、4项裁决确认的债权范围内享有优先受偿权。

7. 申请人对第四被申请人持有的××基金股份有限公司10643万股的股份（持股比例3.62%）享有质权并对其拍卖、变卖或折价所得价款在上述第1、2、3、4项裁决确认的债权范围内享有优先受偿权。

8. 申请人对第五被申请人持有的800万股××B（股票代码：××无限售流通股）的股票享有质权并对其拍卖、变卖或折价所得价款在上述第1、2、3、4项裁决确认的债权范围内享有优先受偿权。

9. 第二、第三被申请人对第一被申请人上述第 1、2、3、4 项债务承担连带清偿责任。

六、裁决理由

（一）关于赋强公证

赋强公证是指公证机构根据当事人的申请，依据法律规定对以给付为内容的债权文书进行公证并赋予强制执行效力，当债务人、担保人不履行约定的义务时，债权人无须经过债务人、担保人同意，即可依据执行证书直接向有管辖权的人民法院申请强制执行的公证活动。最高人民法院于 2018 年 9 月 30 日公布《关于公证债权文书执行若干问题的规定》，确定于 2018 年 10 月 1 日起施行，即对债权文书赋予强制执行效力的公证。

（二）关于本案的仲裁管辖

仲裁庭认为：申请人分别与第一至第四被申请人签订的案涉《股票质押式回购交易业务协议》《保证合同》《股权质押合同》《股票质押合同》确实约定争议解决方式为法院诉讼，但后续各方均在上述合同基础上签订相应的补充协议，且补充协议均明确将原合同争议解决方式变更为“本协议/合同如按补充协议进行赋予强制执行公证，对于以下争议，任何一方可向中国广州仲裁委员会东莞分会提起仲裁：（1）除关于公证债权文书内容的争议外，双方因履行本协议所产生的其他争议；（2）如公证机关对公证债权文书拒绝出具执行证书或出具不予执行证书，或人民法院对强制执行公证作出不予执行裁定，双方对公证债权文书内容的争议”。可见，申请人与第一至第四被申请人已通过签署补充协议的方式对原合同的争议解决条款进行变更，上述合同及其补充协议是各方的真实意思表示，各方均应按约履行，因此各方均应遵守变更后的争议解决条款。根据变更后的争议解决条款，各方当事人关于该条款意思表示真实且明确，条款中指向的仲裁机构为广州仲裁委员会东莞分会，仲裁事项范围包括除公证债权文书内容争议外，因履行本协议所产生的其他争议，以及公证机关拒绝出具执行证书或出具不予执行证书，或法院对强制执行公证作出不予执行裁定时，双方就该公证债权文书内容产生的争议。而第一至第四被申请人所称的赋予强制执行公证是仲裁管辖的前置条件，仲裁庭认为，该条款并未明确约定未办理公证则仲裁条款无效，综合条款全文，赋予强制执行公证与否是对仲裁事项范围的界定标准，并非仲裁启动的前提。因此，仲裁庭对第一至第四被申请人上述异议不予采纳。综上所述，上述条款符合《仲裁法》第十六条“仲裁协议应当具有下列内容：（一）请求仲裁的意思表示；（二）仲裁事项；（三）选定的仲裁委员会”规定的情形，且不存在《仲裁法》第十七条规定的仲裁条款无效的情形。

（三）关于本案是否适用民间借贷司法解释规定

通俗来讲，中国语境下的股票质押式回购交易操作主要由具备资格的证券公司作为资金融出方，向上市公司股东（融入方）融出资金，同时接受其以持有的上市公司股票出质并于中国证券登记结算公司办理质押登记；待交易到期后，证券公司收回资金本息并解除股票质押。首先，证券公司或其资管子公司管理的资产管理计划不具备法定贷款资格，因此不属于金融借款；其次，股票质押式回购也不属于民间借贷，为了保障融资方的权益，融入方需要在资金融入时提供担保品，也即融入方所持有的上市公司的股票。为了提高效率直接嵌入融资主合同，无须另行签订独立质押合同，融资条款与质押条款共同组成《股票质押式回购交易协议》。因此，股票质押式回购交易呈现主从复合型的法律关系，包括以融入方向证券公司融入资金形成的融资借款作为主法律关系，和以融入方将其持有的上市公司股票出质给证券公司所形成的质押担保关系作为从法律关系。故，《股票质押式回购交易协议》的本质是融资关系和质押担保关系的结合。故此，本案既不应认定为民间借贷关系，亦不适用民间借贷司法解释的有关规定。

案件评析

（一）对程序问题的正确判断

本案开庭前，各被申请人即提出对本会受理本案的管辖权异议申请。考虑到本案标的较大，且涉及港资集团及上市企业，仲裁庭为谨慎处理，组织双方围绕管辖权问题进行了开庭调查。

在组织各方对管辖权问题充分发表意见之后，仲裁庭结合赋强公证的法律意义与功能定位，指出公证仅作争议类型的划分，而非仲裁前置条件，并结合各方签署合同的真实目的，最终作出本会对案涉纠纷具有管辖权的决定。由此体现了仲裁庭对案件程序的把握全面准确，从根基上保障了本案程序正义。

（二）对实体问题的精准把握

仲裁庭在庭审、合议及裁决全程中，对案涉合同性质均把握精准。无论是被申请人管辖权异议涉及的“赋强公证”概念，还是证券公司对纠纷定性的主张，均得以准确辨析。通过仲裁本案进一步表明，唯有精准理解专业术语，方能厘清管辖权异议的核心焦点；唯有准确界定合同及法律关系的性质，方能对利息、违约金等诉求作出公正裁断。这充分体现了仲裁制度的高度专业性，切实保障了实体公正。

（撰稿人：广州仲裁委员会东莞分会陈燕妮、中国政法大学国际法学院/涉外法治学院博士研究生吴婧伊）

第五章
跨境电商

“广告效果未达预期”是否构成违约

一、关键词

仲裁协议变更；仲裁准据法；电商平台广告投放；商业风险

二、仲裁要点

本案为某电商平台上的广告服务合同纠纷，申请人为美国企业，被申请人为我国本土企业，双方原服务合同约定的争议解决机构为美国某仲裁机构，适用法律为美国华盛顿州法律。后，双方通过《还款协议》将约定的争议解决机构改为广州仲裁委（GZAC），并适用我国法律和广州仲裁委现行有效的仲裁规则。后，因被申请人逾期付款，申请人根据后签订的《还款协议》向本会提起仲裁。

三、基本案情

申请人与被申请人于2020年7月16日签订《服务协议》，约定由申请人为被申请人提供电商平台广告投放服务，该协议约定的仲裁机构为美国某仲裁机构。申请人根据合同约定为被申请人提供了广告服务，但被申请人未依约足额支付服务款。2021年11月5日，申请人与被申请人签署《还款协议》，双方一致明确基于前述合同及申请人提供的服务，截至本协议签订之日，被申请人尚欠申请人服务款149899.23美元。同时，被申请人承诺如未依约按期、足额支付各期款项的，就尚未偿还的债务，自到期之日起按每日万分之五的标准向申请人支付违约金。《还款协议》约定争议解决机构为广州仲裁委，并按照现行有效的仲裁规则予以仲裁。前述《还款协议》签订后，被申请人仅向申请人支付了12000美元，剩余款项137899.23美元未支付，申请人经多次催告，被申请人均未履行，申请人遂依据双方签订的《还款协议》及其仲裁条款提起仲裁，请求裁决：

1. 被申请人向申请人支付服务款137899.23美元。

2. 被申请人向申请人支付因逾期支付服务款所产生的违约金，违约金的计算方法为以未付金额为基数，自逾期之日至付清全部款项止，按每日万分之五的标准支付。暂计至2022年8月1日违约金金额为11435.22美元。

3. 被申请人向申请人支付律师费人民币32000元。

4. 被申请人向申请人支付认证费人民币7150.75元。

5. 被申请人向申请人支付翻译费人民币2700元。

6. 被申请人向申请人支付保全费人民币5000元。

7. 被申请人承担本案仲裁费用、保全费用等。

四、争议焦点

（一）本案适用法律和管辖机构如何确定

申请人认为：按照双方当事人签订在后的《还款协议》的约定，本案应适用中华人民共和国法律，由广州仲裁委管辖。

被申请人则认为：本案为服务合同纠纷，审查依据应为签订在前的《服务协议》，按照协议约定，应由美国仲裁机构管辖，并适用华盛顿州法律的规定。

（二）被申请人逾期付款是否构成违约

申请人认为：《还款协议》对双方签订的《服务合同》及被申请人对申请人149899.23美元的债务进行了确认，并确认了还款计划，被申请人未按照计划还款，即构成违约，应当依法承担违约责任。

被申请人则提出多点抗辩意见，表示《服务合同》项下广告费金额过高、申请人投入的广告没有实际效果、被申请人看不懂英文合同、申请人没有控制其广告投入预算、申请人未提供培训服务等，导致被申请人花费较高金额却没有获得应有的广告效果，故其无须支付全部款项，且不应承担违约责任。

五、裁决结果

1. 被申请人向申请人支付 137899.23 美元。

2. 被申请人向申请人支付逾期付款违约金（违约金分期计算，第一期以 17899.23 美元为本金，自 2021 年 12 月 31 日起至清偿之日止；第二期以 40000 美元为本金，自 2022 年 1 月 31 日起至清偿之日止；第三期以 50000 美元为本金，自 2022 年 3 月 1 日起至清偿之日止；第四期以 30000 美元为本金，自 2022 年 3 月 21 日起至清偿之日止；以上均按每日 0.05%计算）。

3. 被申请人向申请人补偿其为办理本案所支出的律师费人民币 32000 元、认证费人民币 6157.75 元、翻译费人民币 2700 元。

4. 本案仲裁费由被申请人承担。

六、裁决理由

（一）关于管辖权问题

仲裁庭认为：双方签订的《服务协议》的英文版及其中文翻译版本第十条均约定："本平台服务协议受华盛顿法律管辖，但不包括其在西雅图管辖范围内的法律选择规则。"英文原文为："This PSA is governed by Washington law, excluding its choice of law rules, in the jurisdiction of Seattle."结合上下文解释，该英文合同约定的管辖法律为华盛顿州法律，但不包括在西雅图法域内的冲突法。后续双方重新签订《还款协议》，约定争议解决的机构为广州仲裁委，按照其现行有效的仲裁规则予以仲裁。《还款协议》约定的仲裁机构与《服务协议》英文版及其中文翻译版均约定的美国某仲裁机构相冲突。审理中，经仲裁庭释明，双方当事人最终确认系双方通过在后的《还款协议》变更了仲裁机构的选择，双方确认并以实际行动表明双方同意本案由广州仲裁委按照其现行有效的仲裁规则进行仲裁。故，仲裁庭认定，双方一致同意通过《还款协议》将《服务协议》约定的仲裁机构美国某仲裁机构变更为广州仲裁委，广州仲裁委依照仲裁规则指定仲裁员组成仲裁庭审理本案合法有效。

（二）关于本案的法律适用

由于双方在后签订的《还款协议》并未提及法律适用问题，审理中仲裁庭向双方释明，要求双方陈述其对本合同应适用的法律意见，若坚持适用《服务协议》约定的美国华盛顿州法律，则仲裁庭将进一步解决案涉外国法律查明问题。双方因此确认系以在后的《还款协议》变更了《服务协议》约定适用的法律，双方均同意本案适用中华人民共和国法律进行审理。对于双方当庭达成的一致，仲裁庭确认其符合当事人意思自治原则以及我国法律的规定，故仲裁庭认定，本案应适用中华人民共和国法律。案件争议事实包括前后两个部分：第一部分是双方签订和履行《服务协议》英文版本和对应的翻译件；第二部分为双方签订《还款协议》，对前述合同项下的债务还款事宜予以约定。本案庭审中，双方当事人确认以在后的《还款协议》对在先合同的部分内容进行了变更，可见上述两个部分是同一个法律事实的履行，延续到《民法典》生效之后，故仲裁庭认定本案应根据《最高人民法院关于适用〈中华人民共和国民法典〉时间效力的若干规定》第一条第三款关于“民法典施行前的法律事实持续至民法典施行后，该法律事实引起的民事纠纷案件，适用民法典的规定，但是法律、司法解释另有规定的除外”的规定，适用《民法典》的规定进行审理。

（三）关于被申请人逾期付款是否构成违约的认定

《还款协议》对于双方签订的服务合同及被申请人欠付申请人的149899.23美元债务进行了确认，并约定了还款计划，被申请人未按照计划还款，构成违约，应当依法承担违约责任。

至于被申请人提出的相关抗辩，仲裁庭认为：第一，被申请人作为涉外商业机构，应当具备阅读英文合同的能力。如果不具备，也应寻求律师、翻译等专业人士的服务，何况签署的案涉合同还有中文译本。就算没有译本，作为外贸企业，应对自己签订合同不够审慎的行为承担法律责任，故其看不懂英文版合同的抗辩理由不具合理性，仲裁庭不予支持。第二，被申请人辩称申请人没有控制其预算，经查，《服务合同》第三条关于信用额度的条款，英文为“Company agrees XX may perform a credit check at any time and may require a deposit or establish a credit limit”，中文翻译为“公司同意某某可在任何时候进行信用检查，并可要求公司支付押金或设立信用额度”，申请人称本案合同争议并不触发信用额度约定的问题。对此，仲裁庭认为，根据文义解释，该约定中措辞“may/可”表达的是“可以”而不是“应当”的意思，确系授权性约定，本案申请人没有为被申请人设立信用额度限制并不违反合同约定，上述条款中约定申请人可以设定信用额度确实不能解释为申请人的义务，被申请人关于申请人应该设立信用额度限制帮其控制预算的抗辩理由不成立，仲裁庭不予支持。第三，至于被申请人抗辩的广告耗费高却没有达到效果，由于广告是商业行为，其可能达到设想的商业效果，也可能达不到，这属于正常商业风险。《服务合同》约定：“provide Company access to XX standard web-based training and support”，对应中文：“向公司提供某某标准网络培训和支持”，约定的是申请人提供其自行提供的标准网络培训，并未约定申请人要为被申请人提供被申请人所需的学习如何投放广告的个别、专门培训，被申请人根据合同约定可以访问（access to）申请人提供的网络标准培训，但是否实际访问学习则是其自主事项，故被申请人以申请人未给予培训导致广告费虚耗、未产生效果的观点，仲裁庭难以支持。在被申请人未举证证明申请人通过合同或者其他方式予以广告效果承诺的情况下，以广告费用高但效果差作为拒绝付款的理由，仲裁庭不予支持。

案件评析

（一）仲裁管辖变更：国际商事仲裁当事人意思自治的典型实践

本案系涉及中美法律的国际电商广告合同纠纷，一个显著亮点为仲裁管辖权的协议变更。根据《仲裁法》第四条、第六条及《承认与执行外国仲裁裁决公约》（《纽约公约》）、联合国国际贸易法委员会《国际商事仲裁示范法》的精神，当事人采用仲裁的方式解决争议，应当双方自愿，仲裁机构应当由当事人协议选定。本案《还款协议》的仲裁条款明确取代了原争议解决条款，改为约定由广州仲裁委（GZAC）管辖并适用中国法，符合“书面形式”与“自愿原则”要件。国际私法中的“当事人意思自治原则”（Party Autonomy）在此得到充分彰显——当事人有权在不违反法律强制性或禁止性规定的前提下，自由选择争议解决方式。本案中，双方当事人在《还款协议》中变更了原合同约定的争议解决机构和准据法（美国华盛顿州法律→中国法律），完全契合一般商事仲裁法律与理论所倡导的当事人自治，广州仲裁委管辖权的确立，表明中国仲裁机构在国际商事争议解决方面的开放性与竞争力。

（二）对“广告效果未达预期”之抗辩的合理分析

针对被申请人“广告效果不佳”的抗辩，仲裁庭确立双重审查标准：一是按“谁主张，谁举证”原则分配举证责任，被申请人须证明申请人履约瑕疵（如偏离约定受众定位）直接导致效果未达标；二是合同义务关联性，需证实原合同将付款义务与可量化的效果指标（如转化率、投资回报率）明确挂钩。实践中，电商广告合同常约定“按展示量/点击量付费”，而非“按效果付费”，被申请人主张广告效果未达预期，并未提供充分证据（如流量数据、转化率等），且本案《服务合同》并未将广告效果作为付款的前提条件，故被申请人的抗辩不成立。本案中，仲裁庭严格遵循合同文义解释原则，明确跨境电商广告服务的效果属于商业风险范畴，在无特别效果担保条款的情况下，服务方仅需证明已按约完成投放义务，无须对转化效果承担保证责任。这一裁判要旨为同类电商广告纠纷的处理确立了清晰的归责标准，彰显了合同文义优先的国际裁判共识。

（三）中国仲裁国际公信力的实证提升

该案作为典型的国际商事仲裁案，合同文本的原文为英文，广州仲裁委指定在跨境电商领域有丰富经验且精通英语的仲裁员审理本案，专业、精准地对各项争议事项进行裁定，裁决结果获得当事人的高度认可。且该案从受理到结案用时不到6个月，裁决可通过我国法院直接执行债务人在华财产，这种“高效率+强执行”的争议解决模式，正在重塑跨境电商企业的仲裁地选择偏好。本案中，中美两国当事人共同同意将管辖机构变更为广州仲裁委，并适用中国法律审理，虽然是中美博弈大背景下的个体选择，但也充分体现了中国仲裁在国际舞台上的竞争力和认可度在不断提升，体现了中国作为仲裁“优选地”的可能性与吸引力，本案为未来跨境商事纠纷的解决提供了可复制、可参考的“广仲样本”。

综上，本案作为美国某电商平台上的广告服务合同纠纷，从管辖合意变更到服务合同责任界定，均体现了国际商事仲裁的国际化趋势与规则融合导向。随着更多仲裁“最佳实践”的塑造和跨境协作机制的完善，中国有望成为全球商事争议解决的重要枢纽，为跨国企业提供更高效的法律保障。本案仲裁有两点启示：一是建议中国企业签订涉外合同时，可力争通过协议或补充协议将争议解决“主场化”，并明确履约评价标准；二是仲裁机构则需要注重仲裁员涉外视野建设，依托国际实践拓展仲裁应用，通过专业性与高效率赢得国际当事人的信任，为跨境企业提供兼具大陆法严谨性与普通法灵活性的公共产品。

（撰稿人：广州仲裁委员会知识产权仲裁院沈璐）

CPC 模式下网络广告服务合同纠纷中的履约情况认定

一、关键词

点击付费（Cost Per Click，CPC）；跨境电商；电子证据效力；母公司担保责任

二、仲裁要点

1. CPC 模式下的履约认定：广告服务费以实际点击量计算，申请人提交的结算邮件符合合同约定，且第一被申请人未在异议期内提出异议，视为确认结算金额。

2. 电子证据效力：根据《电子签名法》及合同约定，企业邮箱通知具有法律效力，仲裁庭采信申请人提交的结算邮件，并推定第一被申请人未提出异议即认可数据的真实性。

3. 母公司担保责任：第二被申请人（内地 C 公司）为其全资子公司（香港特别行政区 B 公司）提供担保，依据相关规定，无须股东会决议，担保有效。

4. 违约金合理性：日万分之五的违约金标准符合商事主体风险预期，且第一被申请人未举证证明损失过高，仲裁庭不予调减。

三、基本案情

申请人：香港特别行政区 A 公司（网络广告服务商）

第一被申请人：香港特别行政区B公司（广告主）

第二被申请人：内地C公司（第一被申请人全资股东，担保方）

申请人与第一被申请人签订《推广服务合同》，约定由申请人在某平台为第一被申请人提供广告推广服务。约定采用按点击付费模式，即网络用户在申请人代理页面每点击一次广告，第一被申请人即产生单次点击费用支付义务。申请人在每月十日前将上一个月平台数据和实际结算金额提供给第一被申请人，第一被申请人应自收到申请人数据及结算金额后三个工作日内予以确认或提出异议，若第一被申请人未在上述时间内回复，视为第一被申请人确认结算金额并以邮件内容为准。根据合同所附表格，第一被申请人企业邮箱后缀为@ bbbb. com，申请人企业邮箱后缀为@ aaaa. com。同时，第二被申请人作为第一被申请人全资母公司，承诺对服务费、违约金及实现债权的费用承担连带保证责任（合同第6.1条），保证期至付款义务期满后两年。

2020年6月至12月：申请人按约发送7次结算邮件至第一被申请人指定企业邮箱，结算总额1,334,888.62美元，其中6次获邮件确认（如mary@ bbbb. com回复“金额无误”）。自2020年8月起，第一被申请人开始拖欠费用，至仲裁时欠付1,030,399.65美元（扣除已付304,488.97美元）。

四、争议焦点

（一）CPC模式下合同履行是否完成

申请人主张：1. 结算程序合规。申请人严格依据合同约定时间及邮箱后缀发送结算数据，第一被申请人6次邮件确认、1次未提出异议，视为认可金额。2. 证据充分。其提供结算邮件、广告账户创建/充值指令邮件，证明服务已实质性履行。

第二被申请人抗辩：1. 履行瑕疵。申请人未依行业惯例要求提供广告投放截图、平台数据报告等直接证据，无法证明点击量的真实性。

2. 邮箱有效性存疑。合同指定授权人为“陆××”，但结算邮件接收方为“mary@ bbbb. com”，非合同约定联系人，其确认无效。

（二）违约金标准是否过高

申请人主张：合同明确约定日万分之五违约金（约年化 18.25%），系商事主体自主约定，且两被申请人长期拖欠造成资金占用损失。

第二被申请人抗辩：1. 不可抗力。疫情属合同约定的不可抗力事由（病毒入侵条款），应免除违约责任；2. 违约金畸高。申请人未证明实际损失，且持续提供服务未及时止损，其应自 2020 年 11 月第一被申请人出现欠款情形时停止服务，主张调低标准。

（三）母公司担保是否有效

申请人主张：依据《最高人民法院关于适用〈中华人民共和国民法典〉有关担保制度的解释》第八条的规定，母公司为全资子公司经营活动担保无须决议。陈某某系第一被申请人时任法定代表人且持股 80%，担保意思表示真实。

第二被申请人抗辩：陈某某未经股东会决议越权担保，违反《公司法》第十五条，相对人未审查决议属非善意。

五、裁决结果

1. 第一被申请人向申请人支付推广服务费 1,030,399.65 美元及违约金（违约金暂计至 2022 年 5 月 11 日为 240,002.60 美元，自 2022 年 5 月 12 日起，以未付推广服务费 1,030,631.87 美元为基数，按日万分之五的标准计算至第一被申请人实际清偿之日止）。

2. 第二被申请人对上述第 1 项裁决确定由第一被申请人支付的款项承担连带清偿责任。

3. 对申请人其他仲裁请求不予支持。

4. 本案仲裁费由第一被申请人承担。

六、裁决理由

（一）CPC 模式下的履约认定

一般而言，广告业态依其服务形态可划分为广告策划、广告设计、广告制作、广告代理、广告发布、广告设备/装备以及广告服务七大类。其中，广告合同纠纷案件中，以涉及广告发布最为普遍。相较于传统广告合同纠纷，新媒体/网络广告呈现出广告主体多元化、广告投放更加弹性化、广告形式和内容实时更新、实现智慧化及精准化投放等特点，尤其以实际点击收费模式的应用为甚。本案涉及的是网络广告发布的纠纷。按照双方的约定，广告信息的发布并不当然产生费用。仅当网络用户在申请人的相关页面或界面中点击第一被申请人广告时，方可按次计收费用。点击付费模式与传统广告收费存有较大差异。点击付费往往表现为三种形式：CPM（Cost Per Mile）、CPD（Cost Per Download）及 CPC。本案中，双方在该合同第 3.1 条约定以 CPC 作为收费模式。换言之，申请人所收取的是以实际点击的人数为标准来计算费用而非以页面浏览量为计费标准。为此，本案在证据和事实认定上与传统广告业务截然不同，需要突破以往通过监播手段来判断广告投放是否已按约完成的路径。合同第 3.2 条明确约定，结算数据通过企业邮箱发送，第一被申请人 3 个工作日内未提出异议视为确认。申请人提交的 7 次结算邮件均发送至第一被申请人指定邮箱（@ bbbb. com），且第一被申请人未举证反驳邮箱虚假性。据此，仲裁庭认定该 7 笔通过电邮作出之结算通知为有效。第一被申请人应当支付拖欠服务费 1,334,888.62 美元。

（二）关于违约责任的认定

根据《民法典》第五百八十五条第一款①的规定及合同第 8.1 条的约定，第一被申请人逾期付款部分应按万分之五计付违约金至实际清偿为止。虽然第二被申请人于庭审中提出出现不可抗力之情况，但并未就合同无法履行或存在其他免责事由进行举证，应承担举证不能的后果。涉案合同关于违约金的约定体现了各方当事人的意思自治，两被申请人作为商事主体，应对自身履约能力和违约风险具有合理预期。考虑到合同的履行情况、第一被申请人的过错程度，仲裁庭认为按照合同约定的日万分之五作为违约金计算标准，并不属于过高需要调减的情形。

（三）母公司担保责任的认定

参照《最高人民法院关于适用〈中华人民共和国民法典〉有关担保制度的解释》第八条第一款②的规定，第一被申请人系第二被申请人全资子公司，故第二被申请人为其经营活动提供担保，无须公司机关决议。担保效力认定的本质系债权人善意与例外规则的平衡。根据《最高人民法院关于适用〈中华人民共和国民法典〉有关担保制度的解释》

---

① 《民法典》第五百八十五条规定："当事人可以约定一方违约时应当根据违约情况向对方支付一定数额的违约金，也可以约定因违约产生的损失赔偿额的计算方法。约定的违约金低于造成的损失的，人民法院或者仲裁机构可以根据当事人的请求予以增加；约定的违约金过分高于造成的损失的，人民法院或者仲裁机构可以根据当事人的请求予以适当减少。当事人就迟延履行约定违约金的，违约方支付违约金后，还应当履行债务。"

② 《最高人民法院关于适用〈中华人民共和国民法典〉有关担保制度的解释》第八条第一款规定："有下列情形之一，公司以其未依照公司法关于公司对外担保的规定作出决议为由主张不承担担保责任的，人民法院不予支持：（一）金融机构开立保函或者担保公司提供担保；（二）公司为其全资子公司开展经营活动提供担保；（三）担保合同系由单独或者共同持有公司三分之二以上对担保事项有表决权的股东签字同意……"

第七条①的规定，债权人需对决议进行“合理审查”（如形式审查）以证善意，否则可能导致担保无效。而第八条规定的三种情形无须审查决议，直接推定担保有效。其立法目的在于简化交易流程，避免过度增加债权人审查负担，同时保护母子公司间的正常经营支持。本案的核心法律争议在于母公司为全资子公司担保是否需履行股东会决议程序。通过《最高人民法院关于适用〈中华人民共和国民法典〉有关担保制度的解释》第八条的例外规定，明确此类担保无须决议，直接有效。这一规则既符合商业实践中母子公司紧密合作的现实需求，也避免了因程序瑕疵过度否定担保效力，体现了法律对交易效率与公司治理的平衡考量。

案件评析

（一）CPC 模式履约认定的裁判规则创新

传统广告合同纠纷中，履约证明通常依赖“广告监播公证书”等第三方证据，但 CPC 模式的核心在于后台点击数据的实时性与不可回溯性。本案据此仲裁庭确立两项裁判规则：

1.“数据沉默即认可”规则：基于合同约定的 3 日异议期条款，认定第一被申请人未对结算邮件提出异议，即视为认可数据的真实性。突破传统广告纠纷对“可视化证据”的路径依赖，契合 CPC 模式特性。

2. 邮箱后缀形式审查标准：合同明确约定企业邮箱后缀（@ bbbb.com）为通知有效形式，申请人向该后缀邮箱发送文件即完成举证责

---

① 《最高人民法院关于适用〈中华人民共和国民法典〉有关担保制度的解释》第七条规定：“公司的法定代表人违反公司法关于公司对外担保决议程序的规定，超越权限代表公司与相对人订立担保合同，人民法院应当依照民法典第六十一条和第五百零四条等规定处理：（一）相对人善意的，担保合同对公司发生效力；相对人请求公司承担担保责任的，人民法院应予支持。（二）相对人非善意的，担保合同对公司不发生效力；相对人请求公司承担赔偿责任的，参照适用本解释第十七条的有关规定。法定代表人超越权限提供担保造成公司损失，公司请求法定代表人承担赔偿责任的，人民法院应予支持。第一款所称善意，是指相对人在订立担保合同时不知道且不应当知道法定代表人超越权限。相对人有证据证明已对公司决议进行了合理审查，人民法院应当认定其构成善意，但是公司有证据证明相对人知道或者应当知道决议系伪造、变造的除外。”

任，若第一被申请人主张邮箱非其掌控则应承担举证责任，否则推定送达效力成立。

（二）电子证据效力的程序审查突破

本案中，仲裁庭对电子邮件通知效力的审查体现了程序正义与效率价值的平衡：

1. 载体真实性优先。以合同约定的邮箱后缀作为真实性初步证据，减轻当事人举证负担（参照《电子签名法》第十三条，符合约定形式的电文视为可靠）。第一被申请人未反证邮箱虚假或失控（如提供服务器日志），故采信证据效力。

2. 电子证据链补强规则：在缺乏广告平台原始数据的情况下，通过串联广告账户创建信息、充值指令记录及结算邮件形成相互印证的证据闭环，有效弥补单一电子证据证明力薄弱的缺陷。

（三）公司担保规则的商事逻辑适配

针对第二被申请人“担保未经决议无效”的抗辩，仲裁庭适用《最高人民法院关于适用〈中华人民共和国民法典〉有关担保制度的解释》第八条的规定，以“全资子公司经营活动担保无需决议”为核心，揭示母公司为子公司担保的商事合理性——全资控股关系下担保行为实质是对自身财产权益的处分，未损害其他股东利益。若要求股东会决议，将导致公司治理僵化（母公司股东与子公司股东完全重合）。例外情形下，债权人无须审查决议，符合商事效率原则。若机械适用《最高人民法院关于适用〈中华人民共和国民法典〉有关担保制度的解释》第七条的规定，将过度增加交易成本。该裁判逻辑深度融合规范目的与商业本质，既避免僵化适用《公司法》第十五条①的规定引

① 《公司法》第十五条规定：“公司向其他企业投资或者为他人提供担保，按照公司章程的规定，由董事会或者股东会决议；公司章程对投资或者担保的总额及单项投资或者担保的数额有限额规定的，不得超过规定的限额。公司为公司股东或者实际控制人提供担保的，应当经股东会决议。前款规定的股东或者受前款规定的实际控制人支配的股东，不得参加前款规定事项的表决。该项表决由出席会议的其他股东所持表决权的过半数通过。”

发的交易阻滞，又防范担保权滥用风险。

（四）程序创新与跨境解纷

本案作为涉港内地双主体参与的典型跨境仲裁，选任的首席仲裁员具有深厚的跨境争议解决专业积淀。其不仅拥有处理复杂跨境商贸纠纷的丰富经验，还具备双语审理能力，可熟练运用英语主持庭审并直接审阅原始英文邮件证据，有效规避翻译失真风险。案件依托广州仲裁委的线上争议解决平台，突破跨境出庭障碍，实现全流程数字化高效审理，显著缩短结案周期。该模式为中小企业提供了高效便捷的跨境解纷通道，助力企业快速回款纾困，凸显了仲裁在区域经贸融合中的应用价值。

（撰稿人：广州仲裁委员会仲裁秘书部戴蕾、中国政法大学国际法学院/涉外法治学院博士研究生吴婧伊）

第六章

域外法和国际条约的适用

适用阿联酋法律认定股权代持的效力

一、关键词

涉外股权转让；涉外股权代持；法律适用；外国法查明；合同解除

二、仲裁要点

申请人是国内企业，两位被申请人是国外企业及其全资股东。申请人曾与二位被申请人签订《合作协议书》，约定受让第一被申请人名下的第二被申请人股权，并委托第一被申请人代持90%股权。后，因合作困难，申请人与第一被申请人协商解除协议未果，遂引发本案仲裁。案涉股东权利义务事项，受法人属人法调整，应适用登记地即阿联酋法律。依据查明的外国法律，当事人之间的股权转让及代持行为有效。现因申请人未能举证证明双方有就协议解除及其清算事宜达成合意，故不能认定《合作协议书》已经双方协商一致解除。但鉴于双方的合作已陷入僵局，且第二被申请人已无实际经营，为避免各方的权利义务长时间处于悬而未决的状态，故就申请人明确主张的协议解除事宜，仲裁庭认定案涉《合作协议书》于本案裁决之日解除。

三、基本案情

2022年7月21日，申请人（国内企业）与第一被申请人（第二被申请人全资股东）、第二被申请人（国外企业）签订《合作协议书》和《股权代持协议书》，约定由申请人受让第一被申请人名下的第二被申请人股权，并由第一被申请人代为持有90%股权。

2022年7月26日，申请人依约向第一被申请人支付涉案股权受让款，共计人民币150万元。但随即因双方合作出现困难，申请人与第一被申请人开始洽谈协议解除事宜。

2022年10月18日至22日，申请人与第一被申请人根据《合作协议书》第六条的清算约定："2. 本协议解除后：(1) 各方共同进行清算，必要时可聘请中立方参与清算；(2) 若清算后有剩余，各方须在公司清偿全部债务后，方可要求返还出资，按出资比例分配剩余财产；(3) 若清算后有亏损，各方以出资比例分担，遇有股东须对公司债务承担连带责任的，各方以出资比例偿还"，就股权受让款人民币150万元的返还事宜，以及第二被申请人的仓库存货、资产、利润等清算事宜进行协商，然而未获得任何结果。申请人遂将争议提交仲裁，具体的仲裁请求如下：

1. 裁决确认申请人与第一、第二被申请人签订的《合作协议书》已经于2022年10月18日解除；

2. 裁决第一被申请人返还申请人已支付的股权受让款人民币150万元；

3. 裁决第一被申请人承担逾期未返还上述股权受让款人民币150万元的资金占用利息人民币17550元（以人民币150万元为基数，自2022年10月19日起至实际付清之日，按照全国银行间同业拆借中心发布的一年期贷款市场报价利率计算，暂计至2023年2月16日，即(117天/365天) × (3.65%) ×人民币150万元=人民币17550元)；

4. 裁决第一、第二被申请人共同承担申请人提起本案仲裁所支付的律师费人民币3万元；

5. 裁决第一、第二被申请人共同承担本案全部仲裁费、申请人因提起财产保全支付的财产保全保险费人民币2821.3元和财产保全费人民币5000元。

四、争议焦点

（一）外国法的查明与适用争议

针对案涉股权转让及股权代持行为的效力，依据《涉外民事关系法律适用法》第十四条第一款关于“法人及其分支机构的民事权利能力、民事行为能力、组织机构、股东权利义务等事项，适用登记地法律”的规定，结合第二被申请人是根据《阿联酋商业公司法》设立的公司，登记地位于阿联酋的事实，仲裁庭认定应适用阿联酋法律。

参照《最高人民法院关于适用〈中华人民共和国涉外民事关系法律适用法〉若干问题的解释（二）》（以下简称《涉外民事关系法律适用法》司法解释（二））第二条第一款第一项“人民法院可以通过下列途径查明外国法律：（一）由当事人提供；……”的规定，仲裁庭向双方当事人发出《告知函》，要求双方当事人对阿联酋法律进行查明，并提交相应的公司章程。

申请人在收悉《告知函》后，委托深圳市蓝海法律查明和商事调解中心（以下简称蓝海中心）查明阿联酋的相关法律，并在指定期限内向仲裁庭提交了法律查明文件。但是，第一被申请人对申请人所提交的法律查明文件的真实性、合法性、关联性均不认可，即对适用申请人所查明的阿联酋法律存有异议。

（二）合同的协商一致解除争议

申请人认为，根据涉案《合作协议书》第六条的约定，各方有权一致同意解除本协议。另，根据申请人提交的证据 5（申请人与第一被申请人的沟通记录），各方也已经于 2022 年 10 月 18 日通过微信达成解除涉案《合作协议书》的合意。

被申请人则认为，申请人与第一被申请人虽就案涉协议的解除及其清算进行过多轮沟通协商，但并未就案涉《合作协议书》及《股权代持协议书》达成解除合意。此外，申请人的财务总监李某，既非申请人的法定代表人，亦非申请人的股东，在与第一被申请人进行沟通时，仅负责传递申请人的协商意见，无权代表申请人作任何决定。

五、裁决结果

1. 解除申请人与第一、第二被申请人于 2022 年 7 月 21 日签订的《合作协议书》；

2. 第一被申请人向申请人返还股权受让款人民币 150 万元；

3. 第一被申请人补偿申请人律师费人民币 3 万元、财产保全费人民币 5000 元、财产保全担保费人民币 2821. 3 元；

4. 本案仲裁费由申请人承担 10%，由第一被申请人承担 90%；

5. 对申请人的其他仲裁请求不予支持。

六、裁决理由

（一）关于本案的法律适用

案涉《合作协议书》系“根据《民法典》《公司法》、阿拉伯联合酋长国的相关法律等法律规定”而订立，《股权代持协议书》亦约定“本协议适用中华人民共和国法律”，而且在庭审过程中，申请人与第一被申请人也均表示应当适用中国法律。

虽然依据中国法律，案涉协议的签订不存在任何无效或效力瑕疵情形，但是由于本案第二被申请人为外国法人，所以案涉协议的内容，即约定的股权转让和股权代持事宜，还关乎该外国法人股东的权利义务。《涉外民事关系法律适用法》第十四条第一款规定：“法人及其分支机构的民事权利能力、民事行为能力、组织机构、股东权利义务等事项，适用登记地法律。”鉴于第二被申请人是根据《阿联酋商业公司法》设立的公司，且登记地位于阿联酋，所以仲裁庭认为，本案应适用阿联酋法律，以审查案涉协议约定事项的效力。

对于申请人委托蓝海中心查明的阿联酋法律，尽管被申请人存有异议，但鉴于当事人协助提供外国法律，是仲裁庭查明外国法律的适当途径，而且蓝海中心不仅是全国首家查明域外法律的实务机构，也因法律查明业务表现突出，被最高人民法院授予“港澳台和外国法律查明研究基地”，具有查明域外法律的专业能力和丰富经验，所以对申请人委托蓝海中心查明的阿联酋法律的内容及其理解与适用，仲裁庭予以确认。

（二）关于本案的合同效力

蓝海中心接受申请人委托后，聘用阿联酋文森律师事务所就本案所涉事宜查明阿联酋相关法律，并出具《法律意见书》。该法律意见书载明的核心内容可概括如下：

其一，通过阿联酋经济部官网检索到的《被申请人公司营业执照》信息，第二被申请人设立于迪拜经济旅游局，且其经营范围为 Tobacco Trading，Electronic Cigarettes & amp，Accessories Trading，不属于特殊管制行业，可由境外主体 100%持股。

其二，根据阿联酋《第 77 号内阁决议》第十六条关于一人有限公司股权转让的相关规定，一人公司股权转让的条款、条件和标准，均应遵守有限责任公司的规定。

其三，根据《阿联酋商业公司法》第七十九条和第八十条的规定，公司股东可以将其在公司的权益有偿或无偿地转让给第三方，该等转让应当符合公司章程的相关规定和要求。同时该等转让应当在公司登记主管机关进行登记，否则该转让不得对抗第三方。若代持协议未隐瞒公司的最终受益人，不存在规避阿联酋法律强制性规定的情形，按照目前的司法实践，代持协议大概率会被认定为有效。

综上，仲裁庭认为，在签订案涉协议前，第一被申请人为第二被申请人的唯一股东和经理，第一被申请人有完全的权利代表第二被申请人，申请人与第一申请人、第二被申请人签订的《合作协议书》《股权代持协议书》，均未违背《阿联酋商业公司法》的规定，且各方也未对涉案协议的效力提出异议，仅是就协议是否解除发生纠纷，故可以认定案涉《合作协议书》《股权代持协议书》均合法有效。

（三）关于本案的合同解除

针对申请人与第一被申请人关于案涉《合作协议书》是否已经双方协商一致解除的争议，仲裁庭对案件事实的调查结果如下。

2022 年 10 月 18 日，申请人财务总监李某向第一被申请人发送信息“上周我们开完会后，何总应该跟你讲了怎么清算的问题，我怕我讲得不全面，我用文字描述一下，重点如下：……4. 收购款 150 万元什么时候归还给工厂，你自己定个时间，我要跟公司汇报……”。第一被申请人回复称“这次确定不是过家家了吗”“我已经磨得没有情绪了”。第一被申请人向申请人财务总监李某发送信息“150 万元就按 15 个月，每个月还 10 万元”。申请人财务总监李某回复称“这个我跟其他股东讲一下，有可能不会同意这么久”。

此外，在庭审过程中，申请人与第一被申请人均确认，第二被申请人已没有实际经营。

综合上述双方的磋商过程和第二被申请人的实际经营情况分析，仲裁庭认为，申请人与第一被申请人并未对《合作协议书》的解除及其清算事宜达成合意，故《合作协议书》未能于 2022 年 10 月 18 日经双方协商一致解除。然而，鉴于双方的合作尚无实际进展便已陷入僵局，为避免各方的权利义务长时间处于悬而未决的状态，就申请人明确提出的解除《合作协议书》请求，仲裁庭认定案涉《合作协议书》于本案裁决之日解除。

（四）关于本案合同解除的法律后果

针对申请人要求第一被申请人返还股权受让款 150 万元的请求，《合作协议书》第六条的解除及其清算条款有约定：“协议的解除与终止：发生以下情形，本协议即终止：……各方一致同意解除本协议。本协议解除后，各方共同进行清算，必要时可聘请中立方参与清算。若清算后有剩余，各方须在公司清偿全部债务后，方可要求返还出资，按出资比例分配剩余财产。若清算后有亏损，各方以出资比例分担，遇有股东须对公司债务承担连带责任的，各方以出资比例偿还。”因此，申请人要求第一被申请人返还股权受让款的前提，是第二被申请人进行清算。

然而，涉案合同于2022年7月21日签订，申请人于2022年7月26日向第一被申请人支付了股权受让款人民币150万元，但自2022年9月26日起，申请人便与第一被申请人沟通涉案协议的解除及其清算事宜。因此，申请人与第一被申请人就案涉协议约定事项的合作期间较短（双方实际履行两个月后即沟通解除事宜）。现申请人与第一被申请人之间的合作已陷入僵局，第二被申请人未实际经营，而且案涉《合作协议书》已被裁决解除。又鉴于第一被申请人未能举证证明其已将约定款项实际投入第二被申请人的经营当中，应承担举证不能的法律后果，所以仲裁庭据此认定，第一被申请人应向申请人返还股权受让款人民币150万元。如若后续第二被申请人发生清算事宜，第一被申请人可另循法律途径解决。至于申请人所请求的资金占用利息，因缺乏事实和法律依据，仲裁庭不予支持。

另外，案涉纠纷为申请人与第一被申请人之间的股权转让纠纷。虽然案涉标的物为第一被申请人持有的第二被申请人股权，但由于申请人未能举证证明第二被申请人应承担本案债务，所以应承担举证不能的法律后果。故，在缺乏合同依据和法律依据的情形下，对申请人提出的由第二被申请人共同承担仲裁费用的相关请求，仲裁庭不予支持。

案件评析

（一）准确把握案件性质

本案争议系因当事人协商解除合同未果所致，表面上看是一起简单的合同解除纠纷。但是，由于当事人之间签订的《合作协议书》和

《股权代持协议书》，关乎阿联酋公司的股权转让和股权代持事宜，在具有涉外因素之余，又涉足《合同法》和《公司法》双领域，所以区别于普通的合同纠纷，具有一定复杂性。

具体而言，股权作为一项特殊权利，既具有财产性能如分红权，又具有人身或资格属性如表决权。相应地，当事人之间订立转让股权或代持股权的合同，所影响的不仅是出让人和出让人的利益，还有目标公司、其他股东、目标公司债权人等利害关系人的权益。因此，除合同自由原则外，处理股权转让合同或股权代持合同争议，还需考虑目标公司的人合性、程序事项的合法性和正当性、金融安全或公共利益等因素。另，在涉外股权转让或股权代持纠纷中，相关考虑因素的具体裁判依据即实体法规定，还面临不同国家间的法律冲突，尚需在准确定性的基础上，作出恰当的法律选择。

因此，为解决本案合同解除争议，仲裁庭在认定案涉合同效力时，并未囿于合同纠纷的表象，而是精准识别出实质的涉外股权转让及其代持关系，并据之援引《涉外民事关系法律适用法》第十四条第一款的规定，确定应适用阿联酋法律。这既展现出仲裁庭对案件事实和涉外民商事法律关系本质特征的高度洞察力，也确保了本案法律适用的正确性和多方利益平衡的公正性，整体为同类跨境股权交易纠纷的准据法确定提供了有益参考和重要借鉴。

（二）依法查明外国法律

虽然《涉外民事关系法律适用法》第十条对外国法律查明作了原则性规定，但相关外国法查明实践仍会遭遇查明难、查明率低、查明时间长等问题，给涉外纠纷的审判或裁决工作带来一定困难。为此，最高人民法院于2023年12月1日专门发布了《涉外民事关系法律适用法司法解释（二）》，针对外国法查明实践中的重点、难点问题进行系统规范，不仅进一步明晰了外国法律的查明责任，也大大拓宽了外国法律的查明途径。

参照《涉外民事关系法律适用法司法解释（二）》第二条第一款第一项“人民法院可以通过下列途径查明外国法律：（一）由当事人提供……”的规定，本案仲裁庭依法行使权利，充分调动双方当事人查明案涉阿联酋法律的积极性，主要通过向双方当事人发出《告知函》的方式，明确告知当事人需要查明的阿联酋法律的范围，以及提供阿联酋相关法律的期限。对于申请人委托蓝海中心查明并提供的阿联酋法律，仲裁庭也认真听取了各方当事人的意见，并基于蓝海中心在外国法律查明方面的专业能力和丰富经验，对案涉阿联酋法律的内容及其理解与适用，予以最终确认。

本案通过依法查明和正确适用阿联酋法律，既平等保护了案涉中外当事人的合法权益，也有效彰显了广州仲裁委处理涉外民商事纠纷的专业性和公正性。

（三）主动提升仲裁质效

在本案中，广州仲裁委员会创新服务模式，从专业赋能与技术赋能两个维度，为跨境争议解决提供了高效的仲裁机制。

一方面，广州仲裁委员会依法指定的仲裁员为资深的澳门特别行政区仲裁员，不仅具备扎实的法律专业理论功底，还拥有丰富的跨境投融资纠纷解决实战经验。通过指定“法律+行业”的复合型专业仲裁员，确保裁决者既熟悉相关法律法规和行业惯例，又能够准确理解相关涉外股权交易的商业逻辑和操作实践，可以有效避免因专业壁垒导致的误判。

另一方面，本案利用远程庭审平台和技术，采用线上线下相结合的方式开庭，实现跨境在线举证、质证、辩论和电子签名确认。该互联网仲裁“广州模式”，突破了传统仲裁的时空局限，不仅有利于降低当事人的纠纷解决成本，也有利于缩短涉外案件的办理周期，即有利于提升涉外案件的仲裁效率。

综上，本案融合了专业仲裁员的智慧和数字技术的效能，既保障了案件事实判断和法律适用的专业性与准确性，也提升了仲裁程序的公正性与高效性，进而形成可复制可推广的“广州经验”，为打造国际一流仲裁中心提供创新实践样本。

（撰稿人：广州仲裁委员会东莞分会龙伟斌、中国政法大学国际法学院/涉外法治学院博士研究生沈雨思）

进出口许可对国际货物买卖合同效力的影响

一、关键词

FOB 贸易术语；合同效力；《联合国国际货物销售合同公约》（CISG）

二、仲裁要点

1. 法律适用优先性：中韩均为 CISG 缔约国，且当事人未明示排除适用，故公约优先于国内法；公约未规定事项适用中国法。

2. 合同效力认定：买方未取得进出口许可证不导致合同无效，仅影响货物通关，合同系双方的真实意思表示且内容合法有效。

3. FOB 买方、卖方义务履行：卖方完成出口报关、装船交货并移交提单即履行完毕交货义务，买方应按约支付货款。

4. 证据规则：买方主张通过第三方代付货款或垫付费用折抵，但未能举证证明代付授权及费用折抵合意，应承担举证不能的后果。

三、基本案情

申请人：韩国 A 公司（卖方）

被申请人：中国 B 公司（买方）

1. 合同签订

申请人与被申请人在 2018 年先后签订三份《防水材料供货合同》。

2018 年 2 月 1 日的合同：金额 224,008.95 美元（按签约日汇率折

¥1,412,264.43)。

2018年3月30日的合同：金额1,704,878.21美元（折¥10,720,444.67）。

2018年4月30日的合同：金额1,161,749.82美元（折¥7,364,680.63）。

以上三份合同总额¥19,497,389.73，均约定“FOB广州黄埔港交货；付款时间为货物运抵广州黄埔港并交付至LXXXP-3项目现场后60日内付清全款”。

2. 履行过程

合同签订日	出口报关日	装船提单日	货物明细
2018-02-01	2018-03-08	2018-03-11	SXXX防水材料
2018-03-30	2018-04-12	2018-04-15	SXXX防水材料
2018-04-30	2018-05-10	2018-05-13	SXXX/SXX防水材料混合

申请人完成韩国釜山港出口清关，取得清洁提单（载明托运人为申请人、收货人为被申请人）。

被申请人于2018年6月5日、6月12日、7月12日分三笔支付6,288,070元、4,432,314.67元、3,499,970元，剩余5,277,035.06元未付。

被申请人确认已收到全部货物，但抗辩称首份合同签订时（2018年2月1日）其无进出口许可证，合同无效；其已通过第三方支付及垫付人工费折抵货款198万元。申请人遂提起仲裁，要求支付剩余货款及利息，并补偿律师费、保全费等费用。具体请求如下：

1. 裁决被申请人立即向申请人清偿货款人民币5277035.06元及利息（利息按中国人民银行同期同类贷款利率计算逾期还款利息，从2018年7月12日起计算至全部款项还清之日止）；

2. 裁决被申请人承担申请人因主张债权而支出的律师费人民币165726元及保全费用人民币5000元、担保费人民币16000元；

3. 裁决被申请人承担本案的全部仲裁费用。

四、争议焦点

（一）行政管理：进出口许可是否影响合同效力

申请人主张：进出口许可属行政管理措施，不影响合同效力，仅导致履行障碍；合同内容合法，双方意思表示真实；被申请人于2018年4月4日已补办许可证，可履行后续合同义务。

被申请人主张：1. 依据《对外贸易法》第九条的规定，未取得进出口许可不得从事货物进出口业务；2. 2018年2月1日签约时其无许可证，合同违反强制性规定，根据《合同法》第五十二条第五款的规定，合同应属无效；3. 该合同项下货物清关系委托第三方完成，申请人知情且接受。

（二）第三方代付：当事人付款义务是否已经履行

申请人主张：1. 无代付授权，其未委托任何第三方收款，孙某收款属被申请人单方安排。2. 费用折抵无据：合同附件1明确约定价款“仅含材料费，不含人工及管理费”；邮件未经电子签名认证，内容系被申请人伪造；技术人员费用已由申请人自行承担。

被申请人主张：1. 第三方代付：委托广州××有限公司孙某代收首份合同货款，其法定代表人林某已向孙某转账198万元。2. 费用折抵：被申请人垫付申请人派驻广州项目技术团队人工费1,265,000元；承担在华日常运营费720,788元；邮件记录显示申请人代表朴某确认费用明细。

（三）违约责任：逾期利息的计算标准与法律依据如何确定

申请人主张：按照《最高人民法院关于审理买卖合同纠纷案件适用法律问题的解释》第二十四条的规定，以中国人民银行同期同类贷款基准利率计算自应付日起的利息。

被申请人主张：付款条件未成就，若需支付利息，应适用韩国基准利率（KORIBOR）而非中国标准。

五、裁决结果

1. 被申请人向申请人清偿货款人民币 5,277,035.06 元并支付利息（利息的计算分为两部分：第一部分利息以人民币 5,277,035.06 元为基数，按中国人民银行同期同类贷款利率的标准，自 2018 年 9 月 11 日起计至 2019 年 8 月 19 日止；第二部分利息以人民币 5,277,035.06 元为基数，按全国银行间同业拆借中心公布的贷款市场报价利率的标准，自 2019 年 8 月 20 日起计至被申请人全部款项付清之日止）。

2. 被申请人向申请人补偿律师费人民币 165,726 元、保全费人民币 5000 元、财产担保费人民币 16,000 元。

3. 本案仲裁费由被申请人承担。

六、裁决理由

（一）法律适用：国际公约 CISG 的优先适用

申请人系在韩国注册登记的企业，本案属于国际货物买卖合同纠纷。根据《涉外民事关系法律适用法》第四十一条的规定，双方当事人在庭审中均同意适用中华人民共和国法律，故应以中华人民共和国法律作为解决本案争议的准据法。根据《民法通则》第一百四十二条第二款的规定：中华人民共和国缔结或者参加的国际条约同中华人民共和国的民事法律有不同规定的，适用国际条约的规定，但中华人民共和国声明保留的条款除外。因韩国与中国均为 CISG 的缔约国，申请人与被申请人亦未明确排除该公约的适用，故本案合同争议应当优先适用 CISG，对于案件涉及的问题公约没有规定的，则应当适用中华人民共和国法律。

（二）合同效力：行政监管与合同效力的边界

根据 CISG 第四条规定，公约仅规范“合同的订立及买卖双方的权利义务”，不涉及合同效力问题，故案涉合同效力的审查应适用《合同法》（本案发生时有效）第五十二条。对于行政监管与合同效力的冲突，根据《对外贸易法》第九条的规定，进出口许可系国家对限制进出口货物的管理措施，目的在于管控货物跨境流动，而非否定合同效力，因此，虽未取得进出口许可证将导致相应货物无法进出海关边境，但不属于《合同法》第五十二条所规定会导致合同无效的情形。《对外贸易法》《进出口关税条例》等规范属管理性强制性规定，非效力性强制性规定，现合同内容未损害国家利益或公共利益。案涉三份合同均系当事人的真实意思表示，内容合法，行政监管不影响案涉合同效力。

（三）第三方代付：付款义务的正当履行

按照 CISG 第五十三条的规定，买方必须依合同支付价款。根据《国际贸易术语解释通则 2010》第 B1 条的规定，在 FOB 术语下，买方承担主要付款责任。申请人提交了报关单、提单等证明已履行交货义务，被申请人确认收货，则被申请人应当履行付款义务。被申请人称通过向孙某（案外人）转账 198 万元履行付款义务，但无书面委托协议证明卖方授权孙某代收货款、转账凭证未注明款项性质（如“合同号+货款”）卖方从未出具收款确认函。依据《最高人民法院关于民事诉讼证据的若干规定》第五条的规定，主张付款事实的被申请人应承担举证责任，其证据链断裂，故抗辩不成立。三份合同附件明确约定“合同金额仅含材料费，不含人工费”，双方垫付合意缺失，无补充协议约定垫付费用折抵货款，邮件记录未获卖方确认（《电子签名法》第八条要求电子数据需经真实性验证），且垫付凭证未与本案合同关联（如注明“代 A 公司支付”）。即便垫付事实存在，亦属独立债权债务关系，不可单方抵销（《合同法》第九十九条）。故，买方未完成付款义务，应清偿剩余货款。

（四）逾期利息的计算标准：CISG 与国内法的衔接

CISG 第七十八条允许收取利息，但未规定利率标准，故以中国法补充适用。结合《最高人民法院关于审理买卖合同纠纷案件适用法律问题的解释》第二十四条的规定，未约定违约金时，可按 LPR 计算逾期损失。利息分段计算，第一阶段（2018 年 9 月 11 日至 2019 年 8 月 19 日），因 LPR 改革尚未实施，采用中国人民银行同期贷款基准利率；第二阶段（2019 年 8 月 20 日至清偿日）适用 LPR，体现利率市场化改革要求。

案件评析

（一）国际法的基石：CISG 优先适用的示范意义

《维也纳条约法公约》第二十六条确立的“条约必须遵守”（pacta sunt servanda）原则，是国际法的基石，更是维系全球秩序、保障国家互信、推动人类共同发展的核心原则。在争议解决领域，“条约必须遵守”原则也为仲裁庭正当法律适用提供了指引。本案仲裁庭严格遵循《涉外民事关系法律适用法》第四十一条的规定，在当事人未明示排除时直接适用 CISG，体现国际法优先于国内法的效力层级。本案中，中、韩两国均于 1988 年加入 CISG，共同属于缔约国，当合同双方营业地位于缔约国，且未书面排除公约时，根据 CISG 第 1（1）（a）条，CISG 自动成为准据法的组成部分。区别于传统“当事人意思自治优先”的片面认知，本案确立“公约默示适用”规则，不仅凸显了仲裁庭对国际规则统一性的维护、为涉缔约国贸易纠纷提供典型裁判思路，更体现了仲裁庭在国际商事争议解决中对国际法首要原则的根本遵循。

（二）合同效力：厘清行政监管与私法自治的界限

行政对私法的介入是现代社会无可避免的现象，然而，作为民法中确认民事主体自由意志的核心原则，行政监管将与私法自治产生强烈的碰撞张力。因此，恰当平衡行政监管与私法自治，保护社会公共利益与当事人合法权益，是本案的核心争议。随着仲裁庭均倾向限缩合同无效范围，强调“资质缺失≠合同无效”，国际商事争议解决中私法自治的基本原则得到维护与遵循，在此背景下，本案为平衡上述利益冲突提供了清晰路径。本案中，仲裁庭严格区分效力性强制性规定与管理性强制性规定，明确未取得进出口许可证不导致合同无效，进出口许可证属管理性规范，缺失仅导致履行不能而非合同无效，被申请人签约后主动委托清关，表明其自认合同有效性。此认定契合《民法典》第五百零二条“未批准合同不生效，但不影响报批条款效力”的立法趋势，防止商事主体以行政瑕疵逃避责任。维护国际贸易稳定性，既彰显了《民法典》第一百五十三条的立法精神，更激发了国际商事经贸往来的市场活力。

（三）FOB 双方义务：跨境贸易中的适用新路径

根据《国际贸易术语解释通则 2010》对 FOB 术语的定义，“清关+装船+交单”即代表卖方义务履行完毕，申请人提交的已装船清洁提单构成履行交付核心证据，而被申请人主张的“目的港清关”“人工费争议”等均属装船后环节，与卖方义务无关。在风险转移方面，仲裁庭采纳“吊钩脱离原则”（Cargo Off Hook），认定以“货物越过装运港船舷脱离吊钩为风险转移节点”（A4/B4 条）。结合 CISG 第 53 条确立了买方付款义务的无因性，即只要卖方交货符合合同，买方即须付款，不得以合同外事由抗辩。被申请人主张的“人工费抵扣”“第三方代付”等均属合同外争议，与付款义务无法律上的牵连。仲裁庭严格遵循此原则，通过将 FOB 术语解构为义务链接点，为《民法典》第六百零三条规定的“交付地点”在跨境贸易中的适用提供新路径。

（四）证据管理：涉外交易中付款抗辩的举证规则

针对被申请人提交的电子邮件，仲裁庭指出其未满足三个方面的要求：（1）载体完整性——未公证邮件服务器日志；（2）内容关联性——邮件中“人工费”表述与合同标的无直接对应；（3）主体同一性——发件人身份未经数字认证。被申请人主张付款义务已通过第三方履行，但未能提供委托支付协议或卖方确认凭证，仲裁庭依据“谁主张，谁举证”原则驳回其抗辩，凸显证据链完整性在涉外纠纷中的关键作用。

（五）利息计算：国际公约与本土实践的融合创新

针对CISG第七十八条关于利息计算空白的规定，仲裁庭援引国内司法解释将LPR机制嵌入国际裁决，通过“CISG原则+国内法细则”模式填补法律漏洞，符合《涉外民事关系法律适用法》第十条的法理精神，实现本土政策与全球规则融合。随着2022年1月1日《区域全面经济伙伴关系协定》（RCEP）正式生效实施，人口数量最多、成员结构最多元、发展潜力最大的自由贸易区就此诞生。作为全球第一货物贸易大国、全球第二大经济体，我国如何对接国际高标准经贸规则、为区域多边贸易市场注入新活力，具有重要的实践意义。本案中，面对利息计算规则的漏洞和空白，仲裁庭确立的“CISG原则+国内法细则”模式，化解了跨境贸易利息计算标准的法律冲突，有助于推动跨境利息裁判标准化。该案例得到最高人民法院指导案例162号采纳适用，更证明了本案对于规则创新推动制度演进的价值。作为广州国际仲裁院的代表性案例，本案彰显中国仲裁从“国际规则接受者”向“国际规则创制者”转型，为国际商事仲裁领域贡献了建立平等、包容的国际贸易新秩序的中国智慧。

（撰稿人：广州仲裁委员会仲裁秘书部戴蕾、中国政法大学国际法学院/涉外法治学院李中和美）

国际货物贸易纠纷中国际公约的适用与解释

一、关键词

准据法；国际贸易规则；联合国国际货物销售合同公约；宣告合同无效

二、仲裁要点

在国际贸易关系中，履约环境的安全性与稳定性是贸易关系顺利进行的保障，在交易双方发生纠纷时，需综合考虑国际交易规则、商业交易习惯和各国国内法，以保障当事人在法律框架制度下获得实质公平。本案中，仲裁庭在判定双方无法继续履约的事实时，严格依据双方约定的贸易规则，精准识别适用国际公约。在合同未约定事项的处理中，遵循国际贸易规则，提高双方在缔约时的可预期性，确保交易公平和履约安全，彰显了依法维护国际交易秩序，平等保护中外当事人合法权益的职能作用。

三、基本案情

本案申请人为哥伦比亚共和国企业，其主要贸易业务为纺织品的进出口及加工。为了获取高品质的纺织原材料，申请人向中国企业寻求贸易合作，并与本案被申请人河南省某商贸公司签订《国际货物买卖合同》，采购多种规格的棉纱线。案涉合同金额合计70,080美元，具体付款方式约定如下：合同签订后，申请人需预付合同金额30%；货物运至装货港之前，申请人再向被申请人支付合同尾款70%。交货时间为收到预付款后的20天内，交货方式为FOB天津港交货，运输方式为海运。为方便开展贸易，申请人委托D公司担任与供应链相关的运营和项目开发的代理公司。申请人依约分两次向代理公司支付了30%以及70%货款，履行了合同约定的全部付款义务，代理公司亦向被申请人账户划付上述两笔货款。申请人支付货款后，多次通过代理公司向被申请人催问发货事宜，但被申请人要求选择其指定的货运代理公司，否则申请人需自行承担货物装船之前的所有费用。对此，双方当事人经过多次沟通，仍无法达成一致意见，被申请人迟迟未发货，合同履行进入僵持状态。故，申请人提起本案仲裁，提出如下请求：

1. 请求裁决宣告申请人与被申请人之间的《国际货物买卖合同》无效。

2. 请求裁决被申请人向申请人返还申请人支付的预付款21,024美元（按2022年5月13日汇率1美元=6.7898元人民币计算，折合人民币142,748.76元）；并请求裁决被申请人支付预付款的占用利息，按照2022年5月13日中国人民银行授权全国银行间同业拆借中心公布的一年期贷款市场报价利率（LPR），自2022年5月13日起算，至被申请人向申请人足额退还货款之日止。

3. 请求裁决被申请人向申请人返还申请人所支付的尾款49,056美元（按2022年6月29日汇率1美元=6.7035元人民币计算，折合人民币328,846.90元）；并请求裁决被申请人支付预付款的占用利息，按照2022年6月29日中国人民银行授权全国银行间同业拆借中心公布的一年期贷款市场报价利率（LPR），自2022年6月29日起算至被申请人向申请人足额退还货款之日止。

4. 请求裁决被申请人承担本案仲裁费、保全保险费800元、财产保全费2,936.02元等为本案支出的合理费用。

四、争议焦点

争议焦点一：关于本案的法律适用。合同未对发生争议后的法律适用进行约定。申请人主张，在国际货物买卖关系中，应当优先适用国际规则，哥伦比亚与中国均属于《联合国国际货物销售合同公约》（CISG，以下简称《公约》）的缔约国，合同并未明确约定排除该公约的适用，案涉货物亦不属于《公约》第二条①规定的不适用的情形，故应当自动适用《公约》。被申请人则认为，由于案涉合同对发生纠纷时的法律适用没有进行约定，合同履行地以及被申请人所在地均在中国，根据最密切联系原则，应当适用中国的法律。

争议焦点二：关于合同效力的判定。此争议焦点实际为双方对于法律适用的理解不同的延伸，双方基于对法律适用的主张不同，对于案涉合同的效力以及违约责任的判定亦有不同理解。申请人主张因其利益受到侵害，符合《公约》第四十九条②的规定，请求宣告合同无效。被申请人则认为，本案在适用我国国内法的前提下，不存在《民法典》所规定的合同无效的情形，故对于申请人关于宣告合同无效的主张不应予以采纳。

---

① 《联合国国际货物销售合同公约》第二条规定："本公约不适用于以下的销售：（a）购供私人、家人或家庭使用的货物的销售，除非卖方在订立合同前任何时候或订立合同时不知道而且没有理由知道这些货物是购供任何这种使用；（b）经由拍卖的销售；（c）根据法律执行令状或其它令状的销售；（d）公债、股票、投资证券、流通票据或货币的销售；（e）船舶、船只、气垫船或飞机的销售；（f）电力的销售。"

② 《联合国国际货物销售合同公约》第四十九条规定："（1）买方在以下情况下可以宣告合同无效：（a）卖方不履行其在合同或本公约中的任何义务，等于根本违反合同；或（b）如果发生不交货的情况，卖方不在买方按照第四十七条第（1）款规定的额外时间内交付货物，或卖方声明他将不在所规定的时间内交付货物。（2）但是，如果卖方已交付货物，买方就丧失宣告合同无效的权利，除非：（a）对于迟延交货，他在知道交货后一段合理时间内这样做；（b）对于迟延交货以外的任何违反合同事情：㈠他在已知道或理应知道这种违反合同后一段合理时间内这样做；或㈡他在买方按照第四十七条第（1）款规定的任何额外时间满期后，或在卖方声明他将不在这一额外时间履行义务后一段合理时间内这样做；或㈢他在卖方按照第四十八条第（2）款指明的任何额外时间满期后，或在买方声明他将不接受卖方履行义务后一段合理时间内这样做。"

争议焦点三：关于合同未约定事项的处理。合同约定申请人负责租船订舱，并支付海运运费，但未约定装船费用应如何承担。申请人提出，虽然合同对此未作出约定，但根据 FOB 贸易规则，此费用应由卖方承担。被申请人则认为，申请人负责租船，按照通常理解，相应的货物上船费用应由其自行承担；且对于合同未约定的事项，双方应协商解决，协商不成的法律后果不应由被申请人全部承担，即申请人对于合同未充分履行亦负有责任。

五、裁决结果

1. 宣告申请人与被申请人于 2022 年 5 月 16 日签订的《国际货物买卖合同》无效。

2. 被申请人向申请人返还申请人支付的预付款 21,024 美元（折合人民币 142,748.76 元）并支付利息（利息以人民币 142,748.76 元为基数，按照中国人民银行授权全国银行间同业拆借中心同期公布的一年期贷款市场报价利率标准，自 2022 年 5 月 13 日起计至实际清偿日止）。

3. 被申请人向申请人返还申请人支付的尾款 49,056 美元（折合人民币 328,846.90 元）及利息（利息以人民币 328,846.90 元为基数，按照中国人民银行授权全国银行间同业拆借中心同期公布的一年期贷款市场报价利率标准，自 2022 年 6 月 29 日起计至实际清偿日止）。

4. 被申请人向申请人补偿财产保全保险费 800 元、财产保全费 2,936.02 元。

5. 本案仲裁费用由被申请人承担。

六、裁决理由

（一）国际货物买卖合同纠纷中的法律适用

国际货物买卖合同关系属于涉外民商事法律关系，当发生纠纷时，首先应当确定调整双方权利义务的准据法。本案属于国际货物买卖合同纠纷，申请人营业地在哥伦比亚，被申请人营业地在中国，哥伦比亚与中国均属公约缔约国，且双方当事人并未在合同中排除《公约》的适用。仲裁庭参照适用《最高人民法院关于审理涉外民商事案件适用国际条约和国际惯例若干问题的解释》（法释〔2023〕15号）第一条第二款“人民法院审理上述法律调整范围之外的其他涉外民商事案件，涉及适用国际条约的，参照上述法律的规定。国际条约与中华人民共和国法律有不同规定的，适用国际条约的规定，但中华人民共和国声明保留的条款除外”的规定，决定适用《公约》，符合相关法律规定。然而《公约》仅调整国际货物合同纠纷中的部分法律事项，考虑到不同国家法律规定的差异，其并非系统地对国际货物买卖中的所有事项进行调整。对于《公约》未规定的事项，还应依据《涉外民事关系法律适用法》寻找相应的准据法。根据《涉外民事关系法律适用法》的规定，当事人可以协议选择合同适用的法律。当事人没有选择的，适用履行义务最能体现该合同特征的一方当事人经常居所地法律或者其他与该合同有最密切联系的法律。结合本案事实，本案中履行义务最能体现合同特征的一方为货物交付方，该方经常居所地位于我国境内，因此对于《公约》未规定的事项，适用我国法律的有关规定。

（二）遵循国际公约对合同效力的判定规则

在适用《公约》审理本案纠纷时，对于双方履行义务状态的判定也应与其保持一致。根据双方合同约定，被申请人应在收到预付款后20天内交付货物，但被申请人未依约定时间向申请人交付货物，且已经远超过合同约定的交货期限，被申请人拒绝履行的行为导致申请人合同目的无法实现，构成根本违约，符合《公约》第四十九条规定的宣告合同无效的情形，申请人宣告案涉合同无效的主张，依法予以采纳。在合同被宣告无效的情形下，依据《公约》第八十一条第二款“已全部履约或局部履行合同的一方，可以要求另一方归还他按照合同供应的货物或支付的价款，如果双方都须归还，他们必须同时这样做”以及

第八十四条第一款“如果卖方有义务归还价款，他必须同时从支付价款之日起支付价款利息”的规定，被申请人应向申请人返还合同款项，并支付相应利息。

（三）贸易术语作为国际惯例的适用

合同约定申请人负责租船订舱，并支付海运运费，但未约定装船费用应如何承担。被申请人的主张看似符合“有约定的，从约定；无约定的，进行协商”的基本原则，但值得注意的是，双方是国际贸易关系，约定交货方式为 FOB 天津港。被申请人作为卖方，需在指定的装运港天津港将货物装上申请人指定船舶进行交货，卖方需要承担货物在装运港装上船为止的一切费用和风险，在货物装船后，买方要承担货物在运输过程中的所有风险和费用，此为 FOB 贸易规则之下的应有之义。因此，合同文本中虽未明确体现装船费用的承担主体，但实际上双方确定的国际贸易规则中已涵盖了该内容，FOB 规则作为国际贸易惯例，为合同未约定的事项提供了明确的处理方式，对于国际贸易术语的准确理解，确认了双方履约的合同依据。

案件评析

（一）国际贸易纠纷中准据法的准确适用

就案涉《公约》的适用问题，一方面，若合同当事人所在国家均为《公约》的缔约国，并且当事人没有明确排除该公约的适用，合同标的物亦不属于《公约》规定的不适用情形，参照《最高人民法院关于审理涉外民商事案件适用国际条约和国际惯例若干问题的解释》第一条第二款[①]的规定，应自动适用《公约》作为处理双方之间权利义务

① 《最高人民法院关于审理涉外民商事案件适用国际条约和国际惯例若干问题的解释》第一条第二款规定：“人民法院审理上述法律调整范围之外的其他涉外民商事案件，涉及适用国际条约的，参照上述法律的规定。国际条约与中华人民共和国法律有不同规定的，适用国际条约的规定，但中华人民共和国声明保留的条款除外。”

的依据，但所在国声明保留的条款除外。另一方面，对于公约未规定的事项，从冲突法指引的角度，根据《涉外民事关系法律适用法》第四十一条①的规定，按照特征性履行规则，应适用我国法律作为准据法。

在国际货物买卖合同中，当事人通常会使用国际贸易术语，国际贸易术语能够以简洁的方式表达双方复杂的贸易条件，在简化交易磋商流程的同时减少了双方因交付条件的理解差异而产生的纠纷，实践中最常使用的是《国际贸易术语解释通则》（*Incoterms*）。国际私法将当事人在合同中使用国际贸易术语的行为理解为当事人对相关国际惯例的明示选择而予以尊重，约定的国际贸易术语按照其含义作为确定合同双方法律权利义务的依据。在本案中，仲裁庭参照适用《最高人民法院关于审理涉外民商事案件适用国际条约和国际惯例若干问题的解释》第五条的有关规定，以FOB术语确定卖方应当承担货物装上船之前的一切费用，在不存在例外约定的情况下，原则上应当由卖方承担货物装船费用。

（二）《联合国国际货物销售合同公约》关于合同效力的判定规则

结合《公约》第四十九条的规定，《公约》所规定的宣告合同无效制度，是指当出现卖方不履行合同义务，根本违反合同约定，以及卖方不交付货物，或者未在规定的时间内交付货物等情形时，买方可以宣告合同无效。对于《公约》所称“宣告合同无效”不能从国内法的“无效的民事法律行为”的角度进行理解，《公约》第五节规定了宣告合同无效的效果，从产生的法律效果来看，与我国《民法典》所规定的合同解除后的法律后果具有一致性，旨在终止合同关系后，将当事人的财产恢复到合同订立之前的状态，并由违约方进行损害赔偿。

《公约》所规定的合同无效的宣告使合同效力归于消灭，终止了当

① 《涉外民事关系法律适用法》第四十一条规定：“当事人可以协议选择合同适用的法律。当事人没有选择的，适用履行义务最能体现该合同特征的一方当事人经常居所地法律或者其他与该合同有最密切联系的法律。”

事人的交易模式，并对已经交易的事实进行清算，判定赔偿、补偿的原则，对双方的权利义务都产生了重大影响，所以《公约》在规定合同无效的宣告同时，对其行使要件也作出了相应的规定。例如，第二十六条规定，“宣告合同无效的声明，必须向另一方当事人发出通知，方始有效”。第二十七条规定，“除非公约本部分另有明文规定，当事人按照本部分的规定，以适合情况的方法发出任何通知、要求或其它通知后，这种通知如在传递上发生耽搁或错误，或者未能到达，并不使该当事人丧失依靠该项通知的权利”。宣告合同无效的形式要件为“通知”方始有效，且这种“通知”并不依赖于到达对方才能产生实质效力，即使“这种通知如在传递上发生耽搁或错误，或者未能到达”，也不会因此“使该当事人丧失依靠该项通知的权利”，这和我国《民法典》第五百六十五条所规定的“到达生效”有一定的区别，《公约》更加关注守约方的权利受到损害的事实基础，以及守约方的权利维护的意识，守约方“宣告合同无效的声明，必须向另一方当事人发出通知”，且这种通知必须是“适合情况的方法”，只是发出通知后未到达的风险并不由发出方承担，也不影响发出方已作出的通知效果。

（三）国际贸易规则下，关于合同未约定事项的理解与遵守

在国际贸易中，合同未约定事项的处理是一个复杂而重要的问题，国际贸易涉及不同国家的法律、文化和商业习惯，合同未尽事项的处理方式对于保障交易顺利进行、维护交易双方的权益具有关键的意义。从国际贸易关系的实践情况来看，基于各国对于具体履行行为的理解不同，在制定合同时通常无法涵盖所有履行细节，时常出现一方当事人认为的无须过多关注的内容，正好是另一方当事人履行的重要依据，甚至两方会作出相反的理解。因此，当出现合同未约定事项的情况下，适用被广泛认同和接受的国际贸易规则具有必要性。一方面，国际贸易规则可以弥补合同漏洞，使交易能够顺利进行，维护交易的稳定性；另一方面，国际上广泛认可的国际惯例、贸易术语等，通常具备能够确保交易双方在相同的基础上的理解和处理交易事务的原则，能够被国际上普遍接受和认可，避免了因各国法律理解不同而产生的混乱。在处理合同未约定事项时，诚信原则与公平公正原则应当作为首要考虑的原则，这意味着交易双方的权利和义务应当得到平衡，不能使一方过度受益而另一方过度受损，重要的事项未约定时，甚至需考虑交易主体所在国的国内法，不能偏离当事人在缔约时的基本预期，破坏交易双方的实质公平。

（撰稿人：广州仲裁委员会业务发展部王徽、
中国人民大学法学院博士研究生唐浩深）

第七章
境外执行

借款合同争议案裁决获美国法院承认与执行

一、关键词

涉外借款合同；仲裁裁决的承认与执行；《纽约公约》；《美国联邦仲裁法》

二、仲裁要点

自2009年8月至2013年7月，被申请人多次向申请人借款，但未依约向申请人还本付息。2014年1月1日，申请人与被申请人签订《借款合同》，将此前被申请人欠付的本息金额13332000元[①]，重新约定为借款本金，并约定借款期限为180天，月利率为2%。截至还款日期，被申请人仅偿还了1500000元的借款利息，故申请人依约提请仲裁。因案件具有涉外因素，所以仲裁庭适用《涉外民事关系法律适用法》第四十一条，确定本案应适用中国法律。又参照《最高人民法院关于审理民间借贷案件适用法律若干问题的规定》第二十八条[②]的规定，仲裁庭经重新核算双方的借款本金后，裁决被申请人应向申请人

① 如无特别说明，本文所涉币种均为人民币。

② 《最高人民法院关于审理民间借贷案件适用法律若干问题的规定》第二十八条规定："借贷双方对前期借款本息结算后将利息计入后期借款本金并重新出具债权凭证，如果前期利率没有超过年利率24%，重新出具的债权凭证载明的金额可认定为后期借款本金；超过部分的利息不能计入后期借款本金。约定的利率超过年利率24%，当事人主张超过部分的利息不能计入后期借款本金的，人民法院应予支持。"

偿还借款本金6536800元及利息。此后，为实现债权，申请人持本案仲裁裁决，依据《纽约公约》和《美国联邦仲裁法》的相关规定，向美国马萨诸塞州联邦地区法院申请承认与执行，亦获得了该州联邦地区法院的支持判决。

三、基本案情

本案申请人为澳门特别行政区非永久性居民，被申请人为中国公民，在广州有住所，但同时又是美国马萨诸塞州居民。自2009年8月至2013年7月，被申请人多次向申请人借款，并承诺按月利率3%向申请人支付利息，直至本息还清为止。但被申请人在收到申请人的借款后，仅支付了部分利息。2014年1月1日，申请人与被申请人经核对本息金额后，确认截止到2013年12月31日，被申请人一共拖欠申请人本息13417711元，双方就此达成一致意见，同意重新签订借款合同，将拖欠的本金及利息计入后期借款本金，并重新出具《借款合同》作为债权凭证。《借款合同》约定以13332000元为借款本金，月息2%，还款期限为180天（2014年1月1日—6月30日），同时约定了逾期违约金及实现债权费用的承担等条款。然而，被申请人既未依约支付利息，也未在还款期限届满后偿还借款本息。申请人多次通过邮寄《逾期贷款催收通知书》、发送《律师函》等方式催促还款，但被申请人仍未履行义务。因此，申请人依约提起仲裁，具体请求如下：

1. 裁决被申请人偿还申请人借款本金6536800元及利息，利息以借款本金6536800元为基数，以月息2%计算，从2009年9月起算至还清之日为止；暂计至2019年12月31日，拖欠的利息为13631002元（以上本息合计20167802元）。

2. 裁决被申请人向申请人支付律师费30000元。

3. 裁决被申请人向申请人支付因本案产生的公证费港币10000元

及 490 元（以 2019 年 12 月 31 日汇率计算港币 10000 元兑换人民币为 8971 元）。

4. 裁决本案的全部仲裁费用由被申请人承担。

四、裁决结果

1. 被申请人向申请人偿还借款本金 6536800 元及利息（截至 2013 年 12 月 31 日被申请人尚欠的利息为 4213252.07 元，剩余利息以借款本金 6536800 元为基数，按照月利率 2%的标准，从 2014 年 1 月 1 日起计至实际清偿之日止）。

2. 被申请人向申请人补偿公证费 9475 元。

3. 被申请人向申请人补偿公告送达费用 6580 元。

4. 被申请人补偿申请人因办理本案支出的律师费 30000 元。

5. 本案的仲裁费由被申请人承担。

五、裁决理由

（一）关于本案的法律适用

本案因一方当事人为澳门特别行政区非永久性居民；另一方当事人为美国马萨储塞州居民，具有涉外因素，属于涉外借款合同纠纷。《涉外民事关系法律适用法》第四十一条规定：“当事人可以协议选择合同适用的法律。当事人没有选择的，适用履行义务最能体现该合同特征的一方当事人经常居所地法律或者其他与该合同有最密切联系的法律。”鉴于申请人和被申请人未协议选择合同适用的法律，而案涉借款关系发生在中国大陆，因此仲裁庭认为应以中国法律作为准据法。

（二）关于被申请人的违约责任认定

申请人主张，申请人于 2009 年至 2013 年向被申请人提供了多笔借款，双方于 2014 年 1 月 1 日签订了《借款合同》，确认被申请人从申请人处借款共计 13332000 元。被申请人仅在借款期间向申请人偿还了 1500000 元的借款利息，但仍有未偿还的本金和利息，这构成了违约。

仲裁庭认为，尽管申请人未在提供借款前与被申请人签订借款合同，但在 2014 年 1 月 1 日双方核实了本金和利息金额后，签订了作为债权凭证的借款合同。同时，申请人也提供了诸多相互关联、相互印证的证据，足以形成完整的证据链，证明双方借贷关系的合法性、真实性。

此外，被申请人虽已收到仲裁委员会的通知，但未出庭，也未提供正当理由。同时，被申请人未提出任何辩护意见，也未提交证据或进行质证，应承担未能提供证据的法律后果。因此，仲裁庭接受申请人的上述主张，即申请人已向被申请人提供了借款，而被申请人未按合同约定偿还本金和利息。鉴于借款期限已到期，被申请人应按合同约定向申请人偿还借款本金和利息。

（三）关于申请人出借本金数额的认定

经查明，申请人从 2009 年 8 月 24 日至 2013 年 12 月 3 日，共向被申请人实际转账 6536800 元。双方于 2014 年 1 月 1 日结算了 2009 年 8 月 24 日至 2013 年 12 月 3 日的借款本息后，签订了《借款合同》确定借款金额为 13332000 元。

参照《最高人民法院关于审理民间借贷案件适用法律若干问题的规定》第二十八条的规定，仲裁庭经过核算发现，《借款合同》约定的借款金额为 13332000 元，是以超过年利率 24% 的标准对前期借款 6536800 元计息后的金额，违反了前述法律规定。申请人亦承认年利率超过了 24%，故主动将借款金额调整为实际出借的金额 6536800 元。

综上，仲裁庭认为，申请人要求被申请人偿还借款本金 6536800 元，有事实及法律依据，故予以支持。此外，仲裁庭根据查明的申请人实际出借情况、被申请人的还款情况以及合同约定，参照司法解释的相关规定，对被申请人欠付的利息也进行了重新核算。

六、仲裁裁决在美国马萨诸塞州联邦地区法院的承认与执行

（一）承认与执行仲裁裁决的请求

鉴于被申请人在美国马萨诸塞州的多家公司均持有资产或权益，为执行生效仲裁裁决所确定的债权，申请人向美国马萨储塞州联邦地区法院递交了《承认和执行外国仲裁裁决的申请书》[①]，请求：

1. 根据《美国法典》第九卷第二百零七条发布命令，承认并确认仲裁庭的最终裁决。

2. 判决支持原告，并要求被告根据最终裁决，向原告支付1679619.25美元及利息。

3. 根据《美国法典》第二十八卷第一千九百六十一条，向原告授予任何判决后利息，该利息可能在本案判决作出后，由被告支付给原告。

4. 对被告的受托人作出判决，责令其作为原告的受托人，继续持有被告的货物、债权或财产，直至判决金额全额清偿。

5. 准许原告为执行判决之目的，对被告持有的下列权益进行追索及处置，包括A公司、B公司和C公司中的股权凭证、收益分配权、经营管理权以及其他一切权益。

6. 授予法院认为公正适当的其他或更进一步救济。

（二）承认与执行仲裁裁决的判决

在美国马萨储塞州联邦地区法院，被告及其在A公司、B公司和C公司所享权益的受托人，均未进行答辩或以其他方式进行辩护。法院经审查，对原告提出的承认与执行中国仲裁裁决请求，作出如下判决[②]。

1. 原告应向被告追偿本金3514756.49美元及400美元诉讼费用。

---

① PETITION TO CONFIRM AND ENFORCE FOREIGN ARBITRATION AWARD, Case 1：21-cv-10510-GAO , Document 1, Filed 03/25/21, Page 1-9.

② Lin v. Zhong et al (1 : 21-cv-10510), Massachusetts District Court.

该金额包含：1695280.95 美元（起诉书附件 2 仲裁裁决书载明的人民币金额），以及自 2014 年 1 月 1 日至 2021 年 6 月 26 日按仲裁裁决计算的 1819475.54 美元利息，另加自 2021 年 6 月 26 日起至本判决作出时按 24%年利率计算的判决前利息，合计判决金额为 3514756.49 美元，并自判决生效后按法定利率计付判决后利息。

2. 命令 A 公司将被告在该公司的一切权益，包括股权证书、分红与股息权利、经营管理权以及被告在该公司的所有其他权益，全部转移给原告，并向原告支付 M 公司欠付或将付被告的所有款项，直至 3514756.49 美元判决本金及利息与诉讼费用全额清偿完毕。

3. 命令 B 公司将被告在该公司的一切权益，包括股权证书、分红与股息权利、经营管理权以及被告在该公司的所有其他权益，全部转移给原告，并向原告支付 M 公司欠付或将付被告的所有款项，直至 3514756.49 美元判决本金及利息与诉讼费用全额清偿完毕。

4. 命令 C 公司将被告在该公司的一切权益，包括股权证书、分红与股息权利、经营管理权以及被告在该公司的所有其他权益，全部转移给原告，并向原告支付 M 公司欠付或将付被告的所有款项，直至 3514756.49 美元判决本金及利息与诉讼费用全额清偿完毕。

5. 根据《马萨诸塞州通用法律》第二百四十六章第二十八条之规定，被告因个人劳动或个人服务而应获得的工资，可豁免于本判决执行。豁免金额按以下较高者计算：被告每周应得工资总额的 85%，或联邦与马萨诸塞州每小时最低工资标准中较高者的 50 倍（按周或不足一周的实际工作时间为单位计算）。

（三）承认与执行仲裁裁决的依据

中国和美国都是联合国《承认和执行外国仲裁裁决公约》（以下简称《纽约公约》）的缔约国。同时，《美国联邦仲裁法》第二章将《纽约公约》纳入美国联邦法律，并赋予美国联邦法院对承认和执行程序的标的管辖权。因此，对原告提出的承认与执行广州仲裁委员会所作仲裁裁决请求，美国马萨储塞州联邦地区法院需依据《纽约公约》和《美国联邦仲裁法》进行审查。

《美国联邦仲裁法》第二百零七条规定：“在《纽约公约》项下的仲裁裁决作出后三年内，仲裁的任何一方当事人均可根据本章规定向具有管辖权的法院申请确认该裁决对其他当事人的效力。除非法院发现公约中明确规定的拒绝或延缓承认与执行裁决的理由，否则应确认该裁决。”一方面，申请人的申请行为未超过三年的时限规定。另一方面，根据《美国联邦仲裁法》第二百零三条的规定，马萨储塞州联邦地区法院除对案件享有标的管辖权外，也对被告享有属人管辖权。此外，《纽约公约》允许缔约国基于以下任何理由推迟或拒绝承认：一方当事人无行为能力或仲裁协议无效；没有充分通知被援引裁决的一方；裁决超出了仲裁协议的范围；仲裁庭的组成或程序不符合当事人的协议，或在没有此类协议的情况下，不符合仲裁发生地的法律；裁决尚未对当事人产生约束力；争议事项不可仲裁，或者承认该裁决将违反公共政策。显然，本案仲裁程序正当，法律适用正确，裁决结果公正，不存在任何前述影响承认与执行裁决的程序性或实质性问题。

综上，即使被申请人缺席庭审，美国马萨储塞州联邦地区法院仍在适当送达后行使了管辖权，并经依法审查，作出了承认与执行本案仲裁裁决的判决。

案件评析

（一）管辖权与准据法确定的正当性

仲裁庭基于双方当事人的书面仲裁协议取得管辖权。双方于《借款合同》中约定的仲裁条款明确、有效，完全符合我国仲裁法的相关规定，既凸显了当事人良好的纠纷解决意识，也体现了其对广州仲裁委员会的信任。在法律适用方面，仲裁庭依据《涉外民事关系法律适用法》第四十一条的规定，综合考虑当事人国籍和合同履行地因素，确定本案应适用与合同具有最密切联系的中国法律。仲裁庭对管辖权要件与法律适用规则的严谨把握，不仅确保了仲裁程序的全流程合法性，更为仲裁裁决获得域外司法承认与执行奠定了坚实的法律基础。

（二）证据审查与事实认定的严谨性

在案件审理过程中，仲裁庭对申请人提交的借款凭证、转账记录、催款函件等多元化证据材料进行了全面且细致的审查。通过书面证据与电子数据的交叉验证、直接证据与间接证据的逻辑补强，本案构建起了环环相扣的完整证据链条。即便在被申请人缺席审理的特殊情形下，仲裁庭仍严格恪守证据规则，精准还原了双方借款合意形成、资金交付、利息计付等核心事实，并依法重新核算双方的借款本金金额及其利息，兼顾申请人债权的真实性与合法性。最终，本案仲裁既有效维护了申请人的合法权益，更使得裁决文书在事实认定层面具备无可辩驳的证明力，为后续仲裁裁决的跨境承认与执行扫清了事实障碍。

（三）仲裁裁决跨境承认与执行的示范效应

本案仲裁裁决在美国马萨诸塞州联邦地区法院获得承认与执行，具有多重标志性意义：其一，从当事人维度来看，成功打通了国内债权的跨国追索路径，切实保障了申请人的合法权益；其二，从仲裁机构维度来看，生动展现了中国仲裁裁决的专业水准，显著提升了中国仲裁的国际认可度；其三，从司法协作维度来看，充分印证了中美两国在《纽约公约》框架下的高效司法互助，以及两国在民商事争议解决领域的顺畅沟通与紧密合作。根本而言，本案仲裁裁决在美国法院获得承认与执行，不仅为其他涉外仲裁案件的当事人提供了可供借鉴的实践经验，也必将增强国际民商事主体对中国法治环境和中国营商环境的信心。

（四）涉外民商事纠纷解决的实践指引

本案的妥善处理为涉外民商事争议解决机制完善提供了多方面的启示。首先，在合同签订阶段，建议当事人重视仲裁条款的合规设计，明确约定仲裁机构、规则、地点等核心要素，以确保在发生争议时能够顺利启动仲裁程序。其次，在合同履行阶段，当事人可对双方的履约行为进行全流程管理，注重规范化留存书面合同、履约凭证、沟通记录等相关材料，以便在解决争议时充分出示证据证明己方主张。最后，在债权实现方面，若债务人的国内资产不足以清偿仲裁裁决所确定的债务，则债权人亦可考虑申请执行债务人的境外财产。在该阶段，债权人需向外国法院申请承认与执行国内仲裁裁决，故须系统研究《纽约公约》和债务人财产所在国法律，并重点关注申请时限、管辖法院、拒绝情形等关键内容。当然，国内外的仲裁机构与司法机关也可深化协作，通过发布典型案例、协助跨境送达、共享执行信息等机制创新，共同构建更加公正高效的国际法治环境，为国际民商事交往提供优质的法律服务保障。

（撰稿人：广州仲裁委员会仲裁秘书部郑奇奇、中国政法大学国际法学院/涉外法治学院博士研究生沈雨思）

股权转让争议案裁决获
马来西亚法院承认与执行

一、关键词

跨境仲裁裁决；承认与执行；《纽约公约》；马来西亚《2005年仲裁法》；程序合法性；公共政策；超越管辖范围

二、案例要点

本案的核心在于广州仲裁委员会作出的仲裁裁决在马来西亚法院获得了承认与执行。申请人在仲裁裁决作出后向马来西亚高等法院申请承认与执行仲裁裁决。马来西亚高等法院根据《纽约公约》、马来西亚《2005年仲裁法》第三十八条、马来西亚《2012年法院规则》第六十九条的规定，认定该裁决符合执行条件，仲裁程序符合正当程序要求，且裁决内容不违反马来西亚公共政策，裁决结果对被申请人具有约束力，最终决定承认并执行该裁决。

三、仲裁基本案情

仲裁涉及中国公司（申请人）与马来西亚公民（被申请人）之间的股权转让合同纠纷。2014年4月29日，申请人与被申请人签订《股权转让协议》，约定申请人将其持有的马来西亚某公司75%股权转让给被申请人，交易总价为560万元人民币。协议签订后，被申请人仅支付了部分款项，剩余336万元未履行。申请人遂依据协议中的仲裁条款向广州仲裁委员会提起仲裁。2016 年 6 月 30 日，仲裁庭作出裁决，支持申请人关于剩余股权转让款及违约金的请求，但驳回了垫付款项的仲裁请求，理由是该纠纷不是因《股权转让协议》所产生的争议，不属于本案可仲裁范围。

四、承认与执行程序的争议焦点

（一）关于仲裁的程序合法性

申请人主张：仲裁程序合法，仲裁庭严格遵循了仲裁规则及正当程序原则，所作裁决具有终局性，应予以承认与执行。

被申请人抗辩称：仲裁庭未给予其充分答辩机会，剥夺了其程序权利，因此仲裁程序存在违法情形，裁决应属无效。

马来西亚高等法院认为：仲裁程序符合正当程序要求，仲裁庭在审理过程中已充分保障被申请人的程序权利。具体表现为：被申请人曾两次申请延期开庭审理，均获得仲裁庭准许，使其有合理时间准备答辩；同时，仲裁庭在审理过程中确保双方平等陈述意见，并未剥夺被申请人进行答辩的权利。因此，被申请人的抗辩理由不能成立，仲裁裁决程序合法，其终局性应予维护。

（二）关于本案的管辖范围

被申请人提出：仲裁庭在裁决中对垫付款项问题作出认定，超出了双方仲裁协议约定的管辖范围，因此该裁决部分应属无效，法院应拒绝承认与执行。

申请人反驳：仲裁庭已在裁决书中明确指出，垫付款项争议不属于本案仲裁审理范围，因此仲裁庭并未超越其管辖权，裁决内容完全符合仲裁协议的约定。

马来西亚高等法院认为：仲裁庭在裁决书中已明确区分了可仲裁事项与非仲裁事项，并特别强调垫付款项争议不在本案仲裁管辖范围内，因此不存在超裁情形。基于此，仲裁庭的裁决未超越其权限，符合仲裁协议的约定，被申请人的抗辩理由不能成立，裁决应予执行。

（三）关于执行裁决是否违反法院地公共政策

申请人认为：仲裁裁决仅涉及商业合同争议，裁决内容完全基于双方合同约定，不涉及执行地马来西亚的公共政策问题，因此应予以承认与执行。

被申请人主张：裁决要求其支付按日千分之一计算的高额违约金，可能构成显失公平，违反马来西亚法律中的公共政策原则，法院应拒绝执行该裁决。

法院认为：商业合同中的违约金条款属于当事人意思自治的范畴，法院通常不会轻易干涉，除非该条款明显不合理或违背基本的公平正义原则。虽然本案约定的违约金比例较高，但并未达到“显失公平”的程度，且被申请人未能提供充分证据证明该条款在签订时存在欺诈、胁迫或重大失衡的情形。因此，执行该裁决不会违反马来西亚的公共政策，裁决应予承认与执行。

五、执行地法院审理结果

马来西亚高等法院命令如下：

1. 2016 年 6 月 30 日广州仲裁委员会作出的仲裁裁决书具有法律约束力，申请人可通过马来西亚高等法院对被申请人进行强制执行；

2. 不作出关于申请承认与执行仲裁裁决的费用承担的命令。

六、承认与执行理由

（一）仲裁裁决符合《纽约公约》执行条件

本案仲裁裁决完全符合《纽约公约》的执行条件，不存在《纽约公约》第五条规定的应当拒绝承认与执行的情形。在程序正当性方面，仲裁庭充分保障了被申请人的程序权利，不仅允许其两次延期开庭审理的请求，还确保了双方当事人享有平等的陈述和辩论机会。关于管辖权问题，仲裁庭在裁决书中已明确将垫付款项争议排除在可仲裁事项之外，严格遵循了仲裁协议的约定范围，不存在超越管辖范围的情形。

（二）违约金条款不违反公共政策

法院对违约金条款的审查秉持审慎克制的态度，强调商业合同中的违约金约定首先应当尊重当事人的意思自治。虽然本案约定的日千分之一违约金标准较高，但法院认为该约定系双方商业谈判的结果，被申请人未能举证证明该条款存在显失公平或违背基本正义的情形。只有在极端情况下，如违约金达到“惩罚性”或“完全不成比例”的程度时，才可能构成公共政策例外。

（三）裁决在马来西亚具有可执行性

根据《纽约公约》第三条的规定，中国与马来西亚作为公约缔约国，马来西亚法院有义务承认与执行以中国为仲裁地作出的仲裁裁决。该公约第五条规定的拒绝承认与执行的事由应当作严格解释，仅限于程序不公、超越管辖权、违反公共政策等有限情形。经逐项审查，本案不存在任何公约规定的应当拒绝承认与执行的事由，因此裁决在马来西亚境内具有完全的可执行性。这一认定不仅符合马来西亚的国际条约义务，也体现了马来西亚对国际商事仲裁制度的有力支持。

案件评析

（一）《纽约公约》框架下的跨境仲裁执行机制

本案作为典型的跨境仲裁裁决执行案例，完整呈现了《纽约公约》第五条在实践中的具体适用情形。根据《纽约公约》第五条的规定，执行地法院对仲裁裁决的审查应当严格限定在程序性事项范围内，仅能基于以下特定事由拒绝承认与执行：仲裁协议无效、仲裁程序违反正当程序原则、仲裁庭超越权限、仲裁庭组成或程序违反当事人约定或仲裁地法律、裁决尚未产生约束力或被撤销，以及违反执行地公共政策等有限情形。在本案审理过程中，马来西亚高等法院严格遵循了公约的立法本意和限制性审查原则，既未对裁决实体内容进行重新审查，也未扩大《纽约公约》第五条规定的拒绝执行事由范围，充分体现了对当事人意思自治的尊重和对国际商事仲裁制度的支持。这种审慎克制的司法态度，不仅符合《纽约公约》促进仲裁裁决跨境执行的立法宗旨，也为国际商事争议解决提供了可预期的法律环境，彰显了马来西亚作为公约缔约国的国际条约履约诚信。本案的顺利执行，再次验证了《纽约公约》作为国际商事仲裁基石性法律文件的重要价值，也为其他法域处理类似案件提供了有益参考。

（二）公共政策例外的适用边界

在裁决的承认与执行中，被申请人认为仲裁裁决判定的高额违约金违反了马来西亚的公共政策。对于高额违约金裁决是否会违反公共政策，不同国家的法院视具体情形可能会作出不予执行的决定。事实上，在公开的案例中，确实存在执行地法院将裁决中的高额违约金判项认定为违反公共政策而不予执行。例如，法国最高法院（Cour de cassation）曾裁定俄罗斯法院的一桩判决因违约金金额判项过高而不予执行，该案中双方当事人在合同中约定违约方在违约情况下应支付30%至50%的罚息，而俄罗斯法院最终支持了30%的违约金，法国最高法院经审查后认为违约方违反合同的程度与违约金金额并不相称，并且过高的违约金会给违约方带来沉重的经济负担。[①] 此外，德国法院也曾认定日利率0.5%的违约金违反了《德国民法典》第一百三十八条第一款规定的公共政策而无效。柏林地区高等法院在裁定中强调，在国际商业交易方面，即使存在当事人的事先约定，以及原判被申请人并未就高额违约金提出异议，德国法院也有权审查并认定该判项违反德国公共政策。[②]

但在更多的案例中法院支持了违约金判项，即使存在违约金较高的

① Cour de cassation，civile，Chambre civile 1，12 janvier 2022，20- 16. 189.

② Beschluss vom 07. 02. 2019 -12 Sch 5/18.

情况。例如，英国法院在 IPCO 诉 NNPC 案[1]中明确，公共政策例外应严格限制，仅适用于“违背最基本的道德与正义原则”的情形。该案判决特别强调，法院不得仅因合同条款在商业上对一方不利而拒绝执行裁决，否则将破坏国际仲裁的终局性和可预见性。类似地，新加坡上诉法院在 PT Asuransi Jasa Indonesia 诉 Dexia Bank 案[2]中也指出，商业合同的高违约金本身不构成公共政策问题，除非存在显失公平或欺诈等极端情形。该判决进一步阐释，在专业商事主体之间的交易中，法院应充分尊重当事人对风险分配的商业判断。此外，这一司法立场也得到了国际仲裁实践的广泛支持。例如，国际商会（ICC）在多个仲裁裁决中均认为，违约金条款的合理性属于实体争议范畴，不应通过公共政策例外来挑战裁决的可执行性。联合国国际贸易法委员会（UNCITRAL）在《纽约公约》适用指南[3]中也明确建议，各缔约国法院对“公共政策”应作限制性解释，以避免成为拒绝执行裁决的便利借口。

被申请人曾主张高额违约金违反公共政策，但法院未予采纳。这一立场与国际主流实践高度一致，体现了马来西亚高等法院对国际商事仲裁裁决执行的尊重和对“公共政策例外”条款的审慎适用。本案表明，马来西亚高等法院对公共政策的解释与国际先进司法实践保持同步，采取较为谨慎和克制的态度。法院严格区分了“商业上不利”与“法律上不可接受”的界限，避免滥用例外条款阻碍国际仲裁裁决的执行。这一立场不仅符合《纽约公约》促进裁决跨境执行的立法宗旨，也有助于提升马来西亚作为国际仲裁友好法域的可信度和吸引力，为跨国投资者提供了更稳定的法律预期。

---

① IPCO（Nigeria）Ltd v. Nigerian National Petroleum Corp［2005］EWHC 726（Comm），［2005］2 Lloyd’s Rep 326.

② PT Asuransi Jasa Indonesia（Persero）v. Dexia Bank SA［2007］SGCA 4，［2007］1 SLR（R）597.

③ United Nations Commission on International Trade Law，Guide on the Convention on the Recognition and Enforcement of Foreign Arbitral Awards（New York，1958）（2016）para 237-262.

（三）跨境交易的风险防范建议

仲裁条款设计：当事人订立仲裁条款时应当明确约定仲裁范围、适用法律及执行地，避免管辖权争议。建议在条款中详细规定仲裁机构、仲裁语言、仲裁员选任程序等要素，确保条款的可执行性。同时，需注意不同法域对仲裁协议形式的要求，并避免模糊表述，以免被认定为无效条款。

违约金合理性：虽然仲裁庭一般尊重当事人合同自由，但过高的违约金仍可能引发执行风险。建议参考行业惯例、实际损失预估及可比案例设定合理标准，避免因"惩罚性违约金"被认定为无效。部分法域可能要求违约金与实际损失相匹配，因此当事人在起草合同时需结合准据法要求进行审查。

证据保存：跨境仲裁中，程序合规性直接影响裁决效力。因此，除实体证据外，应完整保留送达记录、延期申请批复、仲裁庭指令等程序性文件。部分国家可能以程序瑕疵为由拒绝执行裁决，因此需严格遵循仲裁规则，并定期梳理证据链以备抗辩。

选择执行友好法域：当事人可以优先选择《纽约公约》缔约国中司法效率高、执行记录良好的法域，如新加坡、马来西亚、德国等。这些法域通常对仲裁裁决持支持态度，且本地法院干预较少。需避免在法律体系复杂的国家执行，以减少程序拖延风险。

（四）广仲创新举措的有益探索

本案涉及跨境仲裁裁决的执行问题，核心在于正当程序原则，尤其是送达与通知的有效性。被申请人长期不在中国境内，导致原境内地址无法完成有效送达。在此情况下，广州仲裁委创新性地采用跨境电话、短信、电子邮件等多种电子送达方式，并辅以公证程序，最终成功确认被申请人的境外有效地址。同时，仲裁庭给予被申请人充分的答辩期，确保其程序权利得到保障，从而避免了因"未获适当通知"或"未能申辩"等程序瑕疵触发《纽约公约》第五条拒绝执行条款的风险。马来西亚高等法院在审查该案时，严格遵循《纽约公约》的审查标准，详细核查了送达程序的合法性与正当性。法院最终依据《纽约公约》及马来西亚《2005年仲裁法》第三十八条作出裁定，不仅承认并执行了该仲裁裁决，更在判决理由中明确肯定了中国仲裁程序的合法性。这一判例具有重要的示范意义，为今后中国仲裁裁决在东盟国家的承认与执行提供了有益参考。

基于司法主权保护与经济风险防控的考量，东盟国家长期对境外仲裁裁决采取审慎立场。为破解跨境裁决执行难题，广州仲裁委采取了一系列创新举措：在机构合作层面，广仲与东南亚主要仲裁机构签署合作协议，建立联合调解仲裁机制，并探讨研究在仲裁业务、跨境争议解决、法律培训等领域的合作可能性；在规则层面，广州仲裁委通过发布《"一带一路"仲裁示范规则》，有效填补相关规则空白，目前已获得白俄罗斯、俄罗斯、哈萨克斯坦及香港、澳门特别行政区共21家仲裁机构和组织的共同认可及推广，并继续推出《"一带一路"仲裁示范规则2.0》；在司法协作层面，广仲与东南亚国家通过双边司法协助机制，采用电子送达与传统送达相结合的方式，在跨境仲裁中实现了合法有效的程序送达。这些措施有效提升了中国仲裁裁决在东盟国家的认可度。未来，广仲将持续加强与共建"一带一路"国家和机构的合作交流，推动规则衔接、机制对接，凝聚国际仲裁互信合作共识，促进各国仲裁机制的相互认可和执行。

综上，本案作为广州仲裁委裁决在东南亚国家成功执行的典型例证，展示了国际商事仲裁裁决跨境执行的典型流程与法律问题。马来西亚高等法院作出的执行命令符合《纽约公约》精神，体现了对仲裁终局性与当事人意思自治的尊重。对于中国企业而言，选择仲裁作为跨境争议解决方式时，应注重程序合规性，并优先选择《纽约公约》缔约国作为仲裁地或执行地，以最大化裁决的可执行性。

（撰稿人：广州仲裁委员会南沙国际仲裁中心黄蔼桐、中国人民大学法学院博士研究生唐浩深）

第八章

创新探索

穗澳通过庭室共享高效化解涉澳纠纷

一、关键词

广州标准；四个共享；大湾区仲裁

二、仲裁要点

2021 年 11 月，广州仲裁委员会与澳门律师公会仲裁中心签署《合作备忘录》。同月，双方就一起涉澳案件开展共享庭室合作。在双方通力合作下，避免了因其中一位在澳当事人无法过境签署调解协议而导致整个案件无法调解的情形发生，高效、便捷地化解了跨境民商事纠纷，贯彻落实了“四个共享”机制精神。

三、基本案情

广州仲裁委员会中山分会审理的该起金融借款合同纠纷案件，五被申请人均为澳门特别行政区居民，其因客观原因导致资金链断裂，无法按时足额偿还银行款项，故银行要求五被申请人立即偿还款项并且就涉案抵押物实现优先受偿权。具体请求如下：

1. 裁决第一被申请人立即向申请人清偿《人民币流动资金贷款合同》项下借款本金 2154653.62 元及利息、罚息、复利（利息、罚息、复利暂计至 2021 年 4 月 23 日为 49745.39 元，之后的利息、罚息、复利按《人民币流动资金贷款合同》约定计算至贷款全部清偿之日止）；

2. 裁决申请人对第二、第三被申请人提供的两处抵押物折价或者以拍卖变卖等处置所得价款享有优先受偿权；

3. 裁决五被申请人向申请人支付律师费84132元；

4. 裁决第二、第三、第四、第五被申请人对第一被申请人的涉案债务承担连带保证责任；

5. 裁决五被申请人承担全部仲裁费用、财产保全费用。

五被申请人知悉该仲裁案件后，积极与办案秘书联系，请求仲裁庭组织双方调解。仲裁庭于2021年11月4日组织双方当事人调解，但因其中一名被申请人身处澳门特别行政区，而由于不可抗力，被申请人无法过境签署调解协议，案件调解陷入僵局。其后，办案秘书根据广州仲裁委与澳门律师公会仲裁中心签署的《合作备忘录》，随即联系了澳门律师公会仲裁中心的工作人员协助处理本案。经过各方沟通协调，被申请人于2021年11月17日前往澳门律师公会仲裁中心仲裁庭室，通过澳门律师公会仲裁中心工作人员在澳门庭室协助核验被申请人身份、同样身处澳门特别行政区的仲裁员向被申请人解释调解协议内容，而办案秘书在广州仲裁委中山分会仲裁庭室、申请人在线上见证了该过程的方式，让被申请人在澳门特别行政区签署调解协议。当日，仲裁庭即根据双方签署的调解协议作出调解书。

四、调解结果

1. 第一被申请人确认：截至2021年10月28日，尚欠申请人借款本金1936273.28元并支付利息、罚息、复利（第一部分为截至2021年10月28日的利息、罚息、复利合计46608.96元；第二部分为罚息，以所欠借款本金为基数，自2021年10月29日起按年利率8.4825%计算至实际清偿之日止；第三部分为复利，对第一被申请人未按时还清的利息，自2021年10月29日起按年利率8.4825%计算至实际清偿之日止），具体欠款本息金额以申请人系统数据为准。

2. 上述第一项欠款，第一被申请人分期还款如下：2021年11月30

日前偿还40万元，自2022年1月起至11月，每月最后一日前偿还10万元，于2022年12月30日前将剩余借款本息一次性清偿完毕。

3. 第一被申请人于2021年11月30日前向申请人支付律师费84132元。

4. 第二被申请人、第三被申请人、第四被申请人、第五被申请人对案涉第一被申请人应付申请人的款项在最高债权额500万元限度内承担连带清偿责任。

5. 申请人对第二被申请人、第三被申请人提供的抵押物依法处理所得价款就第一被申请人应付申请人的款项在最高债权额5623100元限度内优先受偿。

6. 本案仲裁费和财产保全费由五被申请人负担并于2021年11月4日前径付申请人。

7. 如五被申请人不能按时、足额偿还本协议约定的任何一期款项，申请人有权将其剩余未还款项一次性向法院申请强制执行，并按照《民事诉讼法》第二百五十三条的规定依法处理。

案件评析

开放、合作和共享是广仲秉承的发展理念，在进一步推广互联网仲裁"广州标准"的同时，自2021年4月起，广仲率先与粤港澳大湾区、长三角地区的仲裁机构合作，在全国范围内首创仲裁机构"四个共享"合作机制，"四个共享"合作机制具体包含"标准共享""庭室共享""服务窗口共享""名册共享"。其中，"庭室共享"指合作机构为彼此的当事人、仲裁员等工作人员提供仲裁庭室用于开庭、调解等。

同属大湾区中心城市，广州与澳门特别行政区的联系源远流长。澳门律师公会和澳门律师公会仲裁中心为澳门特别行政区与葡语国家和地区之间的贸易投资、产业及区域合作、人文及科技交流等活动提供了专业的法律服务。2021年5月，广仲与澳门律师公会仲裁中心达成意向签署《合作备忘录》，就“四个共享”合作机制达成了协作意向。本案作为落实“四个共享”的典型案件，在当时条件下为难以实现线下开庭的双方当事人提供线上开庭方式，成功验证了“四个共享”机制在解决跨境纠纷、破除地域障碍方面的可行性与高效性，为粤港澳至更广泛区域内的跨境商事纠纷解决提供了全新路径。广仲在本案中实现的“庭室共享”模式亦得到双方当事人的高度认可与赞扬，其降低了仲裁员、当事人跨区域参与仲裁所产生的交通、时间成本，打破时空阻隔，大大提升了仲裁调解的效率。

在“互联网+仲裁”不断发展的背景下，仲裁“去中心化”理念被提出，在仲裁领域，“去中心化”并非指完全无中心的自治系统，而是强调仲裁资源的区域共享、程序权利的多元行使和裁决机制的协同联动，打破物理、地理和制度上的集中制约，实现更广泛、更高效的纠纷解决。“四个共享”中的“庭室共享”就是仲裁“去中心化”的生动诠释：传统国际仲裁多依赖于特定地点、实体庭室，具有高度空间中心化的特征，而在“庭室共享”下，仲裁参与方无须跨境即可完成仲裁庭审的所有程序，这种模式打破了物理空间的集中限制，实现了分布式仲裁空间布局。作为仲裁“去中心化”的重要体现，“庭室共享”能够降低国际仲裁制度运行成本，提升仲裁普适性与可及性，推进跨境商事纠纷解决机制的融合与创新。

作为国内最早成立的仲裁机构之一，也是最早推出互联网仲裁、实现仲裁全流程线上运行的仲裁机构，广仲秉持“首创精神”，致力打造国际仲裁示范新高地。在未来，广仲将持续以创新引领发展，努力开创粤港澳大湾区仲裁合作新局面，共同为全球商事争议解决创造更好的国际仲裁环境。

（撰稿人：广州仲裁委员会中山分会钟妙恒、

中国人民大学法学院博士研究生唐浩深）

“四个共享”破解跨境送达难题化解虚假债务风险

一、关键词

跨境民间借贷；境外送达；境外资金流转；电子证据认证

二、仲裁要点

1. 送达有效性：在穷尽常规送达方式（如债务人预留境内地址、电子邮件、即时通信工具等）无效后，通过《承认及执行外国仲裁裁决公约》（《纽约公约》）框架下的合作机制，借助伊朗仲裁中心完成送达程序，符合中国仲裁规则及国际实践，程序正当，保障了债务人的知情权与抗辩权，为缺席审理奠定了基础。

2. 借贷关系真实性审查：对于涉及境外资金流转的民间借贷，不能仅凭借条或转账凭证简单认定。需结合借款背景、资金来源与流向、交易对手关联性、当事人关系及陈述合理性等综合判断。本案中，债权人提供的境外银行流水虽非直接支付凭证，但其显示的特定时间段内、特定金额的资金流向与借款用途（境外采购）、债务人身份（伊朗居民）高度吻合，且形成完整证据链，足以证明借贷事实存在。

3. 证据认证标准：对形成于境外的银行流水等电子证据，在债务人缺席且无法质证的情况下，仲裁庭需严格审查其形式与实质真实性。债权人需提供经合法途径获取的原始记录、必要翻译及公证认证（如可行)，并辅之以合理解释与关联证据佐证。仲裁庭有权基于高度盖然性标准，结合经验法则进行综合认定。

三、基本案情

2016 年 12 月 4 日，申请人与第一被申请人（国内居住地：广州市 A 区 B 街)、第二被申请人（国内居住地：广州市 A 区 B 街）签订《还款协议》，第一、第二被申请人就偿还申请人为其垫付货款的具体时间达成如下协议：第一条，申请人、两被申请人确认，第一、第二被申请人委托申请人购买布匹，申请人共代第一、第二被申请人垫付货款 5661939 元。申请人提交了《发伊朗布料货款》一份，当中列明了布料的发货日期、批次、总米数、总额等，发货日期、批次及对应的货款金额与《还款协议书》上相对应。《发伊朗布料货款》底部有申请人、第一、第二被申请人签字，并备注以上数据属实。

申请人的仲裁请求为：1. 裁决第一、第二被申请人共同向申请人偿还借款本金 4261939 元，利息 3067528 元（暂计至 2020 年 3 月 31 日)，并从 2020 年 4 月 1 日起至实际清偿完毕之日止，以借款本金和利息共计 7329467 元为基数，按月利率 1.3%计付复利；2. 裁决第一、第二被申请人共同承担申请人为实现债权而发生的律师费用；3. 裁决第一、第二被申请人共同承担本案仲裁费用和保全费用。

四、仲裁庭的争议焦点

（一）程序焦点

本案通过伊朗仲裁中心进行的送达是否合法有效？在被申请人缺席的情况下，仲裁庭能否进行缺席审理并作出裁决？

（二）实体焦点

申请人与被申请人之间是否存在真实、合法的民间借贷关系？申请人主张，其向被申请人出借的借款系用于代被申请人支付境外货物的购买，故大多数转账记录并非由申请人直接转给被申请人。因此，申请人转账的款项性质是否可认定为借贷?

五、裁决结果

1. 第一、第二被申请人向申请人偿还借款本金4261939元及支付利息（第一部分为截至2020年3月31日的利息3067528元；第二部分自2020年4月1日起至实际清偿之日止，利息以本金7329467元为基数，按月息1.3%的标准计算）。以上本息之和不超过4261939元与以4261939元为基数，自2016年6月1日至实际清偿之日止，按年利率24%计算的利息之和。

2. 第一、第二被申请人补偿申请人支出的律师费。

3. 对申请人的其他仲裁请求不予支持。

4. 本案仲裁费由第一、第二被申请人承担（该费用已由申请人预缴，本会不作退回，由第一、第二被申请人径付申请人）。

六、裁决理由

（一）关于本案的法律适用

参照《最高人民法院关于适用〈中华人民共和国涉外民事关系法律适用法〉若干问题的解释（一）》第十九条和《中华人民共和国涉外民事关系法律适用法》第四十一条的规定，认为当事人订立案涉协议时的居住地为广州市，同时结合各方的合同签订、履行及款项支付等情况，仲裁庭认为，本案应适用中华人民共和国法律。

（二）关于本案的程序送达是否有效

仲裁庭认为：已穷尽所有可能的送达方式，最终通过《纽约公约》框架下的合作机制借助伊朗仲裁中心完成送达，程序合法有效。被申请人放弃答辩和出庭权利，仲裁庭应依法缺席审理。

（三）关于本案的借贷关系是否真实

仲裁庭认为，申请人提供了电子借条、双方沟通记录（证明借款合意和用途），以及其境外银行账户向被申请人指定境外账户转账的流水记录（证明款项支付）。主张流水清晰显示资金流向，与借款用途及债务人身份相符。虽债务人缺席，但申请人的流水系银行系统生成，来源合法，内容清晰完整，并与借条、沟通记录相互印证，形成完整证据链，应予以采信。

案件评析

（一）破解跨境送达难题：广仲首创“四个共享”机制的创新实践

《纽约公约》是国际商事仲裁领域的重要国际条约，其主要规范外国仲裁裁决的承认与执行，但其序言和整体精神均倡导缔约国在仲裁领域进行国际合作，以保障仲裁程序的顺利进行和裁决的有效性。送达作为仲裁程序正当性的基石，是保障当事人（特别是被申请人）程序权利的关键环节。然而，跨境文书送达目前仍是影响外国仲裁裁决程序正当性的重要因素，长期以来是国际民商事司法和仲裁实践中的难点。本案中，向位于伊朗的当事人送达法律文书，主要困难在于：（1）双边司法协助条约缺失：中国与伊朗之间尚未缔结民商事司法协助条约，无法依据条约进行常规的司法文书送达。（2）《海牙送达公约》适用障碍：伊朗虽为《关于向国外送达民事或商事司法文书和司法外文书公约》（《海牙送达公约》）缔约国，但由于国际关系等因素，通过该公约中央机关途径进行送达往往效率低下、结果难料，实践中存在较大的不确定性。（3）其他送达方式局限：邮寄送达（伊朗邮政服务可靠性存疑）、公告送达（实际效果差，且可能不符合仲裁高效原则）等传统方式均难以确保有效送达。

本案中，中国与伊朗缺乏双边条约，《海牙公约》具有适用障碍，面对难题，广仲积极作为，当即与已签订“广州标准”合作备忘录的伊朗商会仲裁中心取得联系，通过将案件材料、当事人基本信息发给伊朗仲裁中心，借由伊朗仲裁中心的本土优势，由其协助向伊朗当事人完成上门送达，全程双方保持密切联系与沟通，同步送达信息，完善送达程序。这是一种务实且符合公约精神的探索。这一做法有效解决了送达难题，确保了程序的正当性。伊朗仲裁中心作为当地专业机构，更熟悉本国法律环境和送达实践，其协助完成的送达在形式和实质上更能被当地法律认可，也为未来可能的裁决在伊朗（或其他《纽约公约》缔约国）寻求承认与执行减少了程序瑕疵方面的抗辩风险。仲裁庭创造性地借助《纽约公约》的“合作精神”寻求解决方案，为同类案例中的跨境送达提供了创新典范，体现了中国仲裁机构在处理复杂国际案件时的灵活性、务实性和国际视野。

值得借鉴的是，广州仲裁委员会首创仲裁机构“四个共享”机制，携手粤港澳大湾区、长三角地区以及境外伊朗、泰国、哈萨克斯坦和巴基斯坦等国家和地区仲裁机构，开启了“多边合作、多元解纷”的新局面。“四个共享”倡导“共享服务窗口、共享仲裁院名册、共享办案庭室和共享仲裁标准”，将各方的合作范围从原先单边共享“广州标准”，拓宽至多边共享庭室、立案咨询服务窗口、协助核对证据等，让各仲裁机构进一步建立了全方位、深层次的交流合作格局。本案是彰显广仲“四个共享”机制的典例。通过本案中的送达程序，仲裁庭保障了境外当事人在程序上的合法权益，伊朗商会仲裁中心也以实际行动认可了广仲的“四个共享”机制，为双方的合作奠定更坚实的基础。广仲首创的“四个共享”机制及其实践，必将为仲裁机构创新发展带来更多源于实践的参考与借鉴。

本案对仲裁机构和当事人均具有启示与建议。(1) 仲裁机构应积极探索和建立更广泛的国际司法与仲裁合作网络，特别是与共建“一带一路”国家、存在送达困难国家的仲裁机构建立常态化沟通与互助机制。(2) 在仲裁条款设计阶段，建议当事人（尤其是债权人）明确约定送达地址（包括电子送达地址）及送达方式，并约定该地址适用于整个仲裁程序及可能的后续执行程序，以降低未来送达难度。(3) 对于涉及敏感国家或地区的案件，机构应提前研究送达路径，做好预案。

（二）借贷关系真实性审查：高度盖然性标准下的综合心证

跨境民间借贷多涉及境外资金流转，而境外资金流转不仅经常牵连多方主体，更依赖高度复杂的证据链。更重要的是，民间借贷纠纷是虚假诉讼、仲裁的高发领域。虚构债务、制造流水痕迹以转移财产、逃避债务或损害他人利益的情况时有发生。此外，跨境资金流动还可能涉及洗钱、逃汇、违反制裁等违法风险。最高人民法院的司法政策一贯强调要加强对借贷事实和证据的审查，防范虚假诉讼。因此，如何审查认定涉及境外交易的真实性，对仲裁庭提出了挑战。

本案的核心实体争议在于借贷关系的真实性，在债务人缺席、无法质证的情况下，本案仲裁庭没有仅凭一张借条就认定借贷关系，而是深入审查了借款背景（境外贸易）、资金来源、资金流向（债务人指定的非伊朗账户），进行了充分合理的借贷关系真实性审查。在此基础上，本案裁决确立了一套审慎但务实的审查标准，涵盖形式真实性审查、实质关联性与合理性分析两个层面，有力防范了跨境民间借贷虚假诉讼、仲裁的法律风险。

其一，形式真实性审查是基础。仲裁庭要求债权人提供原始、完整的电子银行流水记录（如 PDF 对账单），关注文件的格式、银行标识、账户信息、交易细节等是否完整、清晰、符合银行文件的通常特征。虽然因客观原因（如银行不提供或难以公证认证）未能完成使领馆认证，但仲裁庭并未机械地因缺乏认证而否定其证据资格，而是转向实质审查。其二，实质关联性与合理性分析是关键。仲裁庭没有孤立地看待流水，而是将其置于案件全貌中进行审视，重点分析以下四个要点。(1) 金额与时间匹配度：流水显示的转账金额、时间点是否与借条、沟通记录中约定的借款金额、放款时间完全吻合？（2）流向合理性：收款账户是否为债务人指定？该账户所在地是否与其声称的贸易活动地（非伊朗）相符？是否存在明显不合理之处（如转入债权人关联账户）？（3）背景契合度：资金流向是否与借款用途（境外采购），以及债务人身份（伊朗居民可能受限制使用本国账户）这一特殊背景高度契合？（4）证据链条完整性：流水是否与借条（证明合意）、沟通记录（证明用途、账户确认）等其他证据相互印证，形成逻辑自洽、指向一致的证据链？

在此基础上，仲裁庭综合运用了民事诉讼、仲裁普遍采用的高度盖然性证明标准，对流水真实性作出了正确认定。本案中，仲裁庭认为，债权人提供的流水在形式上无明显瑕疵，其内容与案件其他证据高度吻合，且资金流向在特定背景下具有高度合理性。在债务人完全放弃质证权利、未提出任何相反证据或合理质疑的情况下，债权人主张的待证事实（款项已支付、借贷关系真实）存在的可能性远高于不存在的可能性。因此，仲裁庭基于自由心证，认定流水真实且证明力充分。

作为争议解决机构，仲裁庭不仅要对当事人负责，也负有维护法律秩序和社会公共利益的职责。本案也提示争议解决机构，在缺席审理或证据存在疑点时，更应主动加强对基础法律关系真实性的审查，特别是要对资金来源合法性、资金流向合理性、借款用途真实性进行必要的调查，如审查境外流水与借款用途、债务人身份的匹配度等，要求债权人进一步说明或提供佐证，以防范跨境民间借贷中的资金流转风险。

（四）跨境民间借贷风险防范：仲裁创新举措的有益探索

跨境民间借贷具有较高风险，本案仲裁庭采取了一系列创新举措，为同类案件的处理提供了有益参考。首先，建立跨境送达协作机制：积极探索与更多国家（特别是存在送达困难的国家）的仲裁机构、法律服务机构建立正式的送达协作渠道或备忘录。其次，细化电子证据规则：针对跨境电子证据（如境外流水、电子签名、通信记录）的提交、形式要求、真实性认定标准制定更清晰、可操作的指引。再次，加强仲裁员培训：提升仲裁员处理复杂国际案件、审查跨境证据、运用国际私法规则的能力，特别是在缺席审理案件中把握审查尺度与程序正义平衡的能力。最后，探索技术应用：利用区块链等技术手段辅助验证跨境电子证据的真实性（如银行流水哈希值上链存证），提高认证效率和可信度。

本案成功处理的关键在于仲裁机构勇于创新解决跨境送达难题，以及仲裁庭在债务人缺席情况下，严格遵循程序正义，运用高度盖然性证明标准，结合经验法则和逻辑推理，对境外形成的核心证据（银行流水）进行了审慎而全面的审查，穿透式地认定了借贷关系的真实性。这为处理类似复杂跨境民间借贷纠纷提供了有价值的范例，也凸显了规范交易行为、留存完整证据，以及仲裁机构不断完善国际化服务能力的重要性。同时，本案也警示相关主体应充分认识到跨境民间借贷的法律风险和复杂性，做好风险防范。

（撰稿人：广州仲裁委员会仲裁秘书部方玉贤、中国政法大学国际法学院/涉外法治学院博士研究生李中和美）

借助在线争议解决（ODR）平台促成驰名商标侵权纠纷调解

一、关键词

驰名商标；知识产权侵权；行政+仲裁对接机制；知识产权多元化解机制

二、仲裁要点

本案系涉外驰名商标侵权及不正当竞争纠纷。申请人拥有国际知名产品“D”商标的注册权，被申请人则在其企业名称中使用“D”字样，构成与申请人注册商标的高度近似。申请人据此认为被申请人的行为已构成商标侵权及不正当竞争，遂向某市场监督管理局（以下简称市监局）提出行政投诉。为妥善化解纠纷，市监局依据其与广州仲裁委员会已签署的合作协议，启动行政与仲裁对接机制，引导双方当事人同意通过广州仲裁委员会在线争议解决（ODR）平台进行调解。最终，广州仲裁委员会出具具有执行力的调解书，实现纠纷的高效、实质性解决。本案为广州市首例由行政投诉引导转化为仲裁调解的涉外商标保护案件，标志着市监局与广州仲裁委员会在知识产权保护领域探索行政处置与仲裁调解联动机制的创新实践。该模式不仅拓宽了仲裁机构获取案源的路径，也为知识产权纠纷的多元化解提供了新的制度样本。

三、基本案情

申请人美国J公司是食品系列产品商标“D”的注册商标权人，该商标于1994年注册，其产品在我国占据该类食品市场份额的12%左右，于2005年被我国国家商标局认定为驰名商标。被申请人为中国D化妆品公司，于2005年成立，并使用J公司享有注册商标权的“D”字样作为其企业字号。申请人认为被申请人在日常生产经营及宣传活动中突出使用“D”字样的行为构成商标侵权及不正当竞争，即于2022年10月将被申请人投诉至某市监局。在商标侵权纠纷及不正当竞争案件中，当事人针对驰名商标的认定、跨类别侵权、遭受的实际损害等事实方面存在较大的举证难度。为妥善化解纠纷，某市监局组织双方进行初步调处后，根据与广州仲裁委员会签署的相关合作协议的规定，建议双方将争议提交至广州仲裁委员会的ODR平台（Online Dispute Reso－lution Platform，在线争议解决平台）。经过谈判、调解两个阶段，平台调解员成功促成双方当事人达成调解协议，且双方一致同意签订仲裁条款，申请广州仲裁委员会按照其调解协议出具调解书。申请人具体请求如下：

1. 裁决被申请人立即停止使用带有与“D”相同或近似的商业标识，包括但不限于其办公装修场所、公司网站、电商平台、宣传物料等；

2. 裁决被申请人立即更改企业名称，并不得使用其他与申请人权利及利益相关联的企业名称。

四、争议焦点

（一）商标侵权纠纷能否通过仲裁解决

《商标法》第六十条第一款规定：“有本法第五十七条所列侵犯注册商标专用权行为之一，引起纠纷的，由当事人协商解决；不愿协商或者协商不成的，商标注册人或者利害关系人可以向人民法院起诉，也可以请求工商行政管理部门处理。”可见《商标法》并未明确商标侵权纠纷可以通过仲裁解决，但亦未对此作出禁止性的规定。在理论界和法律实践中，对于商标侵权纠纷能否通过仲裁解决，确实存在争议。

（二）商标与商号之间的权利冲突认定

本案双方当事人之间的争议实质上属于商标与企业名称（商号）之间的权利冲突问题。申请人的商标经合法注册，被申请人的企业名称亦经过依法登记，商标权和企业名称权分别受到不同法律的规制；申请人的产品是食品，被申请人的产品系化妆品，分属不同类别，且被申请人并没有在其产品上使用“D”字样。故，该案并非传统意义上的商标侵权纠纷，目前立法上也对此类冲突并无明确规定，司法实践中也未取得一致意见。因此，该案双方当事人对于被申请人是否侵权的基本事实争议较大，在仲裁调解阶段，调解员就该争议的认定，以利益平衡原则为指导思想，结合保护在先权利、禁止混淆、维护公平竞争、诚实信用等原则对双方当事人进行调解。

五、调解结果

1. 被申请人承认并尊重申请人享有的“D”注册商标专用权；

2. 被申请人在本协议签署后停止且不再以任何形式单独或突出使用“D”或与之相近似的商标，包括但不限于停止于其官网、电商平台、公司外墙、办公场所等单独使用或以突出字体的方式使用“D”商标；

3. 双方一致同意，被申请人可使用××标志替代其原有标志，使用时按照××图样，显示的比例、大小、颜色不受限制，但不得单独放大或突出“D”二字，且必须与“D”英文标识一并使用，不得单独使用“广州 D”图标；

4. 被申请人在本协议签署后，对外宣传或称呼其公司名称时，不单独使用“D”“D 公司”“广州 D”等单独/突出使用“D”商标的情形，被申请人可使用上述商标、公司全称或者“广州 D 化妆品公司”“D 化妆品公司”等称呼，以避免单独/突出使用。

案件评析

（一）案源拓展：行政投诉助力仲裁调解打通案源获取新路径

在传统实践中，仲裁机构通常依赖当事人在合同中预设仲裁条款作为案源基础，涉知识产权侵权等非合同类纠纷较难纳入仲裁程序。而本案通过行政投诉引导机制，打破了仲裁条款缺失的制度壁垒，探索出一条由行政程序导入仲裁调解的新型案源获取路径。具体而言，市监局在接到涉驰名商标侵权投诉后，依托其与广州仲裁委员会签署的合作机制，将争议引入 ODR 平台进行调解。在调解员专业主持下，双方当事人认可仲裁机构的中立性与效率，自愿签署仲裁协议，使纠纷得以通过调解书形式解决并具备法律强制执行力。这一模式不仅实现了行政资源与仲裁机制的有机衔接，也拓宽了仲裁机构案源范围，为知识产权纠纷的多元化解提供了实践范式。行政投诉成为仲裁“前置筛选”与“程序引流”的有效通道，推动仲裁服务由“坐等当事人约定”向“主动介入解纷场景”转变。尤其值得注意的是，广州仲裁委员会开发的 ODR 平台首创“谈判+调解+仲裁”三维一体模式，可以无缝衔接行政投诉与仲裁程序，允许当事人在调解失败后直接转入仲裁，ODR 平台的技术赋能实现了投诉材料与仲裁证据的无缝衔接，大幅提升纠纷化解效率。

（二）制度突破：仲裁机制在知识产权侵权纠纷中的创新实践

本案实现了知识产权纠纷解决机制的制度性突破，突破了《商标法》传统上对商标侵权纠纷处理路径的限制，即主要依赖行政查处或司法诉讼的单一模式，尤其是在驰名商标“跨类保护”问题上的路径依赖。同时，该案也打破了仲裁机制长期以来仅限于处理知识产权合同纠纷的适用边界。通过市场监管部门的行政处置与广州仲裁委员会

ODR平台调解机制的有效衔接，促使原本并无仲裁条款的行政投诉案在调解过程中形成仲裁合意，最终由仲裁机构出具具有强制执行力的调解书，实现纠纷的高效终结。该模式不仅提升了知识产权侵权案件的处理效率和执行力，也丰富了仲裁制度在非合同类知识产权争议中的适用场景，为我国知识产权多元化解机制注入了制度创新的动力。作为“行政+仲裁”联动机制在知识产权领域的首次实践，该案提供了可复制、可推广的经验样本，具有积极的制度价值与现实意义。

（三）价值平衡：驰名商标保护与企业存续发展的调和艺术

驰名商标并非受全类保护，只能说可以获得不同程度的跨类保护。因没有明确的法律规定，历来是司法实践、行政执法中的难题，即使是国家知识产权局2020年出台的《商标侵权判断标准》已基本对各种形式的“商标侵权”进行了详细的阐释，但也没有就驰名商标的“跨类保护”进行明确规定。各地因具体个案不同，而导致司法裁决、行政处置结果不一。本案经过多方斡旋、反复磋商达成的调解方案，既未简单责令被申请人更名，也未放任商标侵权行为，而是创造性地要求被申请人规范使用企业全称并禁用简化标识。这种差异化处理既维护了美国J公司作为驰名商标权利人的合法权益，又避免了中国D公司因强制更名造成的商誉损失，体现了“保护在先权利”与“维护经营稳定”的双重价值取向。调解员运用利益平衡原则，在食品与化妆品跨类别争议中确立“禁止混淆”标准，为类案处理提供了可复制的裁判思路。

（四）范式意义：多元化纠纷解决机制的体系化构建

作为广州市首例由行政投诉转化为仲裁调解处理的涉外商标侵权案件，本案的成功实践具有重要的制度创新意义与三重示范效应：其一，从程序法角度验证了仲裁机制在知识产权非合同类纠纷中的适用合法性和可行性；其二，探索建立了行政机关与仲裁机构协同治理的联动模式，实现行政处置与商事仲裁的有效衔接；其三，为“走出去”企业应对日益频繁的跨境知识产权争议提供了一个高效、低成本、可执行的争议解决方案。该经验不仅在驰名商标跨类保护领域提供了实务指引，也可复制延伸至境外商标抢注、跨境电商侵权、平台维权等多类知识产权案件中，对于健全我国知识产权“大保护”工作格局、提升国际治理能力具有重要的制度参考价值和推广意义。

综上，本案作为涉外驰名商标保护与纠纷解决机制创新的标志性案件，兼具法律价值与实践意义。它不仅探索了行政与仲裁协同治理的新路径，还为中国企业应对国际化品牌冲突提供了策略启示，更推动了中国仲裁机构向国际化、专业化迈进。在知识产权保护日益重要的当下，此类创新实践将成为优化营商环境、提升中国法治竞争力的重要助力。

（撰稿人：广州仲裁委员会知识产权仲裁院沈璐、
北京科技大学文法学院讲师武振国）

广州仲裁委员会简介

广州仲裁委员会（广州国际仲裁院、广州国际仲裁中心）于1995年设立，是《中华人民共和国仲裁法》颁布后全国七个试点城市中最早组建的仲裁机构之一，受理国内仲裁案件、国际仲裁案件业务量均居中国内地仲裁机构前列。设有粤港澳大湾区国际商务与数字经济仲裁中心、南沙国际仲裁中心、东莞分会、中山分会、潮州分会等分支机构，以及广州金融仲裁院、广州知识产权仲裁院、广州国际航运仲裁院、广州建设工程仲裁院专业仲裁平台。目前共有在册仲裁员约2200名，其中境外仲裁员超260名，分别来自50个国家和地区。

广州仲裁委员会传承广州“千年商都”历史文脉，链接全球粤籍华侨华商，发扬改革开放“敢为天下先”精神，坚持创新引领，以数智驱动发展，致力服务高质量共建“一带一路”，不断提升公信力，打造国际一流仲裁机构。率先开展数智仲裁实践。试水首个国际商事仲裁案件跨国远程庭审，制定发布首个互联网仲裁推荐标准即“广州标准”，上线亚太经合组织首个跨境商事争议在线解决平台，探索实行仲裁员数字化评价管理、智能组庭等全流程AI辅助。不断推动规则创新。首创“3+N”庭审模式，以中国特色社会主义法律体系、英美法系、大陆法系为基础，兼容多个国家和地区多种仲裁规则及庭审模式，更好适应全球市场主体习惯和需求；首倡互联网仲裁推荐标准、仲裁员名册、仲裁庭室、仲裁服务窗口“四个共享”仲裁协作机制，发起成立粤港澳大湾区仲裁联盟，发布《金砖国家仲裁合作南沙涉外商事仲裁案例精编共识》，提出国际仲裁“中国方案”。着力提升仲裁服务质效。坚持非营利属性，发挥平台枢纽作用，为仲裁员、仲裁秘书搭建发挥智慧、实现价值的舞台，协同调解其他相关专业服务业组织，携手为各类市场主体优质、高效解决争议，更好服务社会治理，办结案件量长期居国内仲裁机构前列，仲裁裁决被司法否定的比例一直处于极低水平，屡获“十佳仲裁机构”称号。

图书在版编目（CIP）数据
涉外商事仲裁案例精编 / 广州仲裁委员会编著.
北京 ：中国法治出版社，2025. 8（2025. 11 重印）.
ISBN 978-7-5216-5520-9
Ⅰ. D997. 4
中国国家版本馆 CIP 数据核字第 20258XM373 号

责任编辑：侯鹏　　封面设计：李宁

涉外商事仲裁案例精编
SHEWAI SHANGSHI ZHONGCAI ANLI JINGBIAN

编著/广州仲裁委员会
经销/新华书店
印刷/北京虎彩文化传播有限公司
开本/710 毫米×1000 毫米　16 开　　印张/ 18. 25　字数/ 178 千
版次/2025 年 8 月第 1 版　　2025 年 11 月第 2 次印刷

中国法治出版社出版
书号 ISBN 978-7-5216-5520-9　　定价：139. 00 元

北京市西城区西便门西里甲 16 号西便门办公区
邮政编码：100053　　传真：010-63141600
网址：http：//www. zgfzs. com　　编辑部电话：010-63141740
市场营销部电话：010-63141612　　总编室电话：010-63141606

（如有印装质量问题，请与本社总编室联系。）